novum premium

GABRIELE SCHLUTTIG

EIN LEBEN FÜR DIE KINDER

Erich Häßler

1899–2005

Kinderarzt und Familienvater zwischen den Jahrhunderten

novum premium

Bibliografische Information
der Deutschen Nationalbibliothek:

Die Deutsche Nationalbibliothek
verzeichnet diese Publikation in
der Deutschen Nationalbibliografie.
Detaillierte bibliografische Daten
sind im Internet über
http://www.d-nb.de abrufbar.

Gedruckt in der Europäischen Union
auf umweltfreundlichem, chlor- und
säurefrei gebleichtem Papier.

ISBN 978-3-99130-226-1
Lektorat: Tobias Keil
Umschlagfoto: Dieter Zöllner
Umschlaggestaltung, Layout & Satz:
novum Verlag
Innenabbildungen:
siehe Bildnachweis S. 277

Die von der Autorin zur Verfügung
gestellten Abbildungen wurden in der
bestmöglichen Qualität gedruckt.

www.novumverlag.com

Climate neutral
Print product
ClimatePartner.com/16547-2201-1002

INHALTSVERZEICHNIS

„Die Kinderheilkunde der Zukunft hat die heilbaren Krankheiten zu heilen
und die unheilbaren heilbar zu machen.
Überdies hat sie dafür zu sorgen,
daß die vermeidbaren Krankheiten vermieden werden.
Der Tod des Menschen wird immer unvermeidbar bleiben;
es muß aber vermieden werden, daß Kinder sterben."

Albrecht Peiper (1951)

VORWORT

Ein ungewöhnlich langes Leben in Gesundheit und tiefer beruflicher Befriedigung geführt zu haben, ist sicherlich eine große Gnade. Eine ebenso große Gnade ist es, dieses reiche und erfüllte Leben im hohen Alter von 106 Jahren als einer der ältesten Kinderärzte der Welt und in unverminderter geistiger Klarheit zu beschließen. Mehr noch, damit über einen außergewöhnlich weiten, vor allem auch persönlich erfahrenen Überblick über die Geschichte der Kinderheilkunde zu verfügen, ist ein Geschenk. Wegweisende und prägende Beiträge für die Erfolgsgeschichte der Kinderheilkunde geliefert zu haben, ist dagegen segensreiche Leistung.

Im neunzehnten Jahrhundert entwickelte sich aus der Inneren Medizin heraus ein neues, eigenes Fach – die Kinderheilkunde. 1894 wurde mit Otto Heubner der erste deutsche Lehrstuhl für Pädiatrie etabliert. Professor Otto Heubner gilt als einer der Väter der Kinderheilkunde.

Erich Häßler wurde 1899, fünf Jahre nach diesem Meilenstein der Medizingeschichte, in das Deutsche Kaiserreich hineingeboren und sollte in seinem Leben mit Otto Heubner in vielerlei Hinsicht in Kontakt kommen. Man schreibt 1913, als Professor Heubner im Alter von siebzig Jahren in der Charité seine Abschiedsvorlesung hielt. In dieser Zeit entwickelt sich Erich Häßlers Wunsch, Medizin zu studieren.

Seit seiner eigenen Diphtherie-Erfahrung in der frühen Kindheit hat er ein lebhaftes anatomisch-physiologisches Interesse entwickelt. Erste Anatomie-Vorlesungen erhält er von seiner Mutter in der Küche bei der Obduktion von Hühnern und Kaninchen. Und Erich stellt Fragen über Fragen. So wird es ein Leben lang bleiben.

Es waren in dieser Zeit vor allem die Infektionskrankheiten wie Tuberkulose, Diphtherie, Keuchhusten und Kinderlähmung, die häufig zu einer hohen Sterblichkeit im Kindesalter geführt haben. Vor dem Ersten Weltkrieg erlebten nur etwa 63 % der lebendgeborenen Kinder ihren 10. Geburtstag. Erst in den 1920er-Jahren war es durch die Entwicklung von Impfstoffen und die Verbesserung der Ernährungs- und Hygienebedingungen möglich geworden, diese Infektionskrankheiten wirkungsvoll zu bekämpfen.

1923, als junger Kinderarzt auf seiner ersten Hilfsassistentenstelle in der Kinderklinik Dresden, behandelt Erich Häßler vor allem Kinder, die an Keuchhusten und Diphtherie erkrankt waren. In diesen Jahren konnten Kinderärzte nur versuchen, die Leiden der Kinder zu mindern, denn noch standen Antibiotika nicht zur Verfügung. Oftmals waren Ärzte in dieser Zeit auch anderen Infektionskrankheiten wie Kinderlähmung, Scharlach, Masern und Ruhr gegenüber hilflos.

Vorbeugung und Behandlung, Prophylaxe und Therapie von Infektionskrankheiten standen immer im Mittelpunkt der ärztlichen und naturwissenschaftlichen Arbeiten von Erich Häßler.

Es war sein großes Verdienst, mit der Penicillin-Behandlung eine Ende der 40er-Jahre auftretende Scharlach-Epidemie in Chemnitz erfolgreich eingedämmt zu haben. Dabei wurden nicht nur Neuinfektionen vermieden, sondern Mortalität und die Komplikationsrate bei Kindern gesenkt und die Verweildauer der kleinen Patienten im Krankenhaus drastisch reduziert. Ein weiteres hohes Verdienst des schon fast Sechzigjährigen, vor allem basierend auf seinem persönlichen Engagement, ist die Erhöhung der Impfbereitschaft zur Eindämmung der Tuberkulose während seiner Zeit als Direktor der Jenaer Kinderklinik.

Bei der Betrachtung seines Lebens beeindruckt vor allem die Zielstrebigkeit, das zu erreichen und zu leben, was er von Jugend an gewollt hatte – Arzt für kranke Kinder zu sein.

Durch diese Zielstrebigkeit und Konzentrationsfähigkeit gelang es ihm, in mehreren Gesellschaftssystemen stets einzig das kranke Kind in den Mittelpunkt seines Lebens und Arbeitens zu stellen, immer und ausschließlich auf der Suche nach Verbesserung der Behandlungen seiner Leiden. In einem seiner letzten Vorträge sprach Professor Erich Häßler über den Wandel des Krankheitsbildes in den letzten 100 Jahren:

„Nur wer die Vergangenheit kennt, kann notwendige Maßnahmen der Gegenwart verstehen. Nur wer die verheerende Wirkung der Infektionskrankheiten, einschließlich der Tuberkulose, erlebt hat, kann die Notwendigkeit aktiver Impfungen begreifen."

Das stetige Suchen nach neuen wissenschaftlichen Möglichkeiten, Krankheiten zu erkennen und ärztliche Mittel und Wege zu finden, sie wirkungsvoll zu bekämpfen, war und ist Aufgabe und zugleich hohes Privileg der Ärzte und Wissenschaftler. Professor Erich Häßler war eine Persönlichkeit, die über eine Periode von mehr als sechzig Jahren die Kinderheilkunde aktiv gestaltet und an deren Entwicklung bis ins höchste Alter interessierten Anteil genommen hat. Er sprach zu seinen Schülern euphorisch von den Chancen einer Heilung und in großem Vertrauen darauf, dass es immer wieder neue wissenschaftliche Erkenntnisse geben werde, die nicht hoch genug wertgeschätzt werden könnten, da nur durch sie die Gesundheit unserer Kinder und damit unsere Zukunft bewahrt werden können. Er war nicht nur ein überzeugter und überzeugender Kinderarzt, sondern gleichzeitig in allen Lebensbereichen Vorbild für seine Studenten und Mitarbeiter und nicht zuletzt auch für seine eigenen neun Kinder.

Und so ist er im Gedächtnis derer geblieben, die sich noch heute, fast zwanzig Jahre nach seinem Heimgang, entweder daran erinnern, seine kleinen Patienten gewesen zu sein, oder daran, wie der Doktor Häßler ihnen als jungen Eltern in höchster Not und Sorge um ihr Kind als Arzt und Mensch mit Wärme und Wissen geholfen hat.

Mit Freude durfte ich mich dem Leben und Wirken Erich Häßlers nähern, mit höchster Achtung ist der vorliegende Text entstanden. Auch die vielfache und freudige Unterstützung durch diejenigen, die Professor Erich Häßler, einer der wohl ältesten Kinderärzte der Welt, kannten, haben mich darin bestärkt, dass es nützlich wäre, die hier vorliegenden Skizzen aus seinem Leben der Öffentlichkeit zugänglich zu machen.

Lauta, im Dezember 2022

Dr. Gabriele Schluttig

KINDHEIT UND JUGEND
(1899–1914)

April 1899
In acht Monaten wird ein neues Jahrhundert beginnen.

Für das Ehepaar Otto und Ida Häßler, geborene Uhlmann, begann bereits am 22. April 1899 eine neue Zeit. Der Tag war ein Sonnabend und gegen 16.00 Uhr wurde ihnen das erste Kind geboren – ein Sohn, den sie Fritz Otto Erich nannten. Erich wurde sein Rufname.

Später sollte er lernen, dass der 22. April auch der Geburtstag von Wladimir Iljitsch Lenin, Immanuel Kant und Robert Bárány ist, einem Hals-Nasen-Ohren-Arzt, der als erster Österreicher den Nobelpreis für Physiologie oder Medizin erhielt.

Ida und Otto Häßler, 1900

Der Vater Otto Häßler war das zwölfte Kind eines Bauern aus der Umgebung von Leipzig. Er erlernte den Beruf eines Kaufmanns und pachtete in der Wurzener Straße in Leipzig ein Geschäft. Die Mitgift seines Schwiegervaters ermöglichte den käuflichen Erwerb dieses Grundstückes und später auch den des Nachbargrundstückes. Die Familie konnte dadurch eine Wohnung mit vier Räumen in der 2. Etage des Hauses bewohnen.

> *„Der Korridor der Wohnung eignete sich für uns Kinder ausgezeichnet zum Kegel-Schieben und wurde deshalb ‚Kullerkorridor' genannt."*

Die Mutter Ida Häßler stammte aus Bad Schmiedeberg. Von ihrem Großvater wurden die „Locken" in der Familie vererbt, die man noch heute bei manchem Enkel von Erich Häßler findet.

Das Kolonialwarengeschäft in Leipzig, verbunden mit einer Futtermittelhandlung und einer eigenen Kaffee-Rösterei, florierte gut. Der Tagesumsatz soll im Durchschnitt 1.000 Mark betragen haben.

Am 24. Juni 1901 wurde die Schwester Johanna geboren.

Die Wurzener Straße war sehr verkehrsreich und der Hof des Hauses eng. Auf diesem hielt der Vater außerdem noch in einer Voliere Hühner und bis zu fünfzig Paar Tauben. Um einen familienfreundlichen Platz zu haben, pachtete er etwa fünfzehn Minuten stadteinwärts einen Schrebergarten mit Obstbäumen, einer Laube und einer Schaukel für die Kinder. Neben den Obstbäumen gab es im Garten eine Blumenrabatte, u. a. mit Rosen, darunter auch eine Neuzüchtung: eine gelbe Stockrose. Ein besonderer Stolz von Erich war sein eigenes Beet. Die Liebe zu seinem Garten und besonders zu Rosen blieb sein ganzes Leben lang erhalten.

Kolonialwarengeschäft Otto Hässler

In der damaligen Zeit durften Mütter mit einem Kinderwagen nicht den Bürgersteig benutzen, sondern hatten den Wagen auf der Fahrbahn zu schieben. Die Mutter von Erich und Johanna, die noch im Kinderwagen lag, wurde einmal auf ihrem Weg in den Schrebergarten von einem Schutzmann darauf aufmerksam gemacht und vom Bürgersteig verwiesen.

Die Kinder verbrachten einen großen Teil der Sommer bei den Großeltern in Bad Schmiedeberg. Häufig wurden Ausflüge in die Dübener Heide unternommen, man konnte für fünf Pfennige mit der Eisenbahn bis nach Loschwitz fahren. Wenn die Großmutter mitkam, blieb sie allerdings im erstbesten Restaurant sitzen. Besonders die Jahreszeit, in der Heidelbeeren und Pilze gesammelt wurden, war für die ganze Familie interessant. Bis in das hohe Alter bewahrte sich Erich Häßler die Lust am Wandern und das Interesse am Pilzesuchen. Die Großmutter selbst verwendete nur Steinpilze und Pfifferlinge, andere zu probieren, dazu war sie nicht zu bewegen.

Erich und Johanna Häßler, um 1903

Eine andere Erinnerung aus der Kindheit wird Erich Häßler bis an sein Lebensende begleiten.

> *„Von den sonstigen Geschenken* [Anm.: gemeint sind Weihnachtsgeschenke] *erfreuten mich immer wieder besonders schon angetriebene Hyazinthen in Gläsern und Krokusse in länglichen Glasschalen."*

Wann immer in der Zeit nach 1961 Kinderärztetagungen in der Bundesrepublik stattfanden, brachte er von dort Hyazinthenzwiebeln mit und zog diese während der Weihnachtszeit in Töpfen vor. Alle Kinder und Schwiegerkinder, die in den Wintermonaten Geburtstag hatten, bekamen von ihm jährlich eine blühende Hyazinthe geschenkt.

1905 meldete ihn sein Vater zur 1. Höheren Bürgerschule an, nur Knaben wurden aufgenommen. Sein Schuljahr begann nach Ostern und auf den Straßen lagen noch Schneehaufen.

Das „Höhere" bezog sich auf das Schulgeld, dafür konnte die Schülerzahl in den Klassen relativ klein gehalten werden. Nach dem 4. Schuljahr wechselte die Mehrzahl der Schüler auf eine Realschule oder ein Gymnasium. In diesem betrug die Schulzeit nochmals 9 Jahre und endete mit dem Abitur.

In der Weihnachtszeit des 2. Schuljahres erkrankte Erich Häßler an Halsbeschwerden. Nach einem Abstrich erklärte der Hausarzt, es handele sich um Diphtherie und er müsse dem Kind eine Spritze in den Oberschenkel geben.

Noch im 19. Jahrhundert starben in Deutschland jährlich etwa 50.000 Kinder an Diphtherie, die Krankheit wurde einst als „Würgeengel der Kinder" bezeichnet. Diese Bezeichnung rührt daher, dass die Kinder meist sehr qualvoll durch Ersticken starben. Ursache für die Erkrankung ist eine Infektion mit dem Bakterium Corynebacterium diphtheriae, dessen Toxin zu massiven Schwellungen im Hals führt.

Erst im Jahr 1890, nach der Entdeckung und Entwicklung eines Diphtherieimpfstoffes durch Emil von Behring, wurde es möglich, die bis dahin klassische Behandlung durch einen Luftröhrenschnitt abzulösen. Das Gegenmittel gegen das Diphtherie-Toxin (passive Impfung) neutralisiert dieses, wenn es sich frei im Körper befindet. Allerdings kann es nichts gegen jenes Toxin ausrichten, das bereits an Körperzellen gebunden ist. Deshalb kam es darauf an, bei Diphtherieverdacht so schnell wie möglich zu handeln.

Im Jahr 1901 erhielt Emil von Behring für seine Arbeiten den ersten Nobelpreis für Medizin.

Nach Einschätzung des späteren Mediziners Erich Häßler [Anm.: gemeint: 1980er-Jahre] hat der Hausarzt der Familie Häßler zu lange mit der Behandlung gewartet. Die Folge war bei dem Kind Erich eine Stimmbandlähmung, er wurde tonlos und konnte längere Zeit die Schule nicht besuchen. In sein Zensurenbuch schrieb der Lehrer in allen Fächern eine 0, die Versetzung in die nächste Klasse erfolgte aber trotzdem.

Bedingt durch die eigene Krankheit, begann Erich in dieser Zeit sein erstes anatomisches Interesse zu entwickeln. Er war immer dabei, wenn seine Mutter ein geschlachtetes Huhn für das Essen vorbereitete. Sie musste ihm jedes der ausgenommenen Organe zeigen und eingehend erklären.

Im September 1907 verlor Erich seinen Vaterdurch dessen Freitod. Dieser hatte Verbindlichkeiten unterschrieben, die zu diesem Zeitpunkt fällig wurden, für deren Begleichung aber kein Bargeld vorhanden war. Sein Schwiegervater, der Schmiedeberger Großvater trat zwar für die Verbindlichkeiten ein, aber für die Familie Häßler änderte sich vieles – das Geschäft wurde verpachtet, die Wohnung verkleinert und vor allem der von Erich geliebte Schrebergarten aufgegeben.

Trotzdem ermöglichte es seine Mutter, dass er ein Städtisches Realgymnasium, die Petrischule am Floßplatz, besuchen konnte, denn es war der Wunsch seiner Eltern gewesen, dass er das Abitur ablegen und eventuell später studieren konnte.

Erich bestand die für alle Anwärter obligatorische Aufnahmeprüfung und trug nunmehr von der Sexta bis zur Oberprima die vorgeschriebene dunkelbraune Mütze. Bereits ab der Sexta erhielt er Lateinunterricht, später standen auch Französisch und Englisch auf dem Lehrplan, aber immer wurden die mathematisch-naturwissenschaftlichen Fächer hervorgehoben.

Erich als Schüler, 1915

Aus diesen Schuljahren blieben Erich verschiedene Ereignisse in besonderer Erinnerung.

In den Jahren 1868 bis 1894 lehrte und arbeitete der Internist und Kinderarzt Prof. Dr. med. Johann Otto Leonhard Heubner an der Universität Leipzig. Im Jahr 1888 gründete er gemeinsam mit dem PD für Chirurgie an der Medizinischen Fakultät der Universität Leipzig, Robert Hermann Tillmanns, einen „Verein zur Errichtung und Erhaltung eines Kinderkrankenhauses" in Leipzig. Es wurde 1891 in Leipzig-Reudnitz eingeweiht und hatte 132 Betten. Heubner leitete dieses Kinderkrankenhaus, das seinerzeit als die modernste, mit einer eigenen kinderchirurgischen Abteilung ausgestattete, Kinderklinik galt. Tillmanns leitete diese chirurgische Kinderstation.

Heubner hatte den von Behring entwickelten Impfstoff als „das Behring'sche Gold" bezeichnet und in der Zusammenarbeit mit diesem gelangen ihm bei der Behandlung der Diphtherie mit dem Heilserum große Erfolge. Noch heute gilt Heubner als einer der Väter der Kinderheilkunde.

Zur weiteren finanziellen Unterstützung dieser Kinderklinik fanden jährlich in Leipzig Straßensammlungen statt, bei denen die Schüler künstliche Blumen verkauften. Auch Erich Häßler verkaufte mal Apfelblüten, mal Kornblumen, was ihm großen Spaß machte, denn vor allem Droschkenkutscher kauften diese gern, um ihre Droschken für die Gäste attraktiv und einladend zu gestalten.

1909 beging die Leipziger Universität ihre 500-Jahr-Feier.

Um den Festumzug aus der Nähe betrachten zu können, hatte Erichs Mutter in der Innenstadt ein Fenster gemietet. Der Umzug fand in Original-Wagen und -Trachten statt, die dem Einzug der Prager Professoren und Studenten 1409 in Leipzig nachgebildet waren.

Am 9. März 1913, dem Sonntag Judika, wurde Erich Häßler in der Lukaskirche zu Leipzig-Volkmarsdorf konfirmiert. Sein Konfirmationsspruch lautete:

„Die Furcht des Herrn ist der Weisheit Anfang."

Von seinen Großeltern erhielt er ein Gesangbuch und von den Paten einen goldenen Ring mit einem Rubin. Der Ring blieb immer in seinem Besitz und er konnte ihn später seiner zweiten Ehefrau schenken.

In besonderer Erinnerung blieb Erich Häßler die Einweihung des Völkerschlachtdenkmals am 18. Oktober 1913. Schon in den Jahren zuvor war er mit seiner Mutter und auch mit Schulkameraden auf der Baustelle gewesen und die Schüler hatten durch einen Losverkauf an der Unkostendeckung teilgenommen. Dafür durften sie zur Einweihung in den zuführenden Hauptstraßen Spalier stehen und konnten somit den Festumzug aus nächster Nähe verfolgen. Es war das einzige Mal, dass Erich den deutschen Kaiser Wilhelm II. zu Gesicht bekam *(„In allem Jubel machte er ein sehr ernstes Gesicht")*. Allgemein war aufgefallen, dass der Zar von Russland nicht persönlich erschienen war, sondern sich durch den Großfürsten Nikolai Nikolajewitsch vertreten ließ.

Außerdem fand im gleichen Jahr 1913 in Leipzig das 12. Deutsche Turnfest statt, an dem Erich zusammen mit anderen Schülern Keulenschwingen vorführte.

Im darauffolgenden Jahr 1914 fand in einer Kuppelhalle, die 1913 als Ausstellungshalle für die „Internationale Baufach-Ausstellung" (IBA), errichtet worden war, die Internationale Ausstellung für Buchgewerbe und Graphik (BUGRA) statt. Natürlich hatte Erich ein Schüler-Dauer-Abonnement mit Lichtbild und bekam eines Tages die Gelegenheit, in einem Gartenrestaurant König Friedrich August von Sachsen und Graf Zeppelin zu sehen. Zu deren Begrüßung überflogen gleichzeitig drei Zeppelin-Luftschiffe das Ausstellungsgelände – die in der Sonne silbern glänzenden Riesenzigarren waren ein imposanter Anblick.

Die Kuppelhalle ist heute die älteste erhaltene Halle auf dem alten Messegelände.

Leider fand die BUGRA durch den Kriegsausbruch ein vorzeitiges Ende.

DER ERSTE WELTKRIEG (1914–1918)

Am 1. August 1914 erfolgte durch Wilhelm II. die Anordnung zur Generalmobilmachung in Deutschland.

Es war die Zeit der großen Schulferien.

Erich war zusammen mit seiner Mutter, seiner Schwester und dem Großvater zur Kur in Bad Dürrenberg.

Erinnerungsfoto Familienausflug

Es waren nicht nur die Ausflüge, die ihm in Erinnerung geblieben waren. Sie erlebten, dass auf der nahe gelegenen Bahnstrecke unaufhörlich Soldatenzüge, meist Güterwagen, an die Front rollten. Die Soldaten waren in guter Stimmung. So hatten sie fröhliche Losungen mit Kreide an die Wagenwände geschrieben wie: *„Bei schlechtem Wetter findet der Krieg im Saale statt.“*

Die allgemeine Kriegsbegeisterung war ungeheuer. Der Krieg wurde als reine Verteidigung der Heimat aufgefasst und viele Menschen dachten, ein moderner Krieg dauere nicht lange und man wäre Weihnachten wieder zu Hause.

Später sagte Erich Häßler:

> *„Dieses Gefühl kann von keinem nachempfunden werden, der diese Zeiten nicht selbst erlebt hat."*

Er besuchte weiter das Gymnasium in Leipzig. Der Krieg zog sich in die Länge und die Schüler erlebten, dass viele ihrer Lehrer eingezogen wurden. Bald wurden auch die Schüler zu Hilfsdiensten herangezogen, so z. B. zur „Reichswollwoche", einer Kleidersammlung. Sie ernteten im Rosenthal wilden Knoblauch für die Konservenindustrie und teilten Brotmarken aus. Erich hatte dabei das Glück, diese Marken zusammen mit seinem Lateinlehrer zu verteilen. Dieser sprach mehrere Sprachen und er erklärte ihm dabei an Beispielen die Zusammenhänge zwischen der lateinischen und der etruskischen Sprache und Kultur. Nach der Markenverteilung lud der Lehrer Erich regelmäßig zu einem Frühstück in den „Thüringer Hof" ein.

Über den „Thüringer Hof" wurde damals folgende Legende erzählt:

Der Elefant Nelly im Zoologischen Garten konnte aus Nahrungsmangel nicht mehr aufstehen und musste notgeschlachtet werden. Er soll dem Thüringer Hof zugeführt und dort verspeist worden sein, angeblich hätte der Rüssel am besten geschmeckt. Als dies bekannt wurde, eilte ein Gast zum Thüringer Hof, um sich eine Portion Elefant zu bestellen. Aber der Wirt meinte, wegen eines Gastes schneidet der Koch den Elefanten doch nicht an

Im Jahr 1916 wurde für die Schüler eine vormilitärische Ausbildung eingeführt, die manchmal ganze Tage in Anspruch nahm, an denen sie nicht in die Schule gehen konnten. Diese

Ausbildung fand teilweise in Lindenthal statt, wo die Schüler auch das Ausheben von Schützengräben übten. An einem solchen Tag mussten Erich und seine Mitschüler den Absturz eines Eindecker-Flugzeuges erleben, dem in der Luft eine Tragfläche abgebrochen war.

Trotz des unregelmäßigen Unterrichts versetzte man die Schüler seiner Klasse zur schnelleren „Förderung" schon nach den Weihnachtsferien 1916, anstatt zu Ostern 1917, von der Obersekunda in die Unterprima.

Im Jahr 1917 wurde der Geburtenjahrgang 1899 regulär eingezogen.

Erich Häßler als Soldat, Oktober 1917

Erich Häßler wurde am 21. Juni 1917 zum Heeresdienst einberufen. Zusammen mit drei Klassenkameraden kam er zum Fußartillerieregiment No. 12, das als sächsisches Regiment in Metz stationiert war.

Als Schulabschluss wurde ihnen die Oberprimareife zuerteilt.

Die ehemaligen Schüler, jetzt Landsturmpflichtige, fuhren in Zivilkleidung und in normalen Personenwagen nach Metz ab. In dieser Gegend gab es schon nächtliche Fliegerangriffe. Allerdings wurden von den Menschen die herabfallenden Splitter der Abwehrgeschosse meist mehr gefürchtet als die kleinen Bomben, die per Hand aus den Flugzeugen herausgeworfen wurden.

Alle, die das *„Einjährig-Freiwilligen-Zeugnis“* [Anm.: Mittlere Reife] hatten, wurden zu einem Zug zusammengezogen. Ihr Unterricht erfolgte in Schießlehre, Flugbahnberechnung und Geländezeichnen, und im Praktischen vor allem im Transportieren und Einführen von 15 cm Granaten.

Daneben erinnert sich Erich Häßler, dass von Zeit zu Zeit Photographen in die Garnison kamen und die Kadetten es attraktiv fanden, sich neben einem alten französischen 22 cm-Mörser fotografieren zu lassen.

Die Verpflegung im Regiment war nicht schlecht, meist gab es Eintopf, der mengenmäßig nicht begrenzt war, und am Wochenende zusätzlich Dampfnudeln und Zigaretten.

Alle vier Wochen wurden sie zum Gottesdienst in die Kathedrale von Metz abkommandiert.

Nach dieser Ausbildung kam Erich Häßler zu einem anderen Frontabschnitt vor Metz. Er wurde Gefreiter und nach einem Offiziers-Aspiranten Kurs im Januar 1918 wurde er als Unteroffizier dem Landsturm Fuß-Art. Reg. IX AK zugeteilt und war vorwiegend Artilleriebeobachter im Schützengraben an der Westfront. Gleichzeitig erfolgte auch eine spezielle Ausbildung im Handgranatenwerfen und Schießen mit Karabinern.

Die gesamte militärische Ausbildung der eingezogenen Schüler erfolgte direkt an der Front.

Die Schützengräben der deutschen und französischen Soldaten lagen beidseitig der Frontlinie. Aus diesem Grund bestand zwischen den beiden Gegnern eine Absprache, dass die Übungen im Abschießen der Kanonen nur wechselseitig durchgeführt wurden.

Erich Häßler vor einem französischen Mörser

In dieser Zeit erlebte er selbst Gasangriffe und Schützengrabenkämpfe. Während eines Angriffs auf seine Batterie half Erich, verschüttete Kameraden auszugraben und zu bergen, und wurde dafür mit dem Eisernen Kreuz II. Klasse „Für Rettung von Kameraden unter eigener Lebensgefahr" ausgezeichnet.

Leider erfuhr er auch, dass ehemalige Klassenkameraden von ihm gefallen waren, und auch er selbst wurde einmal irrtümlicherweise als gefallen gemeldet. Wie viele Menschen in dieser Zeit und vor allem auch wie viele der an den Fronten Kämpfenden erkrankte Erich Häßler an der Spanischen Grippe. Er lag eine Nacht bewusstlos im Schützengraben und wurde für tot erklärt. Glücklicherweise ging diese falsche Meldung nicht an seine Familie heraus.

Im Herbst 1917 gab es einen Erlass, dass Soldaten mit der Oberprima-Reife einen Abitur-Kursus absolvieren könnten. Erichs Mutter hatte ein solches Gesuch eingereicht, in der Hoffnung, dass ihr Sohn auf diese Weise nach Hause kommen könnte. Dieses Gesuch wurde aber abgelehnt, da es nur für Soldaten in der Heimat galt – Metz aber war Kriegsgebiet.

Zu seiner großen Überraschung war das Gesuch irgendwie weitergelaufen und während eines Frühappells im Oktober 1918 wurde die Meldung verlesen:

> *„Vicefeldwebel Häßler wird zum Abitur nach Mons in Belgien kommandiert."*

Noch am gleichen Tag reiste er ab, erfuhr allerdings in Mons, dass der Abiturkurs für Frontsoldaten bereits beendet war und die Prüfungen am nächsten Tag beginnen sollten. Obwohl er seit über einem Jahr kein Schulbuch mehr in der Hand gehabt hatte, meldete er sich zu den Prüfungen in Deutsch, Latein, Französisch und Mathematik an. Er bestand das Abitur mit der Gesamtnote 3.

Mit der Abdankung des deutschen Kaisers endete der Erste Weltkrieg Ende 1918. In dem am 11. November 1918 unterzeichneten Waffenstillstandsvertrag war der Rückzug der deutschen Truppen genau festgelegt. Als Front-Besatzung zog das Regiment, zu dem Erich Häßler gehörte, als letzte deutsche Truppe aus Metz ab. Jeder konnte vom Proviant mitnehmen, was er tragen konnte. Erich entschied sich für eine Kiste mit Fleisch- und Wurstwaren in Blechdosen.

Anfang Dezember war Erich Häßler wieder in Leipzig.

Dort nutzte er fast sofort die Möglichkeit, sich an der Universität als Medizinstudent immatrikulieren zu lassen.

STUDIUM UND PROMOTION (1919–1924)

Im Januar 1919 besuchte Erich Häßler seine erste anatomische Vorlesung. Nach eigenen Worten verstand er – nichts. Der Dozent sprach mit Selbstverständlichkeit von einer „Chorda dorsalis“, aber Häßler konnte sich darunter nichts vorstellen.

Da jedoch im Februar 1919 ein neues Zwischensemester begann, beschloss er, von diesem Zeitpunkt an regelmäßig an allen Vorlesungen teilzunehmen.

Die ersten akademischen Lehrer von Erich Häßler waren in Anatomie **Prof. Dr. med. Hans Held** (1917–1934 ordentlicher Professor für Anatomie und Histologie an der Medizinischen Fakultät der Universität Leipzig) und **Prof. Dr. med. Werner Karl Spalteholz** (1912–1929 planmäßiger außerordentlicher Professor für Anatomie an der Medizinischen Fakultät der Universität Leipzig).

Professor Held war bekannt für seine wunderschönen anatomischen Zeichnungen während der Vorlesungen an der Wandtafel. Erst später lernten die Studenten, dass diese mit für die Hörer unsichtbarer Kreide vorgezeichnet waren. Er wiederholte sein Kolleg jedes Jahr mit Witzen an der gleichen Stelle, wie zum Beispiel:

> *„Die Zunge ist ein bewegliches, manchmal viel zu bewegliches Organ.“*

Die Vorlesungen in Zoologie hielt **Prof. Dr. phil. habil. Johannes Meisenheimer** (1914–1933 ordentlicher Professor für Zoologie an der Philosophischen Fakultät der Universität Leipzig), der sehr schnell sprach, sodass man ihm nur schwer folgen konnte.

Bereits in den frühen Morgenstunden fanden die Vorlesungen in Botanik bei **Prof. Dr. phil. Wilhelm Friedrich Pfeffer** (1887–1920 ordentlicher Professor für Botanik an der Philosophischen Fakultät der Universität Leipzig) statt. Physik hörte Erich Häßler bei **Prof. Dr. phil. Otto Heinrich Wiener** (1899–1926 ordentlicher Professor für Physik an der Philosophischen Fakultät der Universität Leipzig).

Daneben gab es noch Vorlesungen in Chemie, verbunden mit einem Praktikum in Analysen, und natürlich die anatomischen Präparierübungen.

Am Tag seiner Immatrikulation hatte Erich Häßler mit einem Freund eine Kneipe besucht, in der sich die Arionen trafen, und dieser Freund überredete ihn, sich der Burschenschaft anzuschließen. Für einen späteren Berufseinstieg wäre es doch gut, die Unterstützung einer Alt-Herrenschaft zu haben. So wurde er gleich am ersten Tag stud. med. und Arione. Später sagte er:

> *„Ich habe die sofortige Immatrikulation und das Aktivwerden beim Arion niemals bereut."*

Die Arionen waren eine Studentenverbindung im Dachverband der Deutschen Sängerschaft. Ihr Name bezog sich auf eine Gestalt der griechischen Mythologie, dem Arion von Lesbos, ein Sänger und Dichter, der im 7. Jahrhundert v. Chr. gelebt hatte.

Es war keine schlagende Verbindung, sondern vorrangig ein Gesangsverein, und dies gefiel dem sangesfreudigen Erich Häßler. Trotzdem waren die Mitglieder verpflichtet, gegebenenfalls in einem „Ehrenhändel" Satisfaktion mit dem Schläger oder dem Säbel zu geben. So mussten sie beim Universitätsfechtmeister den „Paukboden" belegen, d. h. Fechten lernen.

> *„Ich bin später nur ein paar Mal als Paukarzt tätig gewesen, d. h., es musste immer ein Medizin-Kundiger an Ort und Stelle sein, um eventuelle Wunden zu nähen."*

Erich Häßler erinnerte sich, dass er neben den medizinischen Vorlesungen und Praktika zwei bis drei Mal in der Woche die Arionen in einer Kneipe traf.

> *„Es ging immer lustig zu, aber es gab keine Trunkenheit, denn es gab ja nur Dünnbiere und die Biermarken bekamen wir meist von den Alten Herren geschenkt."*

Er nahm Unterricht beim Fuchsmajor für die Burschenprüfung in Musikgeschichte und Musiklehre und nahm an Gesangsproben teil, in denen für Konzertauftritte geübt wurde.

Beliebt waren auch die Feste der Arionen, die speziell zu jeder der vier Jahreszeiten stattfanden und an denen unter Verkleidung (auch die Damenrollen wurden von Arionen gespielt) meist griechisch-römische Sagen vorgeführt wurden. Dazu konnte jeder Arione eine Dame einladen, und auch der Student Erich machte mehrmals davon Gebrauch („... *ich habe dabei eine Reihe netter junger Mädchen kennengelernt*").

1919, Theateraufführung der Arionen
Erich Häßler, untere Reihe – 2. Person von rechts

Natürlich wurden Band und Mütze der Arionen auch beim Besuch der Vorlesungen getragen. Diese waren immer gut besucht. Es waren zum einen, bedingt durch den Krieg, vier Jahrgänge in einem Studienjahr zusammen, und zum anderen nahmen auch viele ehemalige Offiziere ein Studium auf. In den meisten Hörsälen herrschte starkes Gedränge, nicht alle Hörer fanden Sitzplätze; viele saßen auf den Treppenstufen oder mussten in den Gängen stehen. Aus diesem Grund waren die Studenten bestrebt, noch vor dem Beginn eines Semesters ihre Visitenkarten auf einem möglichst günstigen Platz zu postieren, der dann als belegt galt. Und dies wurde von allen respektiert. Allerdings musste man sich dazu mit dem Laboratoriums- oder Anatomiediener gut verstehen, um vorab hereingelassen zu werden.

Eine Ausnahme waren die Vorlesungen der Physiologie bei **Prof. Dr. med. habil. Siegfried Garten** (1916-1923 ordentlicher Professor für Physiologie an der Medizinischen Fakultät der Universität Leipzig), der sich vorbehalten hatte, die Visitenkarten selbst zu verteilen.

Er setzte alle Studentinnen auf die an den Bankreihen befindlichen zusätzlichen Kippsitze, sodass sie wie eine Einrahmung der männlichen Studenten wirkten.

Aber die Mitgliedschaft bei den Arionen bedeutete auch eine andere Verpflichtung für Erich Häßler.

1919 waren in Leipzig unruhige Zeiten. Das deutsche Heer war aufgelöst worden, es gab keine Wehrpflicht mehr. Dafür sollten sogenannte Freiwillige eingezogen werden und die Reichsregierung wandte sich besonders an Studenten, die sich zu einem Freiwilligenverband melden sollten. Es waren meist aus dem Weltkrieg heimgekehrte Studenten, militärisch ausgebildet, die sich meldeten. Auch der Rat der Stadt Leipzig wurde aufgefordert, ein Zeitfreiwilligenregiment zu gründen. Erich Häßler wurde im Mai 1919 Mitglied dieses Regimentes, da der Konvent der Sängerschaft Arion den Beschluss gefasst hatte, alle Mitglieder dazu aufzurufen. Insgesamt bestand das Leipziger Zeitfreiwilligenregiment nur zum kleineren Teil (etwa ein Drittel) aus Studenten, der Rest waren Beamte und Angestellte. Niemand der Sängerschaften hatte einen Einsatz erwartet, denn sie sollten nur den Ersatztruppenteilen zugeteilt werden. Als Vizefeldwebel d. R. (der Reserve) hatte Häßler keine größere Befehlsgewalt.

Die studentischen Mitglieder des Zeitfreiwilligenregiments blieben zu Hause wohnen, konnten aber ihre Ausrüstung, d.h. ihre Uniform, mit nach Hause nehmen. Am Kragen der Uniform war ein Lindenblatt aus Metall angebracht, und sie wurden deshalb von manchen anderen Studenten als „Lindenblattindianer“ bezeichnet.

Im März 1920 rückten etwa 15.000 Soldaten in Leipzig ein, ohne größeres Blutvergießen wurde die Ordnung in der Stadt wiederhergestellt. Trotzdem hatte es auf beiden Seiten Tote und Verletzte gegeben.

In dieser Zeit waren gerade Semesterferien und Erich Häßler war zu Besuch bei Verwandten in Torgau. Um nicht als fahnenflüchtig zu gelten, kehrte er sofort nach Leipzig zurück, als er von den Geschehnissen in der Stadt hörte. Inzwischen war es in der Stadt wieder ruhig geworden. Die Studenten wurden im Hotel „Stadt Rom“ einquartiert und konnten nach einigen Tagen wieder nach Hause gehen.

Am 14. März 1944 übergab er seinen Lebenslauf auf Anforderung des Bevollmächtigten für das Sanitäts- und Gesundheitswesen, dem Beauftragten für medizinische Wissenschaft und Forschung in Berlin.

> *„Vom 12. Mai 1919 bis zur Auflösung des Regimentes Ende Juli 1920 gehörte ich dem Zeitfreiwilligenregiment Leipzig an und nahm an den schweren Kämpfen des Regimentes teil. Hierfür erhielt ich die Ehrenurkunde für Freikorpskämpfer.“*
> [Anm.: Ein Regiment bestand aus fünf Kompanien, davon die Kompanie der Sängerschaften als Reserve.]

Insgesamt sollen wohl in der Nachfolgezeit etwa 100.000 Freikorpskämpfer Anträge zur Verleihung dieser Urkunde gestellt haben. Was Erich Häßler zu dieser Zeit nicht wusste: Auch sein späterer Mitarbeiter Oskar Harnapp, mit dem er bis zu dessen Wechsel an die Charité in Berlin an der Kinderklinik Leipzig zusammenarbeitete, diente 1919 im Zeitfreiwilligen-Regiment Leipzig.

Die Polizeiakten über Erich Häßler enthalten für diesen Zeitraum allerdings keine Eintragungen, so wie es bei anderen Studenten unter der Rubrik „Strafen und Bemerkungen" erfolgt war. Bei ihm enthält diese Rubrik nur die einfache Bemerkung:

„Paß erh.[alten] 21. 7. 31 – 25. 2. 35 Ehe-Kin[der]-Antrag Am 4. 8. 36 Fam. Paß erh[alten]"

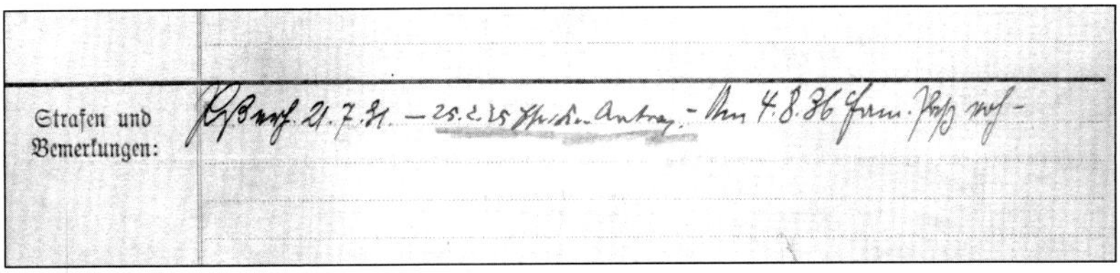

Die Entwicklung der Burschenschaft konnte Erich Häßler nicht voraussehen. Die Alten Herren als Vorbild nehmend, war er der Meinung, sein ganzes Leben lang ein Arione zu bleiben. Er blieb es auch, aber in einer anderen Weise.

Bereits 1935 wurden die Sängerschaften verboten und als Kameradschaften in den Nationalsozialistischen Deutschen Studentenbund (NSDStB) eingegliedert. Auch die DDR lehnte die ehemaligen Studentenverbindungen als nationalistische Organisationen ab. Allerdings blieb der Kontakt der Arionen auf postalischer Ebene bestehen und mindestens einmal jährlich traf man sich (konspirativ) in Räumen evangelischer Gemeinden, in denen die Pfarrer Bundesbrüder waren. Meist stand in diesen Räumen auch ein Klavier. Allerdings wurden die Mitglieder immer älter und es wurden Ausweichräumlichkeiten gesucht und auch gefunden.

Schon in seiner Zeit als Leiter der Kinderklinik am Zeisigwald in Chemnitz blieb Erich Häßler in Verbindung mit den Arionen, es gab regelmäßige Treffen. In späteren Jahren fanden offenbar auch in der Jenaer Kinderklinik, deren Leiter der Arione Prof. Erich Häßler war, solche Treffen statt.

Erst 1990 kam es zu einer Wiedergründung der Sängerschaft in Jena. Am 3. Juni 1990 (Pfingstsonntag) unterzeichneten elf Bundesbrüder in der historischen Weinstube des Jenaer Stadtmuseums „Göhre“ die Urkunde zur Reaktivierung der Sängerschaft zu St. Pauli Jena. Erich Häßler gehörte zu den Wiedergründungsmitgliedern.

Schon ab 1919 machte die zunehmende Inflation auch den Studierenden erhebliche Sorgen. Eine nicht unbeträchtliche Anzahl der Studenten brach aus finanziellen Gründen das Studium ab, allen anderen an der Universität erschien es wünschenswert, das Studium so rasch wie möglich zu beenden.

Für Erich Häßler kam ein Abbruch des Medizinstudiums nicht infrage.

Er wohnte weiter bei seiner Mutter. Eine Zeit lang bekam er ein privates Leistungsstipendium, das von der Universität ausgeschrieben worden war, aber es blieb schließlich nur die Möglichkeit, neben dem Studium selbst Geld zu verdienen.

Zusammen mit anderen Studenten übernahm er die Nachtwachen im Alten Rathaus (dazu musste man Soldat gewesen sein). Sie wurden gut bezahlt und in einem separaten Raum des Rathauses konnte man nachts gut lernen.

Gleichzeitig übernahm er während der Messezeiten in den Hallen der Technischen Messe den Telefondienst, d. h. wenn ein Aussteller angerufen wurde, musste er diesen an das Telefon holen. Seine einzige Erinnerung an diese Tätigkeit war, dass er bei solchem Anruf den Reichspräsidenten Ebert sah, als er ihn an das Telefon holte.

Aber das Studium blieb für Erich Häßler immer das Wichtigste.

Um das Physikum ablegen zu können, studierte man in Leipzig sechs Trimester [Anm.: Dies bedeutete 3 Semester in einem Jahr], danach gab es eine zusammenhängende Prüfung. Am Ende des Sommersemesters 1920 reichte Erich Häßler ein entsprechendes Gesuch um Zulassung für das Physikum ein, erhielt aber einen ablehnenden Bescheid. Die Begründung lautete, er sei ein „geistiger Kriegsgewinnler", da er das Abitur früher abgelegt hätte, als dies in Friedenszeiten möglich gewesen wäre.

Es war ein Zufall, dass er einen früheren Klassenkameraden traf, der in Greifswald Medizin studierte und ihm riet, an diese Universität zu kommen, dort nehme man es mit solchen Bestimmungen nicht so ernst. So ließ der Student Erich sich in Leipzig exmatrikulieren und in Greifswald immatrikulieren.

Er kannte Greifswald und die Verhältnisse an der dortigen Universität nicht und es waren auch die Arionen, die ihn unterstützten. Einer von ihnen, auch ein Medizinstudent höheren Semesters, überließ ihm seine „Bude" und dazu den zerbrochenen Mast eines Segelschiffes als Heizmaterial.

Er stellte sich **Dr. med. Max Bleibtreu** (Physiologe und im akademischen Jahr 1910/11 Rektor der Universität Greifswald) vor und belegte zusätzlich noch ein botanisches Praktikum, das es in Leipzig nicht gegeben hatte, vom Greifswalder Botaniker aber gefordert wurde, und ein anatomisches Kolloquium, das vom anatomischen Ordinarius **Prof. Peter** abgehalten wurde.

Am 18. Januar 1921 fand in Greifswald ein großer Umzug der Professoren und Studenten in Festkleidung statt – es war die 50-jährige Wiederkehr der Reichsgründung.

Am Ende des Semesters legte Erich Häßler das Physikum mit der Note 1 ab. Nur im Fach Chemie gelang ihm dies nicht ganz, nach Meinung des Prüfers konnte er den Eisenverhüttungsprozess nicht klar und überzeugend genug erklären.

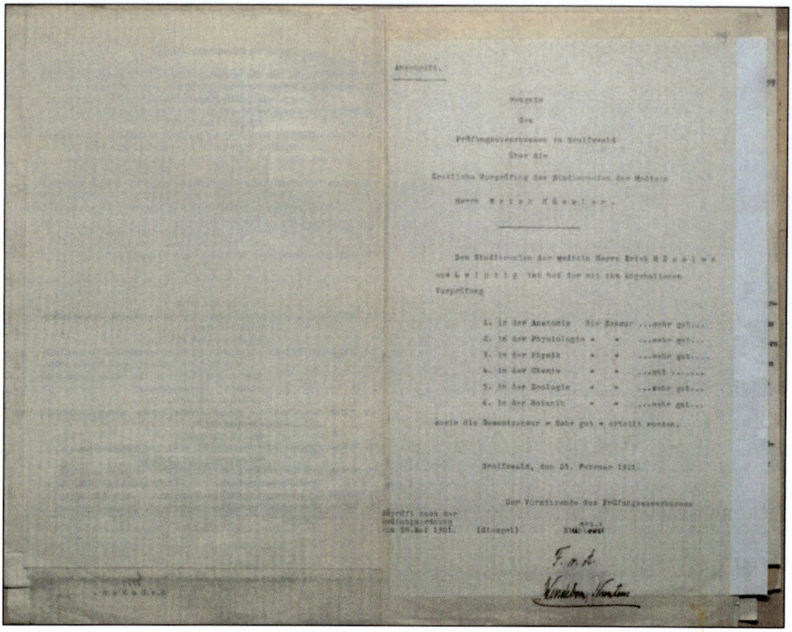
Abschrift.

Zeugnis
des
Prüfungsausschusses zu Greifswald
über die
ärztliche Vorprüfung des Studierenden der Medizin
Herrn Erich Häßler.

Dem Studierenden der Medizin Herrn Erich Häßler aus Leipzig ist bei der mit ihm abgehaltenen Vorprüfung

1. in der Anatomie die Zensur ...sehr gut...
2. in der Physiologie " " ...sehr gut...
3. in der Physik " " ...sehr gut...
4. in der Chemie " " ...gut ......
5. in der Zoologie " " ...sehr gut...
6. in der Botanik " " ...sehr gut...

sowie die Gesamtzensur " Sehr gut " erteilt worden.

Greifswald, den 25. Februar 1921.

Der Vorsitzende des Prüfungsausschusses

Geprüft nach der Prüfungsordnung vom 28. Mai 1901. (Stempel) gez.: [illegible]

Zeugnis des Prüfungsausschusses zu Greifswald über die ärztliche Vorprüfung des Studierenden der Medizin Erich Häßler

Eine Erinnerung an die Prüfung eines Mitstudenten ist ihm im Gedächtnis geblieben. In Physiologie wurde dieser von Prof. Bleibtreu nach gerinnungshemmenden Mitteln gefragt. Er nannte einige, aber der Prüfer wollte offenbar noch Hirudin genannt haben. Ihm wurde das Wort „Blutegel“ zugeflüstert, aber in seiner Aufregung sprach er von „Blut vom Igel“. Er fiel trotzdem nicht durch.

Erich Häßler ging als „cand. med.“ zurück nach Leipzig.

In den Frühjahrsferien arbeitete er im Stadtkrankenhaus Torgau. Der leitende Arzt, Dr. Kern, war ein ehemaliger Sanitätsoffizier und behandelte als Chirurg alle Arten von Krankheiten. Häßler erinnerte sich an ein Coma diabeticum, damals ein hoffnungsloser Fall, da es noch kein Insulin gab, und an Patienten mit offener Tuberkulose. Den Ärzten standen keine Laboranten zur Seite und so lernte er im Laboratorium den Nachweis der Tuberkel-Bakterien im Sputum.

Mit Beginn des Sommersemesters 1921 waren seine klinischen Lehrer:

Prof. Dr. Adolf von Strümpell (1910–1922 ordentlicher Professor für Innere Medizin an der Medizinischen Fakultät der Universität Leipzig), **Prof. Dr. med. Friedrich Rolly** (1921–1926 ordentlicher Professor für Spezielle Pathologie an der Medizinischen Fakultät der Universität Leipzig), **Prof. Dr. med. Erwin Payr** (1911–1937 ordentlicher Professor für Chirurgie an der Medizinischen Fakultät der Universität Leipzig).

Professor von Strümpell hielt an den Sonnabenden von 11.00 bis 13.00 Uhr seine Vorlesungen.

Einmal war der Hörsaal wenig besetzt und da er darüber leicht verärgert war, begann er seine Vorlesung mit den Worten:

> *„Nun habe ich für heute wieder etwas ganz Besonderes ausgewählt und nur so wenige sind gekommen. Aber ich will nicht schimpfen, sonst ist es wie in der Kirche. Die paar Braven, die gekommen sind, müssen die Strafpredigt hören, und die es eigentlich angeht, sind sowieso nie da."*

Meist nahm er in der Vorlesung die Anamnese des vorgestellten Patienten selbst noch einmal auf. So entspann sich folgender Dialog mit einer auf einer Trage liegenden Frau:

> *„Nun, liebe Frau, Sie haben Schmerzen?"*
> *„Ja, ich habe Schmerzen."*
> *„Haben Sie große Schmerzen?"*
> *„Ja, ich habe große Schmerzen."*

Und zum Auditorium:

„Hier zeige ich Ihnen eine Frau mit großen Schmerzen."

Einmal stellte er in der Vorlesung einen größeren Jungen mit einer tuberkulösen Meningitis vor, der stark benommen war.

„Was siehst du hier?"
„Alte Häuser."

Darauf sagte von Strümpell zu den Hörern:

„Ja, es sind schon unter den Studenten Alte Häuser."
[Anm.: Altes Haus war die Anrede für Studenten der älteren Semester.]

Auch Professor Payr pflegte während der Vorlesungen im großen Hörsaal typische Operationen selbst vorzuführen. Er war relativ klein, trug einen Spitzbart und operierte stets im Netzhemd mit Mütze, aber ohne Mantel. Beim Dozieren pflegte er seinen Daumen stark abzuspreizen. Einmal reichte ihm eine Operationsschwester eine Nadel, und als er sich daran stach, verkündete er den Hörern *„Schwester – Sie haben den Daumen Europas verletzt."*

Weitere Lehrer Häßlers waren **Prof. Dr. med. Erich Sonntag** (1921–1950 planmäßiger außerordentlicher Professor für Chirurgie an der Medizinischen Fakultät der Universität Leipzig), **Prof. Dr. med. Walter Stoeckel** (1922–1926 ordentlicher Professor für Gynäkologie an der Medizinischen Fakultät der Universität Leipzig), **Prof. Dr. med. habil. Felix Otto Skutsch** (1905–1933 PD für Geburtshilfe und Frauenheilkunde an der Medizinischen Fakultät der Universität Leipzig, ab 1923 nichtplanmäßiger außerordentlicher Professor für Geburtshilfe und Frauenheilkunde), **Prof. Dr. med. Walther Kruse** (1913–1933 ordentlicher Professor für Hygiene an der Medizinischen Fakultät der Universität Leipzig).

Das Kolleg von Prof. Sonntag „Chirurgische Poliklinik“ war für die Studenten sehr einprägsam. Er stellte viele Patienten vor und in der Differenzialdiagnose zählte er selbst oder ließ vom aufgerufenen Praktikanten aufzählen: „*1. 2. 3. 4.* usw.“ In dieser Form war auch sein sehr geschätztes Lehrbuch geschrieben – eine gute Hilfe für das Examen.

Als Professor Stoeckel nach Leipzig berufen wurde, bekam er eine neue, moderne Klinik, das alte „Triersche Institut“ wurde eine Hautklinik. Seinen Namen führte das ehemalige Institut zum Andenken an die Familie der Stifterin Rahel Amalia Augusta Trier, die der Universität Leipzig ein Grundstück mit dazugehörigem Gartenhaus zur Eröffnung eines „Hebammen-Instituts“ vermacht hatte.

Von ihm ist Erich Häßler eine Anekdote im Gedächtnis geblieben:

> *„Schwester, warum tragen Sie keine Gummiabsätze?“*
> *„In diesem Haus soll man nur die Schritte des Chefs vernehmen.“*

Seine Vorlesungen lagen in den frühen Morgenstunden. Zum Praktizieren wurden immer vier bis fünf Studenten aufgerufen.

> *„Ein Student mit dem Namen Schulze war eingeschlafen. Stoeckel dozierte:*
> *‚Diese Übungen zur Wiederbelebung von asphyktischen Neugeborenen – Schultze'sche Schwingungen – stammen von Bernhard Sigismund Schultze.‘ Der Kommilitone erwachte und rief, zur Erheiterung des gesamten Hörsaals, laut ‚Hier‘, da er meinte, er sei zum Praktizieren aufgerufen worden.“*

Für seine Beerdigung (er war nach Berlin berufen worden) legte Professor Stoeckel fest, dass sein Sarg zur Trauerfeierlichkeit in seiner Klinik aufgebahrt werden solle und seine Oberärzte ihn hinaustragen sollten. Dies geschah auch so, er starb 1961 in der DDR.

Sehr instruktiv fand Erich Häßler den von Professor Skutsch geleiteten Phantomkurs.

Professor Felix Otto Skutsch war Jude. Zwar hatte das Emanzipationsgesetz des Norddeutschen Bundes 1869 alle aus Gründen der Konfession bestehenden Beschränkungen aufgehoben, aber vor allem im akademischen Leben war es keine Realität. Felix Skutsch ließ sich während seiner Zeit als PD (Privatdozent) für Geburtshilfe und Frauenheilkunde an der Universität Jena taufen. 1905 kam er nach Leipzig, allerdings ersetzte man seine Bezeichnung „Dozent“ durch „Privatdozent“ mit der Ergänzung „früher Prof. a. o. an der Universität Jena“. 1933 wurde er aufgrund seiner jüdischen Abstammung entlassen, 1938 erhielt er Berufsverbot und wurde 1943 zusammen mit seiner Frau nach Theresienstadt deportiert. Sie starb 1944, er verdankte sein Leben dem Umstand, dass er als Arzt gebraucht wurde, und kehrte nach der Befreiung nach Leipzig zurück. Aufgrund seines internationalen Rufes und trotz seines hohen Alters konnte er ab 1946 wieder als außerordentlicher Professor lehren.

Relativ schwach besucht waren jedoch die Vorlesungen in Hygiene, gehalten von Professor Kruse.

Er hatte als Erster die Ruhrbakterien als unbewegliche Stäbchen beschrieben und zeitlebens um die Priorität der Entdeckung mit Shiga gestritten. Dieser hatte die Bakterien zwar früher, aber als bewegliche Stäbchen beschrieben. In einer der damaligen Studentenzeitungen war zu lesen, dass Kruse und Shiga sich geeinigt hätten, in geraden Jahreszahlen sollten die Ruhrbakterien Kruse-Shiga und in ungeraden Jahreszahlen Shiga-Kruse heißen. Heute werden diese Bakterien unter dem Namen Shigellen zusammengefasst.

Zu diesem Zeitpunkt wusste der Student Erich Häßler noch nicht, dass er sich etwa 13 Jahre später mit dem Thema der giftarmen Ruhrbazillen habilitieren sollte.

In den noch folgenden zwei Jahren seines Studiums lernte er bei **Prof. Dr. med. Oswald Bumke** (1921–1924 ordentlicher Professor für Psychiatrie an der Medizinischen Fakultät der Universität Leipzig), **Prof. Dr. med. Georg Bessau** (1922–1932 ordentlicher Professor für Kinderheilkunde an der Medizinischen Fakultät der Universität Leipzig), **Prof. Dr. med. Wilhelm Lange** (1924–1951 ordentlicher Professor für Ohren-, Nasen-, Halskrankheiten an der Medizinischen Fakultät der Universität Leipzig), **Prof. Dr. med. Arthur Adolf Alfred Knick** (1919–1937 nichtplanmäßiger außerordentlicher Professor für Ohren-, Nasen- und Halskrankheiten an der Medizinischen Fakultät der Universität Leipzig), **Prof. Dr. med. Johann Heinrich Rille** (1919–1933 ordentlicher Professor für Dermatologie an der Medizinischen Fakultät der Universität Leipzig) und **Prof. Dr. med. habil. Felix Jacob Marchand** (1900–1922 ordentlicher Professor für Allgemeine Pathologie und Pathologische Anatomie an der Medizinischen Fakultät der Universität Leipzig).

Unter der Leitung von Professor Knick nahm er an den „Praktischen Übungen in der Ohrenheilkunde“ teil. Von Professor Rille wurde er zu einem selbst gewählten Thema geprüft, als er sich um den Erhalt eines Stipendiums beworben hatte, das ihm auch bewilligt wurde.

Auch in den Sommer-Semesterferien 1921 zwang die fortschreitende Inflation viele Studenten, eine Verdienstmöglichkeit zu finden.

Dem Studenten Erich Häßler wurde der Vorschlag gemacht, beim städtischen Jugendamt vorzusprechen, denn dort würde man Betreuer für die Kinder-Erholungslager suchen. Leider wurde er enttäuscht, denn für die aktuellen Ferien waren alle Stellen schon besetzt. Aber es kam sehr kurzfristig anders, denn durch die plötzliche Erkrankung eines Betreuers bestand die Möglichkeit, bereits am nächsten Tag für sechs Wochen mit auf die Insel Rügen zu fahren.

Natürlich sagte er zu und reiste bereits am nächsten Tag mit einer Gruppe von 30 Jungen im Alter von 9 bis 15 Jahren nach Wiek auf Rügen.

„Ich konnte noch nicht ahnen, daß diese Rügenfahrt eine Entscheidung für mein ganzes weiteres Leben einleiten sollte."

Von Leipzig aus fuhren vier Gruppen, also 120 Kinder, und nachdem weitere Gruppen aus Chemnitz und Dresden angeschlossen wurden, insgesamt etwa 800 Kinder an die Ostsee. Sie waren leidlich diszipliniert und die Betreuer wurden mit Tante und Onkel angesprochen.

Das Ferienlager war erst Ende des Ersten Weltkrieges als Fliegerlager für Wasserflugzeuge erbaut worden, kam aber nicht mehr zur Nutzung. Es waren Doppelbaracken, von einem Drahtzaun umgeben, aber direkt am Strand liegend.

Es waren durchweg untergewichtige Kinder, noch als Folge des Krieges, die sich hier erholen sollten. Es gab reichlich Lebensmittel aus Hamburg und es zeigte sich, dass vor allem in der dritten und vierten Woche die stärkste Gewichtszunahme erfolgte.

„Psychologisch interessant war immer wieder, daß bei reichlichem Angebot von den meisten Kindern nur ein Teller bzw. Schüssel voll gegessen wurde. Wurde aber gesagt, heute sei das Mittagessen etwas knapp, so verlangten fast alle einen zweiten Teller."

Erich Häßler sammelte Berichte, die die Kinder an ihre Eltern schrieben:

„Heute besuchte ich wieder das hebräische Turnen [Anm.: orthopädische]."
„Heute haben wir 2 Stunden Steine schleppen müssen [Anm.: Die Kinder sollten von der Spielwiese kleine Steine auflesen.]"
„Diese Nacht riß der Sturm mit Hülfe eines Blitzes unser Dach herunter."

Nach seiner Rückkehr nach Leipzig hatte Erich Häßler die Möglichkeit, weitere sechs Wochen mit einer neuen Kindergruppe an die Ostsee zu fahren, und auch in den Sommer-Semesterferien 1922 übernahm er diese Betreuung. Es war nicht mehr nur die Möglichkeit, die Kolleggelder zu verdienen, sondern er machte auch die Erfahrung, dass ihm der Umgang mit den Kindern viel Freude bereitete.

In jedem Durchgang fungierte im Lager ein Amts- oder Schularzt als Betreuer der Kinder. Als Medizinstudent wurde Erich Häßler aufgefordert, diesen zu unterstützen, einmal bei den Untersuchungen nach dem Eintreffen der Kinder, es wurde dabei besonders auf Ungeziefer und Hautkrankheiten geachtet, aber er hatte auch leicht Erkrankte zu betreuen. Auch dieser Arzt bemerkte den kundigen Umgang Häßlers mit den Kindern und bestärkte ihn, Kinderarzt zu werden.

In den Dreißigerjahren wurde das Wieker Kinderheim vom Sächsischen Ministerium großzügig ausgebaut und die ärztliche Leitung wurde der Leipziger Kinderklinik übertragen. Für die Belegungszeit eines Jahres wurde je ein Assistenzarzt entsendet, dazu gehörten auch die Ärzte Hempel und Oehme, die in dieser Zeit bei Häßler promovierten.

In den Jahren nach dem Krieg bestand an den ärztlichen Ausbildungsstätten der Universität Leipzig ein starker Andrang. Viele Ärzte mussten zu dieser Zeit, um zu einer Ausbildung zu kommen, oft jahrelang als unbezahlte Volontäre arbeiten. So wurde erzählt, ein Kollege hätte sich bei Professor Stoeckel um eine Assistentenstelle an der Universitäts-Frauenklinik beworben, worauf dieser äußerte, für die nächsten 20 Jahre seien alle Stellen besetzt. Der Kollege hätte darauf schlagfertig geantwortet, doch eine Medizinal-Praktikantenstelle für seinen Sohn vorzumerken.

Da Erich Häßler sich noch während des Medizinstudiums entschieden hatte, Kinderarzt zu werden, beabsichtigte er, seine Inauguraldissertation zur Erlangung der Doktorwürde in der

Universitäts-Kinderklinik, deren Direktor Professor Bessau war, anzufertigen, und er bewarb sich bei ihm für eine Medizinal-Praktikantenstelle im Kinderkrankenhaus.

Professor Bessaus Bedingungen lauteten aber, die Stellen seien Studenten, die in Leipzig wohnten, vorbehalten – Häßler konnte dies vorweisen. Weiterhin müsste ein Bewerber in Physiologie die Note 1 vorweisen – auch dies konnte Häßler. Daraufhin wurde er bei Professor Bessau angenommen. Häßler war immer ehrgeizig, und so nutzte er die Gelegenheit und fragte gleichzeitig an, ob er bei ihm auch in den Frühjahrsferien famulieren dürfe (ein vorgeschriebenes Praktikum im Rahmen des Medizinstudiums (Famulatur) zu absolvieren) und ob er bei Professor Bessau ein Promotionsthema erhalten könne. Beides wurde ihm zugesagt.

Häßler hatte schon im Jahr zuvor an einem kleinen Krankenhaus in Torgau famuliert. Der Chefarzt, der sich immer noch als Stabsarzt anreden ließ, war Chirurg. Aber er betreute ebenso die inneren Patienten und auch die Gynäkologie. Erich Häßler durfte unter seiner Anleitung Narkosen durchführen und auch Assistenz bei einer Schnittentbindung sein.

„Als ich einmal in dem sogenannten und kaum benutzten Laboratorium ein Tuberkelbazillen-Präparat aus dem Sputum eines Phthisikers angefertigt hatte, war der Chef so begeistert, dass es gleich allen Schwestern gezeigt wurde. Wie haben sich hierin die Zeiten geändert!“

Erich Häßler hörte die Kinderheilkunde mit besonderem Eifer. Professor Bessau war bei den Studenten nicht besonders beliebt, aber sein Kolleg wurde sehr gut besucht. Er hielt eine ausgezeichnete Vorlesung, systematisch und instruktiv, sodass die Studenten, die mitschrieben, am Ende ein Lehrbuch besaßen.

„Ich habe von Bessau auch in Bezug auf die Vorlesungsgestaltung sehr viel für später von ihm profitiert.“

Daneben gab es praktische Übungen in der Kinderheilkunde, die auf den Stationen stattfanden, und ein Praktikum in der Milchküche, das Professor Rosenbaum abhielt.

In der Milchküche wurden die in dieser Zeit bekannten Säuglingsnahrungen zubereitet. Die Studenten lernten die entsprechenden Herstellungen, angefangen von der Halbmilch bis zur Finkelstein'schen Eiweißmilch. Da zu dieser Zeit die Ernährung der Studenten nicht besonders reichlich war, war bei ihnen vor allem der Morobrei sehr beliebt.

[Anm.: Morobrei ist ein Vollmilchbrei mit 5 % Butter, 5 % Zucker und Erhöhung des Mehlanteils auf 7 %, der bis zur Mitte des 20. Jahrhunderts Säuglingen bei einer Dystrophie ohne Verdauungsstörungen gegeben wurde.]

Im Gegensatz zur Kinderheilkunde war bei den Studenten das Hauptkolleg der Hals-Nasen-Ohrenheilkunde völlig unergiebig.

Am Beginn jeder Vorlesung wurden vier bis sechs der Hörer aufgerufen und diesen wurde der Patient vorgestellt. Dabei sprach der Professor allerdings sehr leise und nicht den anderen Zuhörern zugewandt, sodass für viele das Fazit war, Ohrenheilkunde lerne man am besten in den praktischen Übungen und im Spiegelkurs bei Professor Knick.

Während der Famulatur in den Frühjahrsferien 1923 wurde der Student Erich Häßler dem Stationsarzt der Tuberkulose-Station, **Dr. Hans Fernbach,** zugeordnet.

Dr. Fernbach hatte am Robert-Koch-Institut in Berlin eine bakteriologische Ausbildung erfahren und leitete in Leipzig das bakteriologische Laboratorium der Klinik. Für Häßler war dies eine Möglichkeit, zusätzliche Kenntnisse in verschiedenen bakteriologischen und serologischen Untersuchungsmethoden zu erwerben.

Es gab in dieser Zeit noch häufig Erkrankungen an tuberkulöser Meningitis mit letaler Prognose und Phthisis. Dr. Fernbach lehrte seinem Famulus die Intracutan-Technik zur Tuberkulin-Diagnostik nach Mentel-Mantoux, die Durchführung einer Lumbalpunktion und das Nachfüllen eines Pneumothorax.

Als Stationsarzt führte Dr. Fernbach auch stundenweise poliklinische Behandlungen durch, die im Hörsaal stattfanden. Besonders wurde bei Säuglingen auf rachitische und spasmophile Anzeichen geachtet. Vitamin D war noch unbekannt. Es wurde regelmäßig „Phosphor-Lebertran“ nach Kassowitz verordnet. Der zufällig als Lösungsmittel gewählte Lebertran war dabei der eigentliche Wirkstoff.

Häßler erinnert sich, dass ihm Jahre später Professor Bessau das erste Probefläschchen VIGANTOL zur Behandlung eines schwer erkrankten rachitischen Säuglings übergab – der Säugling genas.

Der Wirkstoff des Präparates ist Colecalciferol oder Vitamin D3. Es ist ein Medikament, das zur Vorbeugung gegen Rachitis und Osteomalazie eingesetzt wird. Bis zur heutigen Zeit werden Vitamin D3-Tabletten unter dem Namen VIGANTOL bei der Prävention des Vitamin-D-Mangels sowie zur unterstützenden Behandlung von Osteoporose und zur Rachitisprophylaxe empfohlen.

In der Kinderklinik traten, trotz hygienischer Vorsichtsmaßnahmen, immer wieder Hausinfekte an Ruhr auf, die auch zu Todesfällen führten. Besonders betroffen waren Säuglinge. Man sprach in dieser Zeit davon, dass in die Klinik etwa doppelt so viele Kinder eingewiesen wurden, als Krankenhausbetten vorhanden waren, davon viele als Frühgeborene (Lebendgeborene, die vor der 38. Schwangerschaftswoche geboren werden). Jeder verdächtige Stuhlgang wurde bakteriologisch untersucht.

Professor Bessau plante eine aktive Impfung gegen die Ruhr bei Kindern, die gleich nach deren Aufnahme in die Klinik erfolgen sollte. Die Impfungen sollten intracutan durchgeführt werden.

Dem Studenten Häßler schlug er ein Promotionsthema vor, das sich mit der Wirksamkeit dieser Impfungen beschäftigte. Er sollte vergleichsweise die Impfergebnisse nach intramuskulärer und intracutaner Impfung nach kleinsten Vaccinemengen an Hand der danach auftretenden Agglutinationstiter testen.

Häßler beschreibt sein Programm dazu folgendermaßen:

1. Das Erlernen des Ablesens von Agglutinationstitern in Reagenzgläsern.
2. Das Herstellen von agglutinierenden Kaninchen-Sera Dazu mussten den Kaninchen mehrmals Ruhrvaccine in die Ohrvenen injiziert werden, danach mussten die Tiere aus der Halsschlagader durch ein eingeführtes Glasröhrchen zur Gewinnung von sterilem agglutinierendem Serum entblutet werden. Das Serum, welches sich längere Zeit halten sollte, wurde in Reagenzgläsern eingeschmolzen.
3. Das Erlernen exakter intracutaner Injektionstechnik und der Venenblutentnahme bei kleinen Kindern.

> *„Zu all diesen Maßnahmen gab mir Fernbach in sehr netter Weise Anleitung und Hilfe sowie auch bei den Untersuchungen und sonstigen Eingriffen (Lumbalpunktionen) bei den Stationskindern. Ich habe meinem ‚Doktorvater' ein dankbares Andenken bewahrt."*

Dr. Hans Fernbach (geboren am 10. August 1893 in Berlin) war Halbjude. Er arbeitete seit 1923 als beamteter städtischer Assistenzarzt auf der Tuberkulosestation der Leipziger Kinderklinik. 1931 erkrankte er selbst an cavernöser Lungentuberkulose und wurde für eine Kur in der Schweiz beurlaubt. 1933 wurde auch er aufgrund seiner „zweifelhaften" bzw. jüdischen Abstammung entlassen. Professor Bessau schrieb aus diesem Grund an den Leipziger Stadtrat: *„... glaube sagen zu können, daß er ein ungemein anständiger, vornehm denkender Kollege ist. Ich empfinde es als sehr hart, daß dieser Mann unmittelbar nach der Heimkehr von seiner Schweizer Kur aus seinem Posten entlassen worden ist."*

1936 wurde Dr. Fernbach als Arzt in Rente erwähnt, der gelegentlich Vertretungen in anderen Praxen übernahm. In den Akten der Medizinischen Gesellschaft zu Leipzig ist er wiederholt als Referent zu Problemen bei chronischen Infektionskrankheiten, insbesondere der Tuberkulose, genannt.

Am 4. Oktober 1942 erfolgte seine Deportation nach Theresienstadt, am 23. Januar 1943 sein Weitertransport nach Auschwitz. Er starb als Holocaust-Opfer in Auschwitz.

Während der kurzen Famulierzeit konnte Häßler nur die ersten Vorbereitungen für seine Dissertation durchführen, denn im Oktober 1923 begann die Vorbereitung des Staatsexamens. Vorweg waren zwei Examensaufgaben zu leisten: die Pflichtsektion und die Assistenz bei einer Geburt.

Dabei blieb Häßler diese Anekdote in Erinnerung:

> *„Zu viert warteten wir im Vorbereitungsraum, als ein unbekannter Oberarzt uns aufforderte, die Hände zu waschen. Aus einem unerklärlichen Grund sagte ein Mitstudent laut:*
> *‚Der Mensch denkt – Gott lenkt. Der Mensch dachte – Gott lachte' und wurde dafür mit einem bösen Blick des Oberarztes bedacht. Darauf flüsterte uns die Oberhebamme leise zu ‚Wissen Sie denn nicht, dass der Oberarzt ‚Mensch' heißt?'"*

Alle Studenten waren bestrebt, das Examen in möglichst kurzer Zeit zu bestehen.

In Gynäkologie wurde Häßler von Oberarzt Prof. Lichtenstein geprüft. Dieser war später Belegarzt der neu gegründeten privaten Entbindungsklinik „Bethanien" und Geburtshelfer bei der Geburt von vier Kindern der Familie Häßler.

Der Prüfer in Chirurgie war Oberarzt Prof. Josef Hohlbaum. 1941 übernahm er den chirurgischen Lehrstuhl in Prag. Nach Beendigung des Krieges wurde er den tschechischen Behörden übergeben und starb am Ende des Jahres.

Die Prüfung in Kinderheilkunde war für den Studenten Erich Häßler kein Problem. Nur im Fach Pharmakologie stolperte er bei der Prüfung, weil er die Aloe als Abführmittel zu den Kakteen zählte [Anm.: Aloe ist eine kakteenähnliche Sukkulente].

Als alle Examen erfolgreich bestanden waren, schlug ein Mitstudent vor, doch zusätzlich eine fakultative Prüfung in Gerichtsmedizin abzulegen. Dies mit der Begründung, dass man danach berechtigt sei, Totenscheine bei Feuerbestattungen auszustellen, was gut bezahlt wurde.

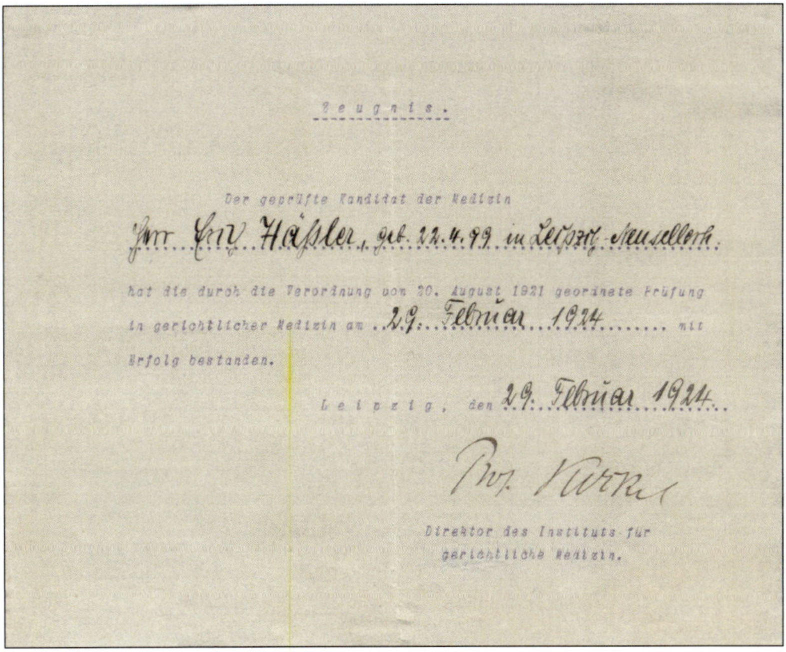

Zeugnis.

Der geprüfte Kandidat der Medizin

Herr Erich Häßler, geb. 22.4.99 in Leipzig-Neusellerh.

hat die durch die Verordnung vom 20. August 1921 geordnete Prüfung in gerichtlicher Medizin am 29. Februar 1924 mit Erfolg bestanden.

Leipzig, den 29. Februar 1924.

Prof. Kockel

Direktor des Instituts für gerichtliche Medizin.

Zeugnis über die abgelegte Prüfung in gerichtlicher Medizin

Für jeden Studenten war es Pflicht, nach Abschluss des Studiums eine zwölfmonatige Medizinal-Praktikanten-Zeit zu absolvieren.

Im Fall von Erich Häßler entschied das Sächsische Ministerium, dass er statt der vorgeschriebenen zwölf Monate eine verlängerte Praktikanten-Zeit von sechzehn Monaten zu absolvieren hätte. Die Begründung dafür war, dass er ein vorzeitiges Physikum abgelegt hatte. Dem frisch examinierten Mediziner kam diese Auflage nicht ungelegen, denn als Medizinal-Praktikant hatte er Anspruch auf Wohnraum und freie Verpflegung.

Aber er verfolgte ehrgeizig weiter sein Ziel, Kinderarzt zu werden. Er bewarb sich bei Professor Bessau um ein Promotionsthema und entschied sich für ein experimentelles Thema. Damit konnte er seine bereits begonnenen Studien einer aktiven Impfung gegen die Ruhr bei Kindern fortsetzen.

Damals gab es an der Klinik relativ häufig Hausinfektionen an Ruhr. Deshalb sollte Häßler testen, ob durch eine intracutane Impfung, die Bessau vorschwebte, auch derselbe Immunisierungseffekt zu erreichen sei wie bei einer intramuskulären Applikation. Dazu mussten abgetötete Ruhr-Vaccine hergestellt und die erzielte Agglutination am Patientenserum geprüft werden.

Professor Bessau hatte ihm dazu neun Monate Praktikantenzeit zugesichert, geteilt in die Perioden vom 1. Dezember 1923 bis zum 29. Februar 1924 und vom 1. September 1924 bis zum 28. Februar 1925.

Wieder war es Dr. Fernbach, der ihn hilfreich unterstützte. Erich Häßler wurde ihm die ersten drei Monate zugeteilt und arbeitete erneut auf der Tuberkulosestation.

Fernbach versuchte, die Tuberkulose nach dem Vorschlag von Robert Koch mit Tuberkulin zu behandeln. Es gelang bei vorsichtiger Steigerung, dass die Kinder völlig tuberkulin-unempfindlich wurden und schließlich unverdünntes Tuberkulin, intravenös verabreicht, fast reaktionslos vertrugen. Bald nach Absetzen der Therapie kehrte aber die Tuberkulin-Empfindlichkeit wieder.

Schon in der vorchristlichen Zeit kannte man eine Krankheit, die in der indischen Welt „dahinschwindender Mond“, in der ägyptischen Dynastie „weiße Pest“ genannt wurde. Hippokrates, der berühmteste Arzt des Altertums, bezeichnete diese Krankheit als „Schwund, Auszehrung“ und als meist tödlich endend. Seine Behandlungsmethode zur Bekämpfung dieser Krankheit waren Ruhe, vernünftige Lebensweise, Diät und Heiterkeit des Gemütes. Erst Jahrhunderte später erkannte der deutsche Mediziner Johann Lukas Schönlein diese Krankheit als eigenständige Krankheit und benannte sie Tuberkulose – von lateinisch Tuberculosis (tuberculum: „kleine Geschwulst“). Jahre nach seinem Tod gelang es Robert Koch den Erreger, das Bakterium Mycobacterium tuberculosis, zu isolieren und in Reinkultur zu züchten. Er entwickelte den aus den Tuberkel bakterien gewonnenen „Impfstoff“ Tuberkulin. Es zeigte sich allerdings, dass mit Tuberkulin nicht der gewünschte Impfschutz erreicht wurde, das Mittel aber als erfolgreiches Diagnostikum eingesetzt werden konnte. Erst ein aus dem Wildtyp des Mykobakteriums *Mycobacterium bovis* isolierter und von Albert Calmette und Camille Guérin weitergezüchteter Bakterienstamm, für Menschen nicht mehr krankheitserregend, führte zu einem wirksamen Impfstoff. Ihnen zu Ehren heißt er heute noch BCG (B = Bacillus, C = Calmette, G = Guérin).

Kinder mit Wirbelsäulentuberkulose und auch Kinder mit stärkerem Gibbus wurden mit dem von Finke angegebenen Wattekreuz im Gipsverband sehr gut behandelt. Der Kinderklinik waren eine chirurgische und orthopädische Abteilung angegliedert, die unter der Leitung von Professor Roderich stand, und dort wurden die Gipsarbeiten ausgeführt.

Alle an Tuberkulose erkrankten Kinder erhielten bei vorwiegender Freiluftbehandlung große Dosen von Lebertran und intensive Höhensonnen-Bestrahlung.

In seinen Erinnerungen möchte Erich Häßler nicht unerwähnt lassen, dass zu dieser Zeit größere Kinder mit Phthisen nach ihrer Behandlung für einen längeren Kuraufenthalt in das Alpensanatorium Agra in der Schweiz (Tessin) verschickt wurden. Das deutsche Ehepaar Burchard hatte dort für Tuberkulosekranke ein Sanatorium errichten lassen. Die deutsche Heilstätte war 1914 eröffnet worden, während des Ersten Weltkrieges erholten sich hier auch deutsche Soldaten, später wurden vor allem Kinder zur Erholung nach Agra geschickt. Die Kosten der Kuren trugen die reichsdeutschen Sozialversicherungen.

Für eine weitere Medizinal-Praktikantenstelle bewarb Häßler sich in Arnsdorf bei Dresden. In diesem Ort war im April 1912 die Königlich-Sächsische Heil- und Pflegeanstalt für Psychiatrie eröffnet worden.

Zusammen mit drei weiteren Medizinal-Praktikanten wohnte er kostenfrei in einer Villa, die zu dem großflächigen Areal der Pflegeanstalt gehörte. Eine Vergütung für ihre Praktikantenzeit erhielten sie nicht, allerdings war die Verpflegung ebenfalls kostenfrei.

> *„Es war damals Sitte, daß man beim ärztlichen Direktor, einem Obermedizinalrat, und den Stationsärzten, die alle den Titel ‚Medizinalrat' trugen, einen offiziellen Antrittsbesuch abstattete. Wie erstaunt waren wir jedoch, als uns der Chefarzt eine Woche später in Frack und Zylinder einen Gegenbesuch machte."*

Erich Häßler war der Station zugeteilt worden, auf der unruhige Frauen untergebracht waren. Die Station umfasste 200 Betten. Jeder Neuzugang wurde sehr eingehend körperlich und psychisch untersucht, eine solche Befundaufnahme dauerte ca. zwei Stunden. Andererseits wurden die Patienten bei den Visiten nur freundlich begrüßt.

Es waren neue Erfahrungen für ihn, diese Patienten zu behandeln.

Sehr stark unruhige Patientinnen wurden tagsüber in einem gekachelten Raum untergebracht, in dem große Holzwannen standen, in denen sie wie in einem Dauerbad saßen. Sie konnten darin toben und spritzen, bis sie müde wurden. Die in diesem Raum tätigen Schwestern versahen ihren Dienst im Gummimantel und mit Badehaube. Waren die Frauen abends immer noch unruhig, erhielten sie eine Mischspritze von Scopolamin-Morphium. Mehrere seiner Patientinnen verweigerten die Nahrungsaufnahme und mussten mit Sonden ernährt werden. Dies oft gegen erheblichen Widerstand, andere dagegen führten sich die Sonde selbst ein.

> *„Eine Patientin erklärte mir, ich wäre doch ein netter Arzt, aber dass ich am frühen Morgen immer durch die Dampfheizung käme und sie durch Klopfen störe, dies fände sie weniger nett."*

Die Behandlung durch ein Dauerbad wurde in dieser Zeit bei nahezu allen psychiatrischen Krankheitsbildern angewendet, zeigte aber vor allem bei manischen und erregten Patienten die besten Erfolge, da die beruhigende Wirkung des Badens oftmals Isolierungen ersparte und auch den Schlafmittelverbrauch senkte.

Auch nachts wurden die Bäder genutzt. Ein Pfleger beaufsichtigte die im warmen Wasser verweilenden Patienten und versorgte sie stündlich mit Milch oder Butterbroten. Und in der Wanne selbst findet namentlich der Maniacus bald eine natürliche Grenze für seinen Betätigungstrieb.

Schon nach wenigen Tagen auf dieser Station erkrankte der Stationsarzt und Häßler musste die 200 Patientinnen allein betreuen. Er erinnerte sich, dass ihm dies nur mithilfe der ausgezeichneten Stationsschwester gelang, die alle Patientinnen sehr gut kannte und ihm Ratschläge hinsichtlich der Sondierungen und der Gabe von Spritzen gab.

Die vorgeschriebene Medizinal-Praktikantenzeit in Innerer Medizin absolvierte Erich Häßler wieder in Leipzig, im Stadt-Krankenhaus St. Georg bei Professor Oskar Wandel.

Er wurde einer Männerstation zugeteilt, auf der vorwiegend Herzkranke behandelt wurden. Auf der Station war ein großer Krankensaal, in dem die Betten in zwei Reihen dicht beieinanderstanden. Nur für Schwerkranke und Sterbende gab es kleine Einzelzimmer.

In seinen Erinnerungen gibt es einen Fall, dessen Ausgang er sein ganzes Leben vor Augen hatte.

> *„Da ich die intravenöse Injektion sehr gut beherrschte, trug mein Stationsarzt mir auf, einem Patienten Strophantin zu verabreichen. Er erschrak jedoch, als ich ihm auf seine Frage, wie es gegangen wäre, antwortete: ‚Es ging ganz schnell.' Ich wußte damals noch nicht, daß man Strophantin nur ganz langsam mit der Uhr in der Hand injizieren darf. Aber der Patient hat es gut vertragen und ich wußte nun Bescheid für mein ganzes Leben."*

Im September 1924 durfte Erich Häßler wieder an die Kinderklinik zurückkehren. Er wurde nunmehr auf der Säuglingsstation bei Dr. Herbert Schönfeld eingesetzt.

In dieser Zeit konnte er die Untersuchungen für seine Promotionsarbeit fortsetzen und auch beenden.

Professor Bessau war überzeugt, dass die Bifidusflora für das gute Gedeihen der Brustkinder eine besondere Bedeutung habe. Deshalb wurden unterschiedlich zusammengesetzte Versuchsnahrungen gegeben, dazu wurden die Gewichtszunahme und die Stühle in Bezug auf Zusammensetzung der Stuhlflora untersucht. Den Mitarbeitern war bekannt, dass Bessau auf der Suche nach einer Nahrung war, bei welcher, analog der Frauenmilch, eine überwiegende Bifidusflora im Stuhl der Säuglinge zu finden war. Sie nannten das scherzhaft „Vatermilch".

Da die Säuglinge auf der Station von Dr. Schönfeld lagen, betrafen ihn diese Untersuchungen natürlich auch. Am Morgen wurde als Erstes „Stuhlvisite" gemacht. Die Stuhlwindeln der letzten 24 Stunden wurden in einem verschlossenen Emaille-Blechkasten zusammengewickelt aufbewahrt. Sie wurden dann einzeln von einer Schülerin dem Arzt vor die Nase gehalten, der sie nach Beschaffenheit und Geruch durch symbolhafte Striche in die Krankenakte eintrug. Daneben musste Häßler laufend dünne Stuhl-Ausstriche nach Gram gefärbt auf das Vorhandensein von Bifido-Bakterien und ein möglichst geringes Vorkommen einer Coliflora untersuchen.

Der „Röntgenarzt" der Säuglingsstation, Dr. Rupprecht, war in dieser Zeit als Oberarzt an eine andere Klinik gegangen. Dr. Schönfeld übernahm seinen Arbeitsbereich und auf diese Weise konnte Erich Häßler auch auf diesem Gebiet diagnostische und therapeutische Erfahrungen sammeln.

Die Klinik hatte eine Therapieröhre angeschafft. Es wurden relativ viele Röntgenbestrahlungen vorgenommen, wobei die Säuglinge immer von einer Schwester der Station gehalten wurden. Da jedoch kein geeignetes Messgerät zur Verfügung stand, die „Haut-Erythem-Dosis" zu bestimmen, bat Dr. Schönfeld Häßler, diese an dessen Unterarm auszuprobieren. In einer Situation als Medizinal-Praktikant konnte er dies nicht ausschlagen, übersah aber keineswegs die damit verbundenen Gefahren.

Das Hauptereignis während dieser Zeit aber war die am 11. Oktober 1924 stattfindende Verteidigung seiner Promotion.

Q · D · B · V

RECTORE ANNUO MAGNIFICO

GEORG STEINDORFF

PHILOSOPHIAE DOCTORE AEGYPTOLOGIAE PROFESSORE PUBLICO ORDINARIO

ORDINIS MEDICORUM H. T. DECANUS

ERNST HERTEL

MEDICINAE DOCTOR OPHTHALMOLOGIAE PROFESSOR PUBLICUS ORDINARIUS

VIRO PRAENOBILISSIMO ATQUE DOCTISSIMO

FRITZ OTTO ERICH HÄSSLER

LIPSIENSI

TRADITA DISSERTATIONE QUAE INSCRIBITUR

IST DIE HAUT EIN ANTIKÖRPER BILDENDES ORGAN?

NEC NON

COLLOQUIO SUPERATO

DOCTORIS MEDICINAE CHIRURGIAE ARTISQUE OBSTETRICIAE JURA ET ORNAMENTA

AUCTORITATE PUBLICA CONTULIT.

LIPSIAE

DIE XI. MENSIS OCTOBRIS MCMXXIV.

Einladung zur Promotion

Ist die Haut ein antikörperbildendes Organ?

Vergleichende intracutane und intramusculäre Impfung des Menschen mit einem Ruhrvaccin

Inaugural-Dissertation
zur
Erlangung der Doktorwürde
in der Medizin, Chirurgie und Geburtshilfe

Einer Hohen Medizinischen Fakultät zu Leipzig

Erich Häßler war jetzt „Dr. med.“.

Für die Anregung zu dieser Arbeit fühle ich mich Herrn Prof. Bessau, für die Anleitung und Unterstützung beim Zustandekommen der Versuche Herrn Dr. Fernbach zu besonderem Dank verpflichtet.

Nach Beendigung der Medizinal-Praktikantenzeit erhielt er am 1. Dezember 1924 seine Approbationsurkunde.

Wichtig war für ihn auch, dass er neben der eigentlichen Promotionsarbeit eine gemeinsame Arbeit über dieses Thema mit Dr. Fernbach im Zentralblatt für Bakteriologie 95. Band, 1925, S. 81, veröffentlichte. Titel der Arbeit: „Zur Frage der Antikörperbildung in der Haut“.

Seine Entscheidung, Kinderarzt zu werden, war endgültig.

DIE DRESDENER ZEIT UND DIE LEIPZIGER ZEIT (1925–1931)

Professor Bessau, der Häßlers Arbeit mit der Randbemerkung „Sehr gute Arbeit“ versehen hatte, stellte ihm eine bezahlte Volontärstelle an der Kinderklinik Leipzig in Aussicht.

Natürlich wollte Häßler gern weiter an der Universitätsklinik Leipzig arbeiten, aber er wollte auch eine andere Kinderklinik kennenlernen.

Aus diesem Grund wandte er sich an den mit ihm befreundeten Leiter der Kinderheilanstalt in Dresden, Sanitätsrat Dr. Brückner. Dr. Brückner war Arione. Da er klein und mager, aber sehr lebendig war, war er im Arion unter dem Namen „Hexenfett“ bekannt. Ihn überzeugte die Qualifikation Häßlers und er sagte ihm die nächste frei werdende Assistentenstelle zu.

Die Zwischenzeit galt es zu überbrücken, und da Professor Bessau Wert darauf legte, dass seine Assistenten eine zusätzliche Ausbildung in einem theoretischen Fach (Physiologie, Chemie, Bakteriologie) besaßen, begann Erich Häßler als unbezahlter Volontär am Hygieneinstitut zu arbeiten. Seit 1913 war Geheimrat Walther Kruse ordentlicher Professor für Hygiene an der Medizinischen Fakultät der Universität Leipzig.

In späteren Jahren beschäftigte sich Professor Kruse auch mit dem Komplex der Erb- und Rassenhygiene und trug mit seinen Arbeiten zur Entwicklung der nationalsozialistischen Rassenhygiene bei.

Häßlers Tätigkeiten bestanden in der Untersuchung von Diphtherie-Abstrichen und Sputumuntersuchungen auf TBK sowie Stuhl- und Urinuntersuchungen auf pathogene Keime. Für ihn waren dies keine neuen Erkenntnisse. Interessant waren dagegen das Erlernen der Vorbereitung und das Ablesen der Wassermann'schen Reaktion und verschiedener Trübungsreaktionen.

Darüber hinaus erhielt er von Professor Kruse den Auftrag, ein neues Desinfektionsmittel auf seine Wirksamkeit gegen TBK-Bakterien im Sputum zu prüfen. So wurden stark-positive TBK-Sputen eine Zeit lang mit diesem Mittel in verschiedenen Konzentrationen versetzt und anschließend im Kulturverfahren (Hohn'scher Eiernährboden in Schrägröhrchen) geprüft, bei welchen Verdünnungen noch ein Wachstum erfolgte.

Professor Kruse hatte umfangreiche Arbeiten zur Influenza, Ruhr und Tuberkulose durchgeführt. Schon frühzeitig identifizierte er den Erreger der Ruhr (Bacillus dysenteriae Shiga Kruse).

Eines seiner großen Verdienste war auch, eine Reihe giftarmer Ruhrbakterien serologisch differenziert zu haben. Er bezeichnete die von ihm gefundenen Stämme nach dem Alphabet, später wurde der Stamm E als KRUSE-SONNE-(E-) Ruhr-Bakterium beschrieben.

Die „Giftarmen Ruhrbakterien" sollten einige Jahre später das Thema von Häßlers Habilitation sein.

Beginnend mit dem 1. August 1925 erhielt Erich Häßler eine Hilfsassistentenstelle in der Kinderheilanstalt Dresden. Seine Vergütung betrug monatlich 140 Mark, allerdings wurden davon die Miete (er wohnte im Krankenhaus) und die Verpflegung abgezogen.

Auch der Chefarzt erhielt nur einen Ehrensold. Er war in seiner eigener Praxis tätig, machte aber an jedem Wochentag vormittags eine Stunde Visite. Weiterhin fungierten ein niedergelassener Facharzt für Chirurgie und ein Facharzt für Ohrenheilkunde, die bei Bedarf zugezogen werden konnten, als Oberärzte.

Die Kinderheilstatt wurde 1834 zur unentgeltlichen Behandlung und Heilung armer Mädchen gegründet. Im Jahre 1925 hatte sie 125 Betten, es wurden Kinder jedes Alters, auch operative Fälle, aufgenommen. Kinder mit Infektionskrankheiten lagen in einer besonderen Isolierbaracke. 1945 wurde die Kinderheilanstalt während eines Bombenangriffs zerstört und nicht wieder aufgebaut.

Neben Erich Häßler waren drei weitere Assistenten tätig, darunter auch eine Kollegin. Der dienstälteste Assistent hatte die Oberarztfunktion inne und ihm oblag die Dienst- und Stationseinteilung. Da Häßler bereits als Medizinal-Praktikant in Leipzig an der Kinderklinik gearbeitet hatte, wurde er als Stationsarzt eingesetzt.

Zwei seiner ersten Fälle sind ihm in Erinnerung geblieben:

> *„Mein erster Zugang war ein Unfall. Ein Kind hatte sich die Zunge zu zwei Dritteln in der Mitte durchgebissen. Ich konnte sie mit Erfolg nähen."*
> *„Ein sehr aufgeregter Praktiker kam mit einem Kind, welches einen Fremdkörper in die Luftröhre aspiriert hatte und ziemlich cyanotisch war. Ich war etwas hilflos, da ich nicht wußte, wo die Röntgenschwester zu finden war. So nahm der Kollege, der, wie ich später erfuhr, als Choleriker bekannt war, wütend das Kind wieder und fuhr mit ihm in die Ohrenklinik. Er schrieb darauf einen Beschwerdebrief an Sanitätsrat Brückner, durch eine Aussprache konnte der Zwischenfall jedoch bereinigt werden."*

Neben den Stationen wurden eine poliklinische Sprechstunde und eine Mütterberatung abgehalten. Gleichzeitig war die Kinderheilanstalt aber auch die Unfall-Hilfsstelle. Da in der Umgebung Metallschleifereien waren, kamen nicht selten Hilfesuchende mit einem festsitzenden Eisensplitter in der Hornhaut. Die Augen wurden cocainisiert und die Splitter mit einer feinen Lanzette entfernt.

Um die Bettenkapazitäten der Stationen auszunutzen, wurden Kinder mit Hernien vorgemerkt und je nach freien Betten einberufen. Es wurden aber ebenfalls akute Fälle aufgenommen, z. B. eine Appendizitis. Gaumen-Spalten-Operationen wurden vorgenommen und einmal sogar die Entfernung eines kirschgroßen Tumors am Opticus. Die Sehkraft auf diesem Auge blieb verloren.

Bei diesen Eingriffen war Erich Häßler umschichtig mit den anderen Assistenten tätig.

> *„Operiert wurde nach gründlicher Händedesinfektion, aber ohne Handschuhe. Diese wurden nur bei septischen Eingriffen angezogen. Während meiner Zeit ist keine Wundinfektion vorgekommen."*

Da die Assistenten alle Mahlzeiten gemeinsam einnahmen, hatten sie die Möglichkeit, sich über alle Vorkommnisse im Haus zu informieren. Dies war günstig, da sie auf diese Weise über jede Station genau Bescheid wussten, und sie konnten sich gegenseitig absprechen, um sonntags auch einmal freizunehmen.

Seit seiner Kindheit war Erich Häßler ein begeisterter Wanderer. Er nutzte seine freien Tage, um die Sächsische Schweiz zu erwandern und auch, um in Dresden Ausstellungen zu besuchen: 1925 eine Gartenbau-Ausstellung und 1926 eine Baufach-Ausstellung. Auf dieser war es vor allem das „Kugelhaus", das allgemeines Interesse erregte und ihm in besonderer Erinnerung geblieben ist.

Vom 1. Februar 1926 bis zum 31. Dezember 1926 übte er neben seiner Tätigkeit als Stationsarzt noch die Funktion eines chirurgischen Assistenten aus. Es gab zwar ein Labor, aber alle Laboruntersuchungen, Urinbefunde, Blutausstriche und Liquor-Untersuchungen mussten von den Ärzten der jeweiligen Stationen selbst durchgeführt werden.

Wissenschaftlich wurde an der Kinderheilanstalt an einer eigenen Heilnahrung gearbeitet, da bei Säuglingen öfters durchfällige Stühle mit Blutspuren auftraten.

Sanitätsrat Brückner ließ an Stelle der sonst zu diesem Zwecke gebräuchlichen Buttermilch aus Dosen (Holländische Anfangsnahrung) mit Milchsäure versetzte Magermilch (S. M.) ausprobieren. Die Erfolge waren durchaus befriedigend.

In Bezug auf neue Arzneimittel war Sanitätsrat Brückner sehr vorsichtig. Wurde in der Literatur ein neues Arzneimittel empfohlen, so war seine Einstellung *„Wir versuchen es erst einmal mit der Hälfte der angegebenen Dosis."* War der Erfolg dann aber ungenügend, so meinte er, es scheine nichts daran zu sein, anstatt die Dosis zu steigern.

Erich Häßler beschäftigte sich auf der Infektionsabteilung mit Kindern, die an Keuchhusten erkrankt waren. Eine sehr schlechte Prognose gab es für die Keuchhusten-Eklampsie (schwere allgemeine Krämpfe bei Säuglingen). Häßler behandelte mit Genehmigung von Sanitätsrat Brückner die Kinder mit einem neuen Präparat, Strontiuran.

Es war eine 10%ige wässrige Lösung von Strontiumchloridharnstoff, die intravenös injiziert wurde. Das Medikament stellte die Firma R. u. O. Weil, Frankfurt/Main der Kinderheilklinik zur Verfügung. Die Anwendung lautete *„gegen Asthma, Arzneiausschläge, juckende Dermatosen, Salvarsannebenerscheinungen"*.

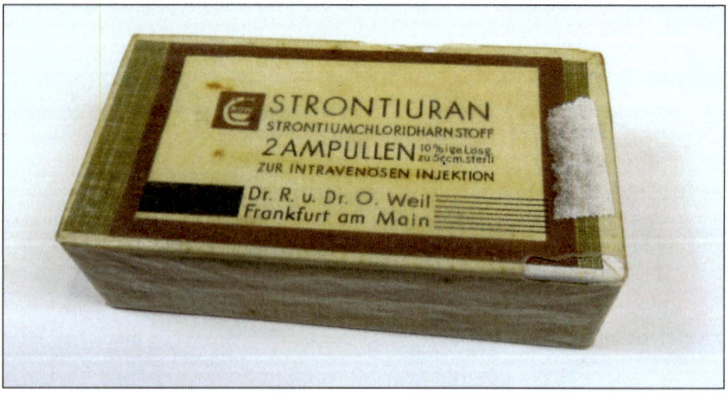

Packung Strontiuran

Auf einer Tagung der Sächsisch-Thüringischen Kinderärzte im Mai 1926 referierte Häßler über diese Behandlung und publizierte im gleichen Jahr die Arbeit „Zur Klinik und Behandlung der Keuchhusteneklampsie“ im Jahrbuch für Kinderheilkunde Band CXIV, 1926, S. 376–384.

Auf die Infektionsstation kamen auch Kinder mit Diphtherie, darunter Fälle mit schweren cyanotischen Croup-Erkrankungen. Jeder der Ärzte musste mitunter selbstständig eine Tracheotomie durchführen.

Sanitätsrat Brückner erzählte den Assistenzärzten, dass er früher im Kinderkrankenhaus Leipzig bei Professor Otto Heubner auf der Diphtheriestation gewesen sei. Diese habe damals in der Vor-Serum-Zeit viele infauste Prognosen gehabt. Er selbst habe es seelisch nicht mehr verkraften können, täglich fast ebenso viele Todesfälle wie Zugänge zu haben. Deshalb habe er Leipzig verlassen und in Dresden eine Praxis eröffnet.

In Dresden gab es einen wissenschaftlichen Verein, der sich „Verein für Natur- und Heilkunde“ nannte. Auf einer seiner Veranstaltungen lernte Erich Häßler noch Professor Otto Heubner kennen, der in Dresden seine letzten Lebensjahre verbrachte.

Sanitätsrat Brückner war ein begeisterter Alpinist.

Da auch Erich Häßler gerne wanderte, ließ er sich von ihm beraten, wie seine erste Alpenwanderung zu planen sei: Er solle nicht gleich die höchsten Gipfel anstreben, denn man müsse immer noch ein höheres Ziel haben. Und so führte Häßlers erste Tour nach Kufstein, weiter nach Kitzbühel und hier bestieg er seinen ersten Berg, das Kitzbüheler Horn. Die Wege waren nicht ganz einfach für ihn, denn er führte immer einen großen Fotoapparat mit sich, in welchen noch Glasplatten eingelegt wurden, und dazu ein ausziehbares eisernes Stativ. Später lernte er, welche Ausrüstung er bei den Wanderungen wirklich brauchte. Und er bedauerte es immer, dass alle Aufnahmen seiner ersten Wanderung bei dem Bombenangriff 1943 in Leipzig zerstört worden waren.

Ende des Jahre 1926 erhielt Erich Häßler einen Brief von Professor Bessau, der ihm mitteilte, dass er, beginnend mit dem Jahr 1927, eine bezahlte Volontärstelle bei ihm in Leipzig erhalten könne.

Leicht fiel ihm der Abschied von der Dresdener Kinderheilstätte und von seinen Kollegen nicht.

Sanitätsrat Brückner ist bald nach Häßlers Ausscheiden verstorben.

Auch einer der Assistenten, Dr. Schulze, ist einige Zeit danach an einer tuberkulösen Meningitis verstorben.

Ein anderer Assistent, Dr. Ziesche, ließ sich in Dresden in eigener Praxis nieder. Er wurde 1945 ausgebombt und kam selber bei diesem Bombenangriff um, als er im Großen Garten Verwundete versorgte.

Die Assistentin Dr. v. Wild eröffnete nach dem Krieg eine Praxis in Kassel, Häßler konnte sie 1960 während einer Tagung der Deutschen Gesellschaft für Kinderheilkunde besuchen.

Das Städtische Kinderkrankenhaus Leipzig war gleichzeitig Universitäts-Kinderklinik. So gab es im Jahr 1927 staatliche Volontärstellen, die mit ungefähr 150 Mark vergütet wurden. Daneben gab es weitere Möglichkeiten, nämlich staatliche Assistentenstellen, städtische Ausbildungsstätten sowie städtische Assistentenstellen. Erich Häßler durchlief während seiner Leipziger Zeit alle vier Stufen.

An der Kinderklinik hatte sich einiges geändert.

Viele Assistenzärzte und -ärztinnen waren neu angestellt, die meisten von ihnen in unbesoldeten Stellungen. Einige von ihnen waren ausschließlich nur für eine bestimmte Zeit angestellt.

Professor Bessau hatte zwei neue Oberärzte ernannt – Rosenbaum und Catel. Rosenbaum war erster Oberarzt und Vertreter des Chefs Bessau.

Bei seinem Antritt in Leipzig wurde Häßler von Bessau als Stationsarzt der Barackenstation Nr. 6 eingesetzt. Die Baracke war gerade renoviert worden und stand deshalb leer. Sie umfasste etwa 25 Betten, es sollten Scharlach-Kranke aufgenommen werden.

Gleich am ersten Tag kamen drei Kleinkinder aus einem Heim mit dem typischen Scharlachexanthem zur Aufnahme. Nach der Aufnahmevisite fand regelmäßig eine Stationsarztbesprechung statt und Häßler berichtete über diese drei Kinder.

Als er am nächsten Tag die Kinder wieder untersuchte, fand er sie hustend und mit stark entzündeten Augen vor. Das Exanthem im Kopf- und Halsbereich hatte ein mehr fleckiges Aussehen bekommen und sie hatten auch Kopliksche Flecke im Mund. So musste er bei der nächsten Morgenbesprechung berichten, die Kinder hätten die Masern. Wieder einen Tag später fand er bei den Kleinkindern Bläschen am Körper und auf dem Kopf. Es gab keinen Zweifel, die Kinder hatten die Windpocken.

Sein Bericht erregte natürlich Kopfschütteln und Verwunderung, aber er wurde rehabilitiert. Es waren zwischenzeitlich andere „Scharlachkinder" aufgenommen worden und diese wurden teils mit Masern und teils mit Windpocken angesteckt. Alle drei Kinder hatten gleichzeitig Scharlach, Masern und Windpocken. Später hat Häßler wohl Kinder gesehen, die gleichzeitig an Scharlach und Masern erkrankt waren, aber niemals an allen drei Krankheiten zusammen. Trotzdem war der Krankheitsverlauf dieser drei Kinder ein günstiger gewesen; sie genasen. Allerdings musste die Station für einige Zeit für weitere Zugänge gesperrt werden.

Die Scharlachstation bestand aus einem großen Saal mit einigen kleinen Zimmern. Alle Betten standen an den Wänden und in der Zimmermitte befand sich ein Schreibtisch, auf welchem die Stationsschwestern die Kurven auf den Krankheitsblättern zeichneten.

Auf diesen Schreibtisch stellte Häßler einige offene Blut-Agar-Platten. Im Brutschrank entwickelten sich daraufhin auf allen Platten zahlreiche Kolonien von hämolysierenden Streptokokken!

Basierend auf diesen Beobachtungen stellte Häßler sich die Frage: Waren hämolysierende Streptokokken die Erreger des Scharlachs oder waren sie nur Begleitbakterien? Letzteres war zu dem damaligen Zeitpunkt eine weitverbreitete Meinung.

Seine umfangreichen Studien zu diesem Thema führten zu dem Ergebnis, dass die hämolysierenden Streptokokken die Erreger und nicht nur Begleitbakterien des Scharlachs sind.

Im Jahrbuch für Kinderheilkunde CXXXVI, 1932, S. 127–151 wurden diese Studien von ihm unter dem Titel „Klinisches und Experimentelles zum Scharlach“ veröffentlicht.

Heute hat diese Auffassung allgemeine Gültigkeit.

Scharlach ist eine klassische Kinderkrankheit. Vor Einführung der Antibiotika galt diese Infektionskrankheit als hoch gefährlich, nicht nur im Laufe der jahreszeitlich bedingten Epidemien. Erst die Entdeckung des Penicillins machte Scharlach zu einer harmlosen Krankheit.

Die Chemnitzer Scharlachepidemie

Im Herbst und Winter 1949/1950 kam es in Chemnitz zu einer ausgedehnten Scharlachepidemie. Allein im Stadtgebiet wurden 1.394 Erkrankungen registriert. Seit 1949 war Professor Häßler Chefarzt des Städtischen Kinderkrankenhauses am Zeisigwald in Chemnitz.

Er erkannte, da nicht alle Erkrankten im Krankenhaus untergebracht werden konnten (es bestand für Scharlach eine Hospitalisierungspflicht von sechs Wochen), dass zwei Hilfskrankenhäuser eingerichtet werden mussten.

Bereits im Mai 1949 hatte er an einer Besprechung des Gesundheitsministeriums teilgenommen, in welcher der Minister für Gesundheitswesen in Sachsen den Ärzten eine größere Anwendungsmöglichkeit von Penicillin eröffnete. Bis dahin war die Regel, dass für jeden einzelnen Krankheitsfall ein Antrag auf Penicillinanwendung und Lieferung gestellt werden musste. Auf dieser Besprechung schlug der Dresdener Internist und Leiter des Infektionskrankenhauses, Dr. Alfred Schmeißer, vor, Penicillin für sein Krankenhaus zur Behandlung des Scharlachs freizugeben. Er begründete dies mit dem Verweis, dass besonders in ausländischer Literatur über günstige Behandlungserfolge geschrieben worden war. Er berichtete Professor Häßler von seinen eigenen Erfahrungen und so wandte sich auch dieser an die Landesregierung in Dresden mit der Bitte, zur Behandlung des Scharlachs ausreichende Mengen Penicillin zur Verfügung zu stellen. Es wurde ihm zugesagt.

> *„So konnte ich nunmehr 525 Kinder mit Penicillin erfolgreich behandeln. Es wurde somit ermöglicht, die stationäre Behandlungszeit ganz erheblich abzukürzen und vor allem wurde erreicht, die Häufigkeit von Scharlach-Komplikationen (Ohren- und Nierenerkrankungen) stark zu vermindern."*

Auf der Kinderärztetagung im April 1950 berichtete Professor Häßler über diese Ergebnisse. Allerdings wurden sie zunächst noch skeptisch aufgenommen. Man glaubte immer noch nicht an Streptokokken, sondern an Viren als Erreger. Aber die Penicillinbehandlung des Scharlachs war ins Rollen gekommen; sie ist heute die Methode der Wahl bei der Behandlung des Scharlachs bei Kindern.

In den Mitteilungen der DGKJ und ÖGKJ zum Nachruf auf Prof. Dr. Erich Häßler heißt es dazu:

> *„Im Jahr 1949 wurde er Chefarzt des Städtischen Kinderkrankenhauses am Zeisigwald in Chemnitz. 1949/1950 wurde dort von ihm erstmalig in einer Kinderklinik die systematische Behandlung des Scharlachs mit Penizillin durchgeführt, wodurch die Zeit der stationären Behandlung des Scharlachs von 6 Wochen auf 6 Tage verkürzt werden konnte."*

Im Spätsommer 1927 kam es in Leipzig zu einer Häufung von Poliomyelitis-Erkrankungen.

Immer mehr Kinder erkrankten, es wurde eine Station, die Station VI, für die Aufnahme dieser Kinder bestimmt, aber schon bald zeigte sich, dass die Bettenanzahl nicht ausreichte. Es musste die Station V in Anspruch genommen werden und bald wurde auch die Station VIII, die Diphtheriestation, umgerüstet. Stationsschwester auf der Station V war Hilde Hoster. Sie sollte Häßler medizinisch noch viele Jahre begleiten und er schätzte die Zusammenarbeit mit ihr sehr.

Da Professor Bessau wünschte, dass alle Kinder mit spinaler Kinderlähmung in einer Hand blieben, wurde Dr. Häßler zusätzlich Stationsarzt dieser drei Stationen. Die alleinige Verantwortung lag bei ihm, aber es standen ihm einige Volontärärzte und Medizinal-Praktikanten zur Unterstützung bei.

In dieser Zeit lernte er ein schweres Krankheitsbild in all seinen verschiedenen Formen und Varianten kennen.

Früheste Hinweise auf diese Krankheit gibt es bereits aus der Zeit ca. 1.400 vor Christi. Aber erst im 19. Jahrhundert beschrieb der Orthopäde Jakob von Heine, der sich mit den Erkrankungen der Gelenke und Knochen beschäftigte, diese Krankheit als Spinale Kinderlähmung und gilt als deren Erstbeschreiber. Nachdem der endgültige Beweis erbracht war, dass die Kinderlähmung durch

Viren übertragen wird, konnte ein Polioimpfstoff entwickelt werden. Die Krankheit ist nicht heilbar, ein Ausbruch kann jedoch durch Impfungen verhindert werden. Schon seit den 1950er-Jahren gab es in der DDR eine staatliche Impfpflicht und seit 1960 einen Impfstoff gegen die Kinderlähmung. 1962 begann in der BRD die Impfung mit dem Schluckimpfstoff. Auch wenn die WHO 2002 erklärte, die Region Europa sei poliofrei, bedeutet dies nicht, dass die Krankheit weltweit ausgerottet ist. Nur eine vorbeugende, konsequente Impfung bietet Schutz.

In den 1920er-Jahren konnten die Ärzte nur versuchen, den erkrankten Kindern Linderung zu verschaffen. Ihre Hauptaufgabe bestand darin, Kontrakturen und entstandene Fehlstellungen durch richtige Lagerung und Schienung zu vermeiden und die Muskelkraft zu verbessern.

Oft wurde zur Entlastung der Kinder noch vor der Aufnahmevisite eine Lumbalpunktion durchgeführt. Besonders bedrückend waren die Kinder mit Bulbärerscheinungen, d. h. Kinder mit einer Lähmung der Zunge, Lippen, Gesichtsmuskeln, des Gaumens, Rachens und Kehlkopfes. Das Bewusstsein blieb immer frei, der Arzt konnte sich noch mit den kleinen Patienten unterhalten; plötzlich hörten sie auf zu atmen und waren durch zentrale Atemlähmung gestorben.

Therapeutisch waren die Ärzte fast machtlos. Insbesondere der Einsatz des damals empfohlenen Rekonvaleszenten-Serums, R.S., (ein Blutserum, das von Personen, die eine Infektionskrankheit überlebt hatten, gewonnen wird) blieb ohne erkennbaren Erfolg. Das Fortschreiten der Lähmung konnte nicht verhindert werden.

Im Jahr 1934, Häßler war damals 1. Oberarzt an der Universitäts-Kinderklinik Leipzig, veröffentlichte er zu dieser Problematik den Artikel „Über die Behandlung der Poliomyelitis Anterior Acuta mit Rekonvaleszentenserum" in der Klinischen Wochenschrift, September 1934, Volume 13, Issue 35, S. 1249–1250.

Zusammenfassung

Das RS. ist in der Behandlung der Poliomyelitis nach Auftreten von Lähmungen unwirksam, es vermag den tödlichen Ausgang nicht zu verhindern. Es ist zwecklos und es muß in Zukunft vom Reichsgesundheitsamt verhindert werden, daß Serum für solche Fälle verausgabt wird.

Bei Patienten mit Meningitis serosa im Rahmen von Poliomyelitisepidemien erscheint die Anwendung von RS. überflüssig, da kaum mit dem Auftreten von Lähmungen zu rechnen ist; in den wenigen Ausnahmen (etwa 10 %), bei denen dies der Fall ist, kann aber durch das RS. der Eintritt von Lähmungen nicht verhütet werden.

Dr. Häßler erkannte, dass er und seine Mitarbeiter in der orthopädischen Betreuung zunächst noch unerfahren waren. Auf Veranlassung von Professor Bessau wurde der Orthopäde Professor Schede als Konsilarius hinzugezogen. Professor Schede war von 1923 bis 1929 planmäßiger außerordentlicher Professor für Orthopädie an der Medizinischen Fakultät der Universität Leipzig. Er kam öfters auf die Station und erteilte Häßler in seiner „väterlichen“ Form Ratschläge. Daraus entwickelte sich eine spätere Freundschaft und Häßler wurde selbst Konsilarius in der Orthopädischen Klinik.

> *„Ich verdanke Schede manch interessante Skeletterkrankung, die ich wissenschaftlich bearbeiten und veröffentlichen konnte.“*

Die Hauptaufgabe in der Behandlung der Poliomyelitis bestand darin, Muskelkontraktionen, die sich sehr schnell ausbildeten, zu vermeiden, da diese für das Kind schlimmer waren als die Lähmungen.

Zur Verhinderung von Kontrakturen im Armbereich (bei einer Lähmung des Delta-Muskels) mussten die Arme rechtwinklig angehoben und in dieser Stellung fixiert gelagert werden. Zur Vermeidung des Spitzfußes wurden Kisten an die Füße der Kinder gestellt. Später fertigte man in der Orthopädischen Klinik spezielle Spitzfuß-Schienen an.

Am gefährlichsten aber für die Kinder waren Kontraktionen im Bereich des Iliopsoas, da diese operativ kaum angegangen werden konnten und ein späteres Aufrichten unmöglich machten. Diese Kinder, meist mit ausgedehnten Lähmungen fast aller Muskeln, mussten deshalb Tag und Nacht auf einem Liegebrett in Bauchlage liegen, dieses war noch zusätzlich so erhöht worden, dass die Füße dabei nach unten hingen und so kein Spitzfuß entstehen konnte. An einer bestimmten Stelle hatte das Brett ein Loch, unter das ein Töpfchen gestellt werden konnte.

Die Lähmungen erreichten nach wenigen Tagen ihren Höhepunkt, dann bildete sich allmählich ein Teil zurück. Restlähmungen bleiben, da die zerstörten motorischen Nervenzellen im Rückenmark nicht ersetzt werden können.

Die Verbesserung der Muskelfunktionen konnte durch Massagen, besonders aber auch durch Elektrisieren erreicht werden. Allerdings waren dafür weder der gewöhnliche galvanische noch der faradische Strom, wie ihn der gebräuchliche Pantostat (Reizstromgerät) lieferte, geeignet. Durch ein Zusatzgerät, in welches eine Nadel langsam in eine Salzlösung ein- und auftaucht, wurde ein faradischer Schwellstrom erzeugt, der sich auf diese Weise langsam steigerte und wieder abschwoll, sodass nicht-schmerzhafte Muskelkontraktionen erzeugt werden konnten.

Voraussetzung war aber, dass zunächst durch die Ärzte festgestellt werden musste, welche Muskeln gelähmt und welche paretisch (geschwächt, teilweise gelähmt) waren. Zu diesem

Zweck verwendete Dr. Häßler ein separates Kurvenblatt mit seinen besonderen Zeichen:

+ funktionsfähig,
(+) teilgelähmt,
0 Gelähmt.

Auf diese Weise konnte man für jedes Kind den Verlauf genau verfolgen. War ein Muskel gelähmt, musste durch die Prüfung mit galvanischem Strom festgestellt werden, ob er noch ansprechbar war oder schon eine Entartungsreaktion aufwies. Das bedeutete zwar einen zur Behandlung zusätzlichen großen Zeitaufwand, war aber für jedes erkrankte Kind eine Chance.

Häßler sagte später über diese Situation auf seiner Poliomyelitis-Station:

> *„Es war die natürliche Folge meiner Tätigkeit, daß ich in dieser Zeit bei Bekannten nicht gern gesehen wurde, da man eine Übertragung der Krankheit durch mich befürchtete. Ich hatte aber sowieso keine Zeit für Bekanntenbesuche.“*

Natürlich war in dieser Zeit die Leipziger Bevölkerung sehr verängstigt und suchte verstärkt die Poliklinik auf. Und dazu blieb Häßler eine Begebenheit in Erinnerung, die er bis ins hohe Alter immer gern erzählte, um zu zeigen, wie Gerüchte entstehen können.

> *„Zu einem Kollegen in der Poliklinik kam eine Mutter mit ihrem kranken Kind. Dieser erklärte der Mutter nach der Untersuchung, dass es sich nur um eine banale Infektion handele. Daraufhin verbreitete sich in Leipzig die Mär – Die Poliomyelitis wäre eine Bananen-Infektion.“*

Die erkrankten Kinder litten häufig an Verstopfungen. Ihnen wurde das zu dieser Zeit gebräuchliche Abführmittel

Istizin gegeben. Blieb nun der Stuhl einige Zeit in der Windel, so entstand dort eine erysipelartige, aber sonst reizlose Hautveränderung, die scharf abgegrenzt war. Bei der Gesamtdarstellung der Epidemie berichtete Häßler erstmalig darüber. Er bezeichnete sie als Istizin-Exanthem und unter dieser Bezeichnung ist die Hautveränderung in die Literatur eingegangen.

Die Firma Bayer vermarktete seit 1913 das Abführmittel Istizin, ein Zwischenprodukt der Farbstoffklasse der synthetisch gewonnenen Anthrachinonfarbstoffe. Eine Zeit lang gab es sogar Istizinbonbons, die Packung versehen mit der Inschrift „Istizin-Bonbons regeln den Stuhlgang, wirken angenehm und prompt. Auch bei längerem Gebrauch unschädlich. Ein bis zwei Bonbons abends nach dem Nachtessen zu nehmen (Wirkung erfolgt am nächsten Morgen)."

Dipl. Chem. Dr. med. H. Ippen von der Hautklinik der Medizinischen Akademie Düsseldorf verweist in seiner Publikation „Ätiologie und Pathogenese des sogenannten Istizin-Exanthems", veröffentlicht in Deutsche Medizinische Wochenschrift 1959; 84\5023\51, S. 1062–1063, darauf, dass *„Hässler offenbar als erster über schmetterlings- oder reithosenartige angeordnete ‚erysipelartige Exantheme nach Istizin' bei sechs Kindern im Rahmen einer umfangreichen Übersicht über die Poliomyelitis-Epidemie im Jahre 1927 in Leipzig"* berichtet hatte. Auch anderen Autoren fiel die Beschränkung auf Hautbezirke auf, die besonders innigen Kontakt mit Windeln hatten. Weitere Untersuchungen zeigten, dass Istizin die reduzierte Form des Cignolins (DITHRANOL von Bayer) ist, welches in der Therapie der Psoriasis eingesetzt wird und das von Häßler beschriebene Istizin-Exanthem somit durch das oxidierende Milieu der Haut entsteht. Dieses Produkt wird in Form von Cremes noch heute in der dermatologischen Therapie eingesetzt. Istizin dagegen ist nicht mehr verfügbar, da die Substanz in einigen Ländern als Verstärker der Krebsbildung eingestuft wurde.

Bei der Behandlung mit Istizin (die Substanz ist nahe verwandt dem u. a. in der Aloe wirksamen Emodin) erinnerte sich Häßler auch daran, dass er bei der Prüfung im Fach Pharmakologie nach Abführmitteln gefragt wurde, dazu die Aloe nannte, aber diese Pflanze zu den Kakteen rechnete. Allerdings ist die Aloe eine kakteenähnliche Sukkulente.

Dr. Häßler und seine Mitarbeiter behandelten während dieser Epidemie 165 erkrankte Kinder. Davon verloren sie 18 Kinder, das waren 11 %. Sechzehn Kinder starben an einer zentralen Atemlähmung und zwei Kinder an Pneumonien bei schweren Atembehinderungen.

Seine Erfahrungen mit der Poliomyelitis-Epidemie fasste Häßler in seiner Arbeit „Klinischer Bericht über 165 Fälle von spinaler Kinderlähmung der Leipziger Epidemie von 1927" zusammen. Diese wurde in der Monatszeitschrift für Kinderheilkunde Bd. 42, 1928, S. 202–250 veröffentlicht, die im Festband für Professor Keller erschienen ist.

Persönlich hat Erich Häßler daran diese Erinnerung:

> *„Da ich damals finanziell nicht auf Rosen gebettet war, wartete ich lange auf das übliche Autoren-Honorar – vergeblich. Später erfuhr ich zufällig, daß Keller der Meinung war, die Arbeiten wären ihm gewidmet gewesen, so könnte er auch das Honorar dafür beanspruchen. Er hatte sämtliche Autoren-Honorare zur Ausgestaltung seiner Geburtstagsfeier verbraucht."*

Auch wenn Häßler keinen finanziellen Vorteil von dieser Publikation hatte, er war durch diese Arbeit weitgehend bekannt geworden; sie wurde später oft zitiert.

Als Thema seiner Probevorlesung als Dozent wählte Häßler Jahre später das Thema „Poliomyelitis". Dabei sprach er die Überzeugung aus, dass nur eine aktive Impfung, die damals noch in weiter Ferne lag, erfolgversprechend sei.

Seine Stellung an der Kinderklinik Leipzig veränderte sich. Per 1. Oktober 1927 erhielt er eine Städtische Ausbildungsstelle (bestehend aus zwei Dritteln eines Assistentengehaltes) und per 1. Januar 1928 eine Staatliche Assistentenstelle, die bereits zum 1. August 1928 in eine Städtische Assistentenstelle gewandelt wurde. Somit stand er nun auch finanziell besser da.

Nach Abklingen der Poliomyelitis-Epidemie blieb Dr. Häßler Stationsarzt auf der Station V, mit ihm zusammen blieb auch Schwester Hilde Hoster auf dieser Station. In wechselnder Folge nahmen sie, je nach Bedarf, Kinder mit Masern und mit Keuchhusten auf. Vor allem bei Masern war der Zustrom manchmal so stark, obwohl der Verlauf im Allgemeinen gutartig war, dass Betten oft schon wieder belegt waren, wenn die Entlassenen noch auf den Wickeltischen saßen – dies war nur bei Schwester Hilde Hoster möglich.

Anfang des Jahres 1929 wurde Häßler für drei Jahre Stationsarzt auf der Station III, einer Station mit größeren Kindern. Hier lagen diagnostisch schwierige Fälle. Das Hauptkrankengut bestand aus Erkrankungen des rheumatischen Formenkreises, d. h. akuter Gelenkrheumatismus, Chorea minor und rheumatische Endocarditis mit schweren, oft mehrfachen Klappenfehlern. Da es noch kein Penicillin gab, waren die therapeutischen Maßnahmen wenig befriedigend.

Dr. Häßler behandelte einen Fall von Chorea minor mit starker Unruhe mit Strontiuran. Dieses Medikament war ihm aus der Behandlung von Kindern mit Keuchhusten-Eklampsie in der Dresdener Kinderklinik bekannt. Es wird angewandt gegen allergische Erkrankungen, zur Umstimmungstherapie, zur Desensibilisierung gegen anaphylaktische Zustände, Dämpfung des vegetativen Nervensystems, Membranabdichtung. Das Kind war auffällig rasch ruhig geworden. Leider ließ sich der Erfolg bei anderen Kindern nicht so eindrucksvoll wiederholen.

Für ein Jahr kam eine Ärztin aus Kiel zur Weiterbildung nach Leipzig, Dr. Lotte Möller. Mit ihr zusammen veröffentlichte Häßler die gemeinsam gemachten Erfahrungen bei der Behandlung des Keuchhustens. Sie wurden im Jahrbuch für Kinderheilkunde Band 136, 1932, S. 257–301, publiziert.

Auf Anregung von Professor Bessau nahm Häßler noch zusätzliche experimentelle Arbeiten auf, um weiter auf dem Gebiet des Scharlacherregers zu arbeiten. Der Grund war, dass Häßler aufgefallen war, dass die an Rheumatismus erkrankten Patienten auf das Scharlach-Toxin (Dick-Test) meist negativ reagierten. Bereits aufgrund seiner früheren Untersuchungen war er zu dem Ergebnis gekommen, dass allein hämolysierende Streptokokken als Scharlach-Erreger infrage kommen. Auf die epidemiologischen Zusammenhänge von Scharlach und Rheuma und damit auf die Streptokokken-Ätiologie des rheumatischen Fiebers wies er in einer späteren Arbeit unter dem Titel „Über die epidemiologischen Beziehungen des Scharlachs zum rheumatischen Formenkreis" hin, die in der Zeitschrift für Rheumaforschung 13. Bd., 1954, S. 215–221, veröffentlicht wurde.

Heute ist die Streptokokken-Ätiologie der akuten rheumatischen Erkrankungen allgemein bekannt.

Es waren jedoch auch Erkrankungen der rheumatoiden Arthritis, z. B. Stillscher Erkrankung, die Häßler bei seinen Patienten diagnostizierte. Bei diesen fiel ihm das gehäufte Vorkommen einer Iridosyklitis auf. Die Zusammenhänge waren damals noch nicht bekannt. Häßler publizierte dazu in der Monatsschrift für Kinderheilkunde Bd. 77, 1939, S. 23 „Augenkomplikationen bei Polyarthritis chronica infantilis und Stillscher Krankheit mit einer kritischen Bemerkung über die Pathogenese der allgemeinen rheumatischen Infektion".

Bei zwei chronischen Infektionskrankheiten von Kindern waren den Ärzten Augenkomplikationen geläufig. Bei der Tuberkulose gehörte die Conjunctivitis phlyctaenulosa zum Symptomkomplex der Skrofulose und bei Lues die Keratitis parenchymatosa als Teil der Hutchinsonschen Trias. Häßler beschreibt in seiner Publikation das Auftreten von Augenkomplikationen bei vier Kindern mit chronischer Polyarthritis (zweimal Polyarthritis chronica infantilis und zweimal Morbus Still) und kommt zu der Auffassung, dass die Polyarthritis leucocytotica (Still) und lymphocytotica (Polyarthritis chronica infantilis) und der sogenannte sekundär chronische Gelenkrheumatismus nur verschiedene Verlaufsformen desselben Krankheitsgeschehens sein können.

Für alle Ärzte der Kinderklinik waren die Ferien in jedem Jahr gleicherweise geregelt. Die eine Hälfte der Ärzte bekam im August und die andere Hälfte im September den großen Urlaub. Zu einer anderen Zeit war ein längerer Urlaub nicht möglich. Ausnahmen in Form eines Zusatzurlaubs waren Weihnachten, Ostern und Pfingsten als Ausgleich dafür, dass grundsätzlich jeder Stationsarzt mit seinen Hilfsärzten sonntagvormittags Stationsvisite durchzuführen hatte. Auch Professor Bessau kam an jedem Sonntag in die Klinik.

In seinen drei Jahren als Stationsarzt der Station III nutzte Erich Häßler die großen Urlaube als Erstes für eine Reise in den Norden. Er besuchte die Nordseeinseln Wangerooge, Sylt und Helgoland, wobei er lernte, dass er dort verbilligt Zigarren und Schokolade kaufen konnte, und durchwanderte natürlich die Lüneburger Heide. Der Urlaub des nächsten Jahres führte ihn zum Wandern in die Alpen.

Einen festen Plan für den Urlaub 1930 hatte er noch nicht gefasst, als er erfuhr, dass in Stockholm die Internationale Kinderärzte-Tagung stattfinden würde. Also entschloss er sich, eine Reise durch Finnland zu unternehmen, um anschließend in Stockholm an der Tagung teilzunehmen. Die Landschaft und das Leben in Finnland beeindruckten ihn stark. Später in Leipzig erzählte er von einem finnischen Sprichwort: *„Wer seine goldene Uhr im Walde verliert, findet sie am nächsten Tag aufgezogen* *wieder.*“ Allerdings sei er sich nicht sicher, ob dieses alte Sprichwort immer noch uneingeschränkt gelten würde.

Durch Zufall lernte er unterwegs eine deutsche Dame mit ihrem vierzehnjährigen Sohn kennen und reiste mit ihr ein Stück Weg gemeinsam. Es war die Gattin von Professor Jess, der Jahre später als Ordinarius für Augenheilkunde nach Leipzig kam und mit dem er hier wieder Kontakt hatte.

Vom 15. bis 21. August 1930 fand die Internationale Kinderärzte-Tagung in Stockholm statt. Für Dr. Häßler war es die erste dieser Art, die er besuchte, und da er als einziger junger Arzt aus Leipzig teilnahm, musste er alle Unkosten selbst bestreiten.

Die meisten wissenschaftlichen Vorträge wurden damals in deutscher Sprache gehalten. Allerdings eröffnete die schwedische Königin die Tagung mit einer in Englisch gehaltenen Rede und zum allgemeinen Gesellschaftsabend lagen die Speisekarten französisch geschrieben aus.

Professor Bessau hatte einen Vortrag angemeldet, wollte jedoch selbst nicht nach Stockholm reisen. So hatte er Dr. Häßler beauftragt, seinen Vortrag vorzulesen.

Zurück an der Kinderklinik in Leipzig, beschäftigte sich Dr. Häßler weiter mit den Skeletterkrankungen des Kindes. Aus dem großen Krankengut seiner Station konnte er Patienten auf mehreren Herbsttagungen der Sächsisch-Thüringischen Kinderärzte vorstellen. Darauf basierten seine späteren Publikationen:

Häßler und Scholz „Zur Kasuistik der amaurotischen Idiotie vom juvenilen Typ“
Monatsschrift für Kinderheilkunde Bd. 50, 1931

Häßler und Krause „Beobachtungen über generalisierte Knochenerkrankungen des Kindes“
Virchow Archiv Bd. 290, 1933, S. 193–236

Häßler „Juvenile Osteochondropathie im Hüftgelenkpfannendach“
Röntgenpraxis 1934, Heft 8

Das Jahr 1931 brachte für Erich Häßler einige Veränderungen.

Ein Assistenzarzt von Professor Bessau, Dr. Runge, verließ die Kinderklinik, um als niedergelassener Kinderarzt zu arbeiten. Dr. Fernbach war schwer an Tuberkulose erkrankt. Ein Vakuumbehälter mit Tuberkulosebakterien, mit denen er im Labor arbeitete, war zerplatzt und er hatte diese eingeatmet.

So wurde Dr. Häßler Leiter des bakteriologischen Labors und gleichzeitig Stationsarzt auf der Privat-Station von Professor Bessau. Dieser überließ Häßler weitgehend alle Eingriffe bei den Patienten, machte aber täglich Visite. Diese fand meist erst nach 19.00 Uhr statt und es war selbstverständlich, dass der Stationsarzt noch anwesend war. Für Dr. Häßler bedeutete dies aber auch, dass er zusätzlich mit einem Prozentsatz von den Einnahmen der Station vergütet wurde.

Auch im bakteriologischen Labor machte er jeden Vormittag Visite. Er begutachtete alle Befunde, die ihm auf Agarplatten und in Reagenzgläsern vorgelegt wurden. Dazu kam die wöchentliche Beurteilung der Wassermann'schen Reaktion auf Lues, die bei allen Zugängen der Klinik durchgeführt wurde. Und es wurde weiterhin der Ruhrnachweis aus den Stühlen durchfälliger Kinder, besonders Säuglinge, gemacht. Die Stämme aller nachgewiesenen Ruhrbakterien wurden fortgeimpft und so ergab sich eine beachtliche Stammsammlung.

Was er zu diesem Zeitpunkt noch nicht wusste, war, dass seine gute Zusammenarbeit mit den beiden medizinisch-technischen Assistentinnen, Frl. Knemeyer und Frl. Oertel, später zu einer festen Bindung mit Elisabeth Oertel führen würde.

Die Wirtschaftslage Deutschlands verschlechterte sich zunehmend. Die Auswirkungen der Weltwirtschaftskrise hatten schon etwa 7.000 Betriebe in den Konkurs gerissen, es gab bereits mehr als 6 Millionen Arbeitslose. Reichskanzler Brüning erhöhte die direkten Steuern, d. h. Steuern auf Löhne, Einkommen und Umsätze und auch die indirekten, d. h. Massenverbrauchssteuern, u. a. auf Zucker, Tabak und Bier. Die staatlichen Sozialausgaben wurden abgebaut, die Löhne und Gehälter im öffentlichen Dienst gekürzt.

DIE LEIPZIGER KINDERKLINIK (1932–1945)

Das Jahr 1932 wurde zu einem kritischen Jahr.

Professor Adalbert Marianus Czerny, der 1913 als Nachfolger Otto Heubners an die Berliner Universitätskinderklinik der Charité kam, emeritierte 1932. Czerny galt als einer der Mitbegründer der modernen Kinderheilkunde und hatte an der Charité die internationale Pädiatrieschule etabliert. Sein Lehrstuhl sollte neu besetzt werden. Professor Bessaus ehrgeiziges Streben war, Direktor der Kinderklinik der Charité zu werden, die als die führende Klinik Deutschlands galt. Aber wer würde dann in Leipzig sein Nachfolger werden?

Die offene Frage der Nachfolge Bessaus bewirkte, dass mehrere junge Assistenzärzte nach Beendigung ihrer Ausbildung die Kinderklinik verließen und sich als Kinderärzte mit eigener Praxis niederließen.

Professor Bessau hatte zwei Oberärzte, Dr. Werner Catel und Professor Siegfried Rosenbaum.

Professor Rosenbaum war Jude und viele seiner Kolleginnen und Kollegen waren ebenfalls jüdische Ärzte, die durch seinen starken Einfluss an die Kinderklinik gekommen waren, sodass in Leipzig die Kinderklinik auch als „Judenklinik" bezeichnet wurde.
Erich Häßler erinnerte sich, dass die beiden Oberärzte zu Antipoden wurden.

> *„Als eines morgens bei der Aufnahme-Visite Rosenbaum als 1. Oberarzt den Chef vertrat, las Catel demonstrativ in einer Zeitung, was sich Rosenbaum empört und scharf verbat und es kam zu einem Wortwechsel."*

In dieser Zeit übertrug Professor Bessau die Leitung der Poliklinik der Kinderklinik an Dr. Häßler.

Auch im privaten Leben Häßlers gab es Veränderungen.

Durch die täglichen Visiten im bakteriologischen Labor waren er und die medizinisch-technische Assistentin Elisabeth Oertel sich nähergekommen. Sie waren des Öfteren spazieren und wandern gewesen und entschieden sich, den Sommerurlaub gemeinsam in den Alpen zu verbringen. Allerdings trennten sie sich während dieser Tage auch einige Male, da Elisabeth davor zurückschreckte, aufwendige und anstrengende Touren mit Erich zu unternehmen.

Elisabeth Oertel kehrte allein nach Leipzig zurück, während Erich Häßler in Wien an der Tagung der Deutschen Gesellschaft für Kinderheilkunde teilnehmen wollte.

Zu Beginn des Wintersemesters 1932/1933 ging Professor Bessau nach Berlin und übernahm als Nachfolger von Professor Czerny die Kinderklinik der Charité. Professor Bessau wurde von seinen Mitarbeitern als engagierter und warmherziger Kinderarzt beschrieben. Die Leipziger Kinderklinik galt unter seiner Leitung als hervorragender Ort der Lehre, der Forschung und der Krankenversorgung. Aber ein Wechsel zur Charité in Berlin und somit die Nachfolge von Prof. Czerny anzutreten, war für ihn eine richtige Entscheidung.

Mit Bessau ging zunächst auch sein habilitierter Oberarzt Werner Catel nach Berlin. Allerdings kam dieser bereits im Herbst 1933 zurück nach Leipzig.

Bessau nahm drei seiner ältesten Mitarbeiter mit, Siegfried Liebe, Herbert Schönfeld und Oskar Harnapp, jedoch keinen seiner jüdischen Kollegen.

Siegfried Liebe hatte 1930 mit seiner Arbeit „Beiträge zur Epidemiologie der Infektionskrankheiten. Scharlach, Masern, Diphtherie und Keuchhusten“ an der Universität Leipzig promoviert. Er blieb aber nur ein Jahr als Assistent an der Kinderklinik der Charité in Berlin und ging 1933 zurück nach Leipzig. Dort habilitierte er 1940 unter Catel an der Universitätskinderklinik mit dem Thema „Zur Diagnose und Prognose geburtstraumatischer, intracranieller Blutungen“. Er blieb bis 1949, zunächst als Assistent, ab 1940 als Oberarzt und ab 1941 als Dozent in Leipzig. 1949 übernahm Dr. Liebe die Leitung der Städtischen Säuglingsklinik Chemnitz. Weder Häßler noch Liebe wussten im Jahr 1933, dass sie sich in Chemnitz wieder treffen würden.

Ebenfalls 1949 wurde Erich Häßler zum Chefarzt der Kinderklinik am Zeisigwald in Chemnitz berufen und traf hier wieder mit Siegfried Liebe zusammen.

> *„So reiste ich nach Chemnitz und übernahm die Leitung der Kinderklinik. Die Leitung der Säuglingsklinik übernahm dann der Oberarzt der Leipziger Kinderklinik und früherer Mitarbeiter Prof. Liebe, also ein befreundeter Kollege.“*

Oskar Harnapp promovierte 1927 an der Universität Leipzig in Kinderheilkunde mit der Arbeit „Über epigastrische Tumoren und Meteorismus infolge Aerophagie und Zwerchfellneurose“. Unüblich in dieser Zeit war, dass er ab 1928 auch Chemie studierte und ebenfalls promovierte – Thema seiner Arbeit „Über die Elektroden dritter Art“. Seine Habilitation erfolgte 1938 an der Universität Berlin mit der Arbeit „Die Bestimmung von Calciumionenaktivitäten in biologischen Flüssigkeiten“. Dr. Harnapp blieb bis 1944 als Privatdozent für Kinderheilkunde und Oberarzt an der Universitätskinderklinik der Berliner Charité. 1951 ging er wieder zurück an die Medizinische Fakultät der Universität Leipzig.

Herbert Schönfeld wurde 1920 mit der Dissertation „Über den Einfluß von Magnesiumchlorid auf die örtlich betäubende Wirkung des Novokains“ promoviert und arbeitete seit 1930 als Dozent an der Universität Leipzig. Einige Jahre später wechselte er als Leiter der Städtischen Kinderklinik nach Berlin und wurde gleichzeitig zum außerplanmäßigen Professor an der Universität ernannt.

Erich Häßler blieb in Leipzig.

Bessau hatte ihm erklärt, dass zunächst keine weitere Stelle an der Kinderklinik in Berlin frei sei. Wenn aber eine zur Verfügung stehen würde, könne Häßler nachkommen. Gleichzeitig informierte er ihn, dass Professor Gerstenberger ihn angefragt hätte, ob Dr. Häßler für ein Jahr zu ihm nach Ohio kommen wolle. Häßler hatte Professor Gerstenberger während eines Besuches in Leipzig als sympathischen amerikanischen Klinikleiter kennengelernt. Zum jetzigen Zeitpunkt schien es ihm aber nicht geraten, alle Brücken zur Kinderklinik in Leipzig abzubrechen, sondern lieber abzuwarten, wie sich die weiteren politischen und personellen Verhältnisse hier entwickeln würden.

Auch Elisabeth Oertel wurde von Bessau gefragt, ob sie mit nach Berlin gehen würde, sie hatte dies aber abgelehnt.

Die Stellen der ausgeschiedenen Ärzte Catel, Liebe, Schönfeld und Harnapp blieben vorläufig unbesetzt. Mit der kommissarischen Leitung der Klinik wurde Professor Rosenbaum beauftragt, die Vertretung bei der Fakultät übernahm der Internist Professor Morawitz. Häßler selbst behielt die Leitung der Poliklinik. Daneben betreute er verschiedene Studentenkurse und weiterhin den Schwesternunterricht. Dazu gehörte u. a. auch das Milchküchenpraktikum. Gleichzeitig wurde er Personalarzt zur Behandlung erkrankter Schwestern.

Selbstverständlich blieb er Leiter des bakteriologischen Labors.

Da Dr. Schönfeld nach Berlin gewechselt war, übernahm Häßler zusätzlich die Leitung der Röntgenabteilung, die dieser bisher innegehabt hatte. Dies bedeutete zum einen die Besprechung und das Diktat der Röntgenaufnahmen vom Vortag und zum anderen, dass bestimmte Untersuchungen, die von den Stationsärzten nicht selbst durchgeführt wurden, von ihm übernommen wurden. Dies waren vor allem Bestrahlungen, vorwiegend von Halslymphknoten, die in der zur Klinik gehörenden Therapieröhre vorgenommen wurden.

Am 30. Januar 1933 wurde Adolf Hitler zum Reichskanzler ernannt und damit erfolgte seine Machtübernahme. Durch das vom Deutschen Reichstag beschlossene Ermächtigungsgesetz vom 24. März 1933 ging die gesetzgebende Gewalt vollständig an ihn über und festigte seine alleinige Macht. Das bedeutete, dass auf der Grundlage der nationalsozialistischen Ideologie alle Bereiche des öffentlichen und auch des privaten Lebens durchdrungen werden konnten.

Dies betraf besonders den Bereich der Medizin. Im Kampfblatt der nationalsozialistischen Bewegung, dem „Völkische Beobachter", erschien zeitgleich ein Artikel des Nationalsozialistischen Deutschen Ärztebundes, der sich an die deutschen Ärzte wandte.

> *„Kein Beruf ist so verjudet wie der ärztliche. ... Deshalb rufen wir heute die gesamte deutsche Ärzteschaft auf: Säubert die Führung unserer Organisationen, ... macht unseren Stand wieder deutsch."*

Bereits seit 1932 war offen darauf geachtet worden, dass für die Berufung auf einen medizinischen Lehrstuhl keine jüdischen Kinderärzte berücksichtigt werden sollten.

Noch im März 1933 erschien in der Kinderklinik eine Kommission, die von Professor Rosenbaum verlangte, die Leitung der Klinik niederzulegen.

Am 3. April 1933 teilte der Dekan Schröder Professor Rosenbaum in einem Brief mit:

> *„Ich darf Ihnen ... zum mindesten in meinem Namen, aber ich glaube auch im Namen der Fakultät ... den Dank aussprechen für Ihre Tätigkeit im verflossenen Semester. ... trotz der für Sie nicht günstigen Umstände ...“*

Aber bereits am 4. April 1933 bittet die Fakultät das Ministerium, einen „jüngeren Fachgelehrten“ (Professor Rosenbaum war zu diesem Zeitpunkt 43 Jahre alt) auf den Leipziger Lehrstuhl zu berufen.

Diese Entwicklung voraussehend, hatte Professor Rosenbaum bereits am 1. April 1933 von sich aus darum gebeten, von der Abhaltung von Vorlesungen und Prüfungen in der Kinderheilkunde entbunden zu werden.

Siegfried Rosenbaum war seit 1922 Arzt an der Universitätskinderklinik Leipzig.

1925 habilitierte er sich unter Professor Bessau mit der Arbeit „Physiologie und Pathologie der Magenverdauung des Säuglings“. In den Folgejahren fungierte er als Privatdozent an der Medizinischen Fakultät der Universität Leipzig, zusätzlich zu seinen Unterrichtsverpflichtungen hatte er die Leitung der Poliklinik und der Schule für Säuglingspflege inne. 1929 wurde er als nichtplanmäßiger außerordentlicher Professor für Kinderheilkunde ernannt.

Im Juli 1933 verließ Siegfried Rosenbaum die Leipziger Kinderklinik. Er emigrierte mit seiner Familie nach Palästina und nahm dort den jüdischen Vornamen Shimon an. In Tel Aviv ließ er sich als Kinderarzt in einer privaten Praxis nieder, in der er bis zu seinem Tod im Jahr 1969 tätig war.

Bemerkenswerterweise erfolgte erst 1935 Rosenbaums Entzug seiner Lehrbefugnis und dies mit der Begründung seiner „ungenehmigten Unterbrechung der Lehrtätigkeit".

Erst 1961 kam Shimon Rosenbaum wieder nach Deutschland. In diesem Jahr wurde ihm auf dem Deutschen Ärztetag in Wiesbaden die Paracelsus-Medaille der deutschen Ärzteschaft verliehen. Es ist die höchste Auszeichnung der deutschen Ärzteschaft für verdiente Ärzte. Mit dieser Verleihung ehrt man Ärzte, „die sich durch vorbildliche ärztliche Haltung oder durch erfolgreiche berufsständische Arbeit oder hervorragende wissenschaftliche Leistungen besondere Verdienste um das Ansehen des Arztes erworben haben". In seiner Dankesrede sagte Rosenbaum:

> *„... Wir jüdischen Ärzte, die in Israel an dem Aufbau eines neuen Staates mitarbeiten durften, haben besonders dankbar anerkannt, was uns deutsche Kultur und deutsche Medizin gegeben haben ... Möge nie mehr die Zeit kommen, wo Völkerhass, Massenpsychologie und Raub der persönlichen und ärztlichen Freiheit ihr Unwesen treiben."*

Erich Häßler traf Professor Rosenbaum nach dem Krieg noch einmal während der Internationalen Kinderärztetagung in Kopenhagen. Beide Ärzte begrüßten sich freundschaftlich.

Das Jahr 1933 führte zu weiteren Veränderungen.

Der kommissarische Direktor der Klinik, Professor Morawitz, weilte in Ägypten. Aus diesem Grund bestellte der Dekan Professor Schröder Erich Häßler zu sich und beauftragte ihn, im Namen der Fakultät offiziell die kommissarische Leitung zu übernehmen. Dr. Häßler war zwar noch nicht habilitiert, aber der einzige „arische Facharzt" der Klinik.

Damit verbunden waren neue Aufgaben. Die Termine für die Staatsexamen waren festgelegt, die Prüfungen mussten abgehalten werden. Von der Frauenklinik erhielt Dr. Häßler die Aufforderung, das Fach Kinderheilkunde bei der Prüfung der Hebammen zu übernehmen, obwohl er diese nicht unterrichtet hatte.

> *„Man hatte mir angedeutet, eine Hebamme brauche die Note 1, wenn sie Aussicht auf eine Stelle haben wolle. Auf meine Frage bei dieser Prüfung: ‚Wie prüft man auf Ödeme?' antwortete mir die zu prüfende Hebammenschülerin: ‚Bei der Frau drücke ich gegen die Schienbeinkante.' Da sie Frau ausdrücklich betont hatte, fragte ich weiter ‚Und beim Mann?' Die Antwort lautete: ‚Da habe ich es noch nicht gemacht.'"*

In diesem Zusammenhang übertrug der Rat der Stadt Leipzig Dr. Häßler im April 1933 die Leitung der Mütterberatungsstelle 1 im Kinderkrankenhaus. Im weiteren Verlauf wurde er vom Sächsischen Minister des Inneren für die Jahre bis 1944 zum Mitglied des Prüfungsausschusses für Hebammen an der Universitäts-Frauenklinik ernannt.

Eine andere Wendung in dieser Zeit hatte Dr. Häßler nicht vorausgesehen.

Kurz nach Professor Rosenbaums Weggang erschienen nach einer Aufnahmevisite sämtliche jüdischen Kolleginnen und Kollegen bei ihm und erklärten, da Professor Rosenbaum gegangen wäre, wollten sie nun auch in der Klinik aufhören zu arbeiten. Es war eine durchaus verständliche Solidaritätsreaktion, aber Häßler versuchte ihnen klarzumachen, dass, bei der gegenwärtigen ärztlichen Besetzung, er nicht ohne ihre Unterstützung die Versorgung der Kinder gewährleisten könne.

Sie ließen sich überzeugen, vorläufig zu bleiben. Später mussten sie jedoch trotzdem ausscheiden. Von einigen von ihnen erhielt Häßler nach dem Krieg noch Post aus Israel und den USA.

Allerdings blieb dieser Vorgang *„Juden zum Bleiben zu veranlassen"* nicht unbemerkt und es wurde Häßler angedeutet, dass er sich dadurch *„Chancen verdorben"* habe.

Es waren nicht nur die jüdischen Ärzte der Kinderklinik in Leipzig, die von der neuen nationalsozialistischen Entwicklung Deutschlands betroffen waren. Aufgrund des reichsweiten Judenboykotts wurden die gesetzlichen Krankenkassen verpflichtet, keine Behandlungskosten mehr für Patienten zu übernehmen, die in den Praxen jüdischer Ärzte behandelt worden waren. Und schon im April 1933 wurde allen in Deutschland praktizierenden jüdischen Ärzten die Kassenzulassung entzogen. Zeitgleich verloren alle jüdischen Mediziner ihre Lehrbefugnis.

Nicht alle Ärzte waren von der neuen nationalsozialistischen Politik Deutschlands überzeugt, trotzdem äußerten sich nur sehr wenige von ihnen dazu. Und oftmals fand eine Unterstützung ihrer jüdischen Kollegen ausschließlich untergründig statt, um selbst von keinen Nachteilen betroffen zu werden. Dagegen traten vor allem jüngere Kollegen und Studenten offen für die neue politische Ordnung ein. So ist auch zu erklären, dass bereits 1933 fast die Hälfte der Ärzte Mitglieder der NSDAP wurde. Erich Häßler entschied sich erst 1937, dieser Partei beizutreten.

Im April 1933 kam Professor Morawitz aus Ägypten zurück und übernahm wieder die kommissarische Leitung. In einem Gespräch äußerte Häßler, dass er es für eine gute Lösung halten würde, wenn Professor Catel zurück nach Leipzig kommen würde, da er die Klinik am besten kennen würde. Das Ministerium erklärte sein Einverständnis und Ende April übernahm Catel die Leitung der Klinik.

Eine Bedingung hatte Professor Bessau an diesen Wechsel geknüpft – Häßler sollte dafür nach Berlin an die Charité kommen. Da andererseits Professor Catel aber nicht auf seine Mitarbeit verzichten wollte, wechselte für ihn die Assistentin Frau Dr. Jung nach Berlin.

Für die Kinderklinik und damit auch für Erich Häßler begann eine neue Ära.

Er wurde offiziell zum Oberarzt ernannt. Dazu behielt er die Leitung der Poliklinik, des bakteriologischen Labors sowie der Röntgenabteilung und führte die schon im Wintersemester begonnenen Vorlesungen fort.

Professor Catel war inzwischen ordentlicher Ordinarius und verabredete mit Dr. Häßler, seine Arbeiten zur Habilitation fortzuführen.

Hierzu muss der Kandidat das Thema selbst wählen. Häßler schlug zwei Themen vor, eine Übersicht über die noch weitgehend unbekannten Skeletterkrankungen oder eine Monographie über die Ruhr anhand der in der Kinderklinik vorliegenden Sammlung von Ruhrstämmen. Catel riet zu Letzterem und Häßler wählte das Thema „Die giftarmen Ruhrbakterien".

Seit Jahren hatte Häßler die in der Kinderklinik gezüchteten Ruhrstämme sammeln können. Jetzt musste die Sammlung aufgearbeitet werden.

In der Einleitung seiner Habilitationsschrift schreibt er dazu:

> Die kindliche Ruhrerkrankung bietet eine Reihe von Problemen, deren bedeutungsvollste mit den folgenden beiden Feststellungen gekennzeichnet werden:
>
> 1. Es ist noch nicht geglückt, eine endgültige Einigung über die Methoden der Differenzierung und demzufolge über die Namensgebung der Ruhrbazillen zu erzielen.
> 2. Die ätiologische Bedeutung der Ruhr (beziehungsweise der infektiösen Darmkatarrhe) für die Sommerdyspepsien ist noch sehr umstritten.

Während einige Bakteriologen an der biologischen Einteilung der giftarmen Ruhrbazillen nach *Lentz* in Flexner-, Y- und Strongbazillen festhalten, verwenden andere die serologische Rasseneinteilung. Hingegen glaubt eine dritte Gruppe, diese Bazillen einheitlich zusammenfassen zu können, da sie auf dem Standpunkt stehen, daß eine weitere Unterteilung mit der einen oder anderen Methode wertlos sei.

Unter den Klinikern erachten einige Autoren, z. B. *Rominger,* den Prozentsatz enteraler-infektiöser beziehungsweise dysenterischer Darmkatarrhe der Säuglinge und Kleinkinder gegenüber den alimentären und parenteralen Dyspepsien sehr gering; andere hingegen messen der Ruhr einen Hauptanteil an den Sommerdurchfällen und den Dyspepsien überhaupt zu. Regionale Verschiedenheiten mögen hierbei eine bedeutende Rolle spielen.

In jüngster Zeit wurde nun aus den verschiedensten Gegenden Deutschlands und anderen in- und außereuropäischen Ländern über ein gehäuftes Auftreten besonders der sogenannten E-Ruhr oder Kruse-Sonne-Ruhr berichtet.

... Diese Rasse, die „Milchzuckerrasse“, bezeichnet ihr Entdecker *Kruse* noch im Jahre 1919 als selten. *Hilgers,* der sehr frühzeitig auf die Bedeutung gerade der Milchzuckerrasse für die Ätiologie der Kinderruhr aufmerksam gemacht hat und in ihr den Erreger der Enteritis follicularis erblickt, erklärt noch im Jahr 1921, es sei ein glücklicher Zufall, 17 typische Vertreter der seltenen Rasse E erhalten zu haben.

Soll jedoch, wie *Hilgers* meint, die E-Ruhr „Haupterreger" der Sommersterblichkeit sein, so kann es sich nicht um eine *seltene* Rasse handeln. Die Milchzuckerrasse müßte vielmehr ubiquitär verbreitet sein. Denn Dyspepsien beim Säugling sind kein seltenes Ereignis und waren als „Cholera nostras" auch bei den älteren Ärzten gefürchtet.

Wir haben in den letzten neun Jahren an der Leipziger Kinderklinik alle Durchfallsstörungen im eigenen bakteriologischen Laboratorium fortlaufend auf pathogene Keime untersucht. Dabei widmeten wir unsere besondere Aufmerksamkeit der Frage, in welchem Maße daran die Erreger der kindlichen Dysenterie beteiligt sind, welche Untergruppierung nach bakteriologischen Gesichtspunkten zweckmäßig ist und welche Beziehung zwischen bakteriologischen Befunden einerseits, Epidemiologie und Klinik andererseits besteht.

Über das Ergebnis dieser Arbeit in bakteriologischer, epidemiologischer und klinischer Hinsicht soll berichtet werden.

Eine Aufarbeitung der Sammlung bedeutete zunächst, die einzelnen Stämme im Absättigungsverfahren nach Castellani exakt zu differenzieren.

Aldo Castellani, ein italienischer Pathologe und Bakteriologe, arbeitete in den Jahren, in denen Professor Walther Kruse außerordentlicher Professor für Hygiene an der Universität Bonn war, in dessen bakteriologischem Labor. Er entwickelte dort den nach ihm benannten Absättigungstest zur serologischen Bestimmung eng verbundener Organismen.

Professor Walther Kruse, dessen Vorlesungen in Hygiene Häßler während seines Studiums besuchte, hatte die Typen serologisch deklariert und ein Großteil der Arbeit von Häßler bestand darin, die differenzierten Stämme in das Schema von Kruse einzuordnen.

Um die entstandenen Resultate abzusichern, ließ er seine Ergebnisse im Hygienischen Institut durch eine Doppelbestimmung kontrollieren.

Entsprechend seinen Ergebnissen unterteilte Häßler die Ruhr in drei bis vier Gruppen (Typen):

Typ I	Kruse-Shiga-Ruhr
Typ II	giftarme Typen (Pseudodysenterie Kruse ohne die Rasse E, Colitisbazillen Braun)
Typ III	Milchzuckerrasse, Rasse E, Sonne-Ruhr
(Typ IV)	Nicht sicher einzuordnende Stämme. Rasse I, J, Schmitzbazillen

Die Einteilung der Shigella-Artengruppen in der heutigen Medizin erfolgt, auch in den auf die Wissenschaftler Shiga und Kruse bezogenen Bezeichnungen, in eine

Gruppe A – Shigella dysenteriae (auch Shiga-Kruse-Bakterium),
Gruppe B – Shigella flexneri,
Gruppe C – Shigella boydii,
Gruppe D – Shigella sonnei (Kruse-Sonne-Bakterien).

Häßler sieht den Typ III als Erreger der Kinderruhr, der eine erhebliche Rolle für die Ätiologie der Sommerdurchfälle spielt (heute Gruppe D).

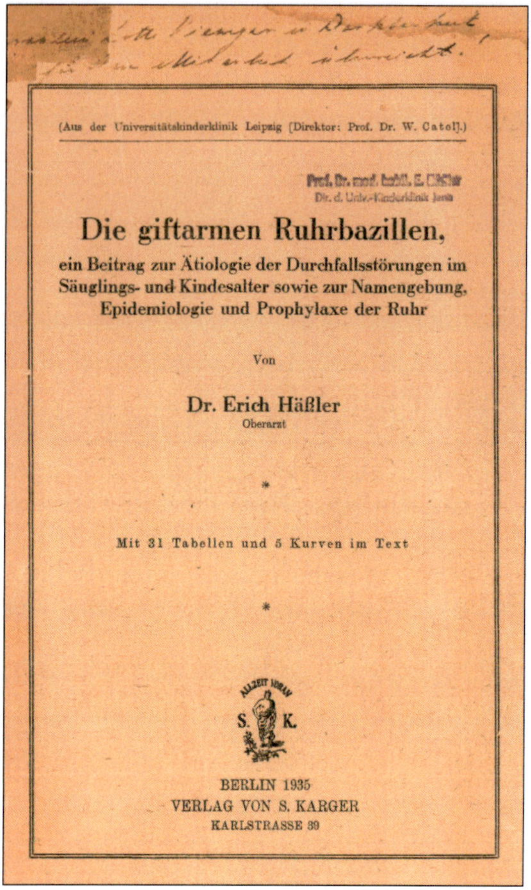

(Aus der Universitätskinderklinik Leipzig [Direktor: Prof. Dr. W. Catel].)

Prof. Dr. med. habil. E. Häßler
Dir. d. Univ.-Kinderklinik Jena

Die giftarmen Ruhrbazillen,

ein Beitrag zur Ätiologie der Durchfallsstörungen im Säuglings- und Kindesalter sowie zur Namengebung, Epidemiologie und Prophylaxe der Ruhr

Von

Dr. Erich Häßler
Oberarzt

*

Mit 31 Tabellen und 5 Kurven im Text

*

S. K.

BERLIN 1935
VERLAG VON S. KARGER
KARLSTRASSE 39

Titelseite der Habilitationsschrift

Seine Arbeit beschränkt sich aber nicht nur auf die Unterteilung der Gruppen, sondern geht auf seine Untersuchungen zur Prophylaxe und Therapie der Ruhr ein.

Die Prophylaxe in Krankenhäusern beruht in erster Linie auf hygienischen Maßnahmen und einer strengen Isolierung aller Kranken. Einen Fortschritt, bezogen auf die Zahl der Erkrankungen, brachte die aktive Immunisierung, was für einen weitgehenden Schutz spricht. In seinen Schlussfolgerungen geht

Häßler besonders auf die Ernährungstherapie ein. Sie muss in erster Linie eine diätetische sein, die sich nicht von der Behandlung unspezifischer Dyspepsien unterscheidet. Eine frühzeitige Zugabe von Vitaminen (Bierhefe, Leberbrühe) scheint für den Verlauf von Vorteil zu sein und verringert die Letalität.

> *„Mit dieser Therapie ist es uns gelungen, die Sterblichkeit unserer E-Ruhrkranken im Jahre 1934 auf 5 % zu vermindern gegenüber 12 % der neun Beobachtungsjahre."*

Seine Arbeit „Die giftarmen Ruhrbakterien" wurde 1935 als Sonderheft des Jahrbuches für Kinderheilkunde publiziert.

ABHANDLUNGEN AUS DER KINDERHEILKUNDE UND IHREN GRENZGEBIETEN
BEIHEFTE ZUM JAHRBUCH FÜR KINDERHEILKUNDE
HERAUSGEGEBEN VON A. CZERNY
HEFT 39

Die giftarmen Ruhrbazillen,
Ein Beitrag zur Ätiologie der Durchfallstörungen im Säuglings- und Kindesalter sowie zur Namengebung, Epidemiologie und Prophylaxe der Ruhr

Von
Dr. Erich Hößler
Oberarzt

Bei seinen Arbeiten war ihm die Unterstützung von Elisabeth Oertel eine große Hilfe. Häßlers berufliche Situation war nun geklärt und sie begannen, Heiratspläne zu schmieden.

Anfang des Jahres 1934 verlobten sich Elisabeth Oertel und Erich Häßler und am 23. April 1934 fand die Hochzeit statt.

Elisabeth war aus dem Dienst der Klinik ausgeschieden und absolvierte einen Kochlehrgang in der Speisegaststätte „Tunnel“. Gemeinsam gingen sie auf Wohnungssuche. Diese sollte möglichst nahe bei der Kinderklinik sein und sie fanden eine ihnen zusagende in der Fromannstraße, bestehend aus drei Zimmern und einer Küche. Erich hatte sich schon vor Jahren ein Herrenzimmer gekauft, die Raten waren abbezahlt. Für die anderen Räume entschieden sie sich für ein dunkles Speisezimmer, ein helles Schlafzimmer und eine Eschebach-Küche.

Hochzeit von Elisabeth und Erich Häßler am 23. April 1934

Die ersten Sommerferien als Ehepaar verlebten sie in Bad Ems. Allerdings hatte Erich seine Reiseschreibmaschine mitgenommen, um in dieser Zeit seine Habilitationsarbeit zu schreiben.

Seit 1933 hatte es Änderungen an der Universität gegeben, die nicht nur den medizinischen Bereich betrafen, sondern allgemein das politische Klima an der Kinderklinik veränderten.

Ende des Jahres 1933 berief Professor Catel alle männlichen Assistenten zu sich und verlas die Verordnung des Rektors, dass alle Hochschulangehörigen sich einer NS-Organisation zur Verfügung stellen sollten. Da er seine damalige politische Überzeugung demonstrieren wollte, sagte er sehr betont: *„Und ich werde zur SA gehen.“*

Professor Werner Catel war zu diesem Zeitpunkt bereits Mitglied des NSDÄB, des Nationalsozialistischen Deutschen Ärztebundes. Diese Ärzteorganisation war 1929 gegründet worden und konnte bereits 1933 etwa 11.000 Ärzte als Mitglieder vorweisen (entsprechend der Statistik gab es 1932 in Deutschland insgesamt 51.785 Ärztinnen und Ärzte). Damit war der Organisationsgrad der Ärzte in einer staatstragenden Partei und ihren Untergliederungen deutlich höher als der anderer vergleichbarer Berufsgruppen (z. B. Nationalsozialistischer Lehrerbund, Nationalsozialistischer Rechtswahrerbund) und die Anzahl der Mitglieder wuchs weiter, auch wenn der NSDÄB weniger eine ärztliche Standesvertretung, sondern vielmehr neben SS und SA Teil der Kampforganisationen der NSDAP war.

Die Assistenzärzte waren daraufhin der Meinung, dass es für sie an der Kinderklinik das Beste wäre, zusammenzubleiben, woraufhin Professor Catel erklärte, er würde alle für die SA anmelden.

In dem am 10. Januar 1920 unterzeichneten Versailler Vertrag war Deutschland neben Gebietsabtretungen und Reparationszahlungen auch zur Abrüstung verpflichtet worden. Das Heer wurde auf 100.000 Mann reduziert, die Wehrpflicht verboten. Auch militärische Vereine, Militärmissionen und Mobilmachungsmaßnahmen waren untersagt.

In dieser Zeit wurde die SA in immer größerem Stil ausgebaut. Dies galt besonders der militärischen Ausbildung einer größeren Bevölkerungsgruppe zur Umgehung des Versailler Vertrages. Dazu wurden auch Ärzte dringend gebraucht, zur Untersuchung der sich zum SA-Dienst Meldenden auf Dienst-Tauglichkeit und zur Organisierung eines Sanitätsdienstes und der Ausbildung von Sanitätern.

Zu den Assistenzärzten, die Professor Catel ihre Zustimmung zum Beitritt in die SA gegeben hatten, zählten auch diejenigen, die Anfang des Jahres 1934 in der Kinderklinik hinzugekommen waren. Es waren u. a. Siegfried Liebe, der nach Leipzig zurückgekehrt war, Hartmut Dost, Hans-Joachim Hartenstein, Hans Berger, Hans Christoph Hempel, Lothar Weingärtner, Ernst Knopf, Johannes Oehme – junge und fähige Mitarbeiter, sodass auch wieder gewährleistet war, dass an der Kinderklinik wissenschaftlich gearbeitet werden konnte.

Zur Erlangung der Habilitation und einer Dozentur hatte Dr. Häßler noch zwei Bedingungen zu erfüllen – die Teilnahme an einem Lehrgang der Dozentenakademie und an einem Dozentenlager, zu dem man einberufen wurde.

Die Dozentenakademie wurde von Professor Leupold, der einen Lehrstuhl für Pathologie innehatte, geleitet und fand für Häßler vom 17. Februar bis 9. März 1935 in Rittmarshausen statt. Daran nahmen etwa 20 Habilitanten verschiedener Universitäten aus unterschiedlichen Fachrichtungen teil. Die Verpflichtung dieser Veranstaltung bestand darin, einen speziellen Vortrag aus dem eigenen Fachgebiet, aber verständlich für alle Teilnehmer, zu halten.

> *„In Erinnerung geblieben ist mir der Vortrag eines Habilitanten der Forstakademie, der uns die Entstehung der ‚Chinesen-Bärte' an den glatten Buchenstämmen erklärte."*

Eine Beurteilung ihrer Vorträge durch Prof. Leupold blieb den Habilitanten unbekannt, sie erhielten nur eine Teilnahmebestätigung.

Der wichtigste Tag in diesem Jahr blieb für Erich Häßler der 30. März 1935 – als erstes Kind wurde der Familie ihre Tochter Gudrun geboren. Da seine Frau Elisabeth mit 33 Jahren schon als relativ alt für eine Erstgebärende galt, sollte das Kind in der Klinik bei Dr. Hermann Fink auf die Welt kommen. Häßler und

Fink waren befreundet, Studienkollegen und Arionen. Fink war früher Thomaner gewesen, er hatte eine wundervolle Tenorstimme, sodass er bei den Aufführungen der Arionen immer Solostimmen als Damendarsteller gesungen hatte.

Schon drei Monate später musste Häßler die nächste Bedingung des Habilitationsverfahrens erfüllen, er fuhr für zehn Wochen in ein Gemeinschaftslager der Dozentenschaft, gelegen in der Nähe von Marburg. Das Dozentenlager diente der militärischen Ausbildung, als Abschluss galt der Erwerb des „SA-Sportabzeichens“. Häßler bekam das Abzeichen, allerdings aufgrund seiner sportlichen Leistungen nur mit der Note „ausreichend“.

Jetzt konnte das Habilitationsverfahren eingeleitet werden.

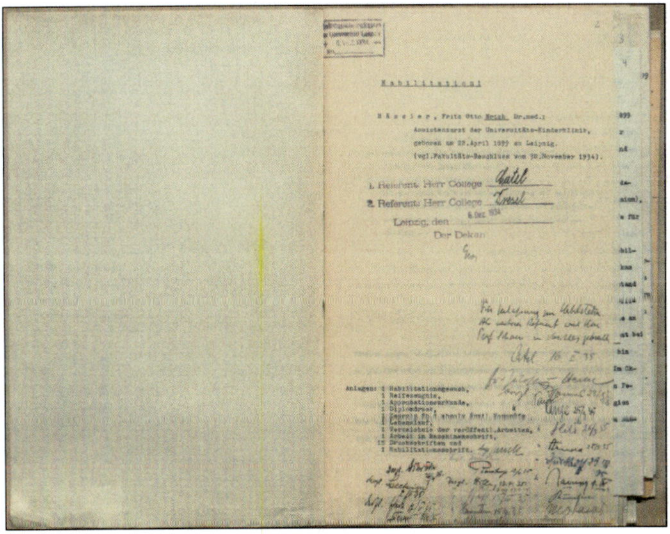
Habilitation!

Häßler, Fritz Otto Erich, Dr. med.:
Assistenzarzt der Universitäts-Kinderklinik,
geboren am 28. April 1899 zu Leipzig.
(vgl. Fakultäts-Beschluss vom 30. November 1934).

1. Referent: Herr College Catel
2. Referent: Herr College Dresel
Leipzig, den 6. Dez. 1934
Der Dekan

Beurteilung Habilitation

Als 2. Gutachter und Teilnehmer am vorgeschriebenen Kolloquium, d.h. der Verteidigung, war von der Fakultät neben Professor Catel der neue Lehrstuhlinhaber für Hygiene, Professor Ernst Gerhard Dresel, bestimmt worden.

Sowohl Professor Catel als auch Professor Dresel bescheinigten in ihren Gutachten die hervorragende wissenschaftliche Arbeit von Dr. Häßler und seine ausgezeichnete Befähigung, mit den kleinen Patienten umzugehen und auch zu unterrichten.

Professor Catel:

> *„... Herr Hässler ist der geborene Arzt und Kliniker im besten Sinne des Wortes. Es ist eine Freude, zu beobachten, wie er am Krankenbett untersucht und mit den Kindern umzugehen weiss. Ein feines Fingerspitzengefühl für den richtigen diagnostischen Weg verbindet sich bei ihm mit einem gründlichen, umfangreichen Wissen und einer nicht geringen praktischen Erfahrung. ... Seine unermüdliche Hilfe und Einsatzbereitschaft ist an der Kinderklinik fast sprichwörtlich geworden. ...*
> *In Übereinstimmung mit seinem langjährigen klinischen Lehrer, Prof. Bessau, bin ich der Meinung, dass Herr Hässler sowohl wegen seiner menschlich-ärztlichen Qualitäten sowie wegen seiner wissenschaftlichen Befähigung in hohem Masse für die akademische Laufbahn und für die spätere Führung in selbständiger Stelle geeignet ist."*

Professor Dresel:

> *„... So gibt die Arbeit einen knappen klaren Überblick über die Weltliteratur und gelangt zu einer sachlich und kritisch begründeten Neueinteilung der Ruhrbazillentypen. Unter Berücksichtigung der noch ungelösten offenen Fragen, die atypische Ruhrbazillenstämme betreffend, kann die vorliegende Arbeit als sehr gute wertvolle Unterlage für die weitere Forschung angesehen werden. ... Die Arbeit ist ... als wesentlicher wissenschaftlicher Fortschritt zu begrüßen, so dass sie einer Habilitationsarbeit in jeder Weise entspricht ..."*

Professor Dresel war seit 1934 ordentlicher Professor für Hygiene und Bakteriologie an der Medizinischen Fakultät der Universität Leipzig. Es war bekannt, dass er grundsätzlich eine andere Einteilung der Ruhrbakterien pflegte als Professor Kruse. Aber:

> *„Er war bei der Beurteilung meiner Arbeit sehr konsiliant gewesen.“*

Nach der Verteidigung war es üblich, dass sich der Habilitant allen Lehrstuhlinhabern persönlich vorstellen musste. Alle begegneten Dr. Häßler sehr freundlich. Eine Bemerkung von dem Chirurgen Professor Payr ist ihm in Erinnerung geblieben:

> *„Nun haben wir aus einem zufriedenen Menschen einen unzufriedenen gemacht. Denn nach der Habilitation möchte er die Dozentur haben, danach a. o. und schließlich ordentlicher Professor werden und eine Klinik erhalten.“*

Den Abschluss des Verfahrens bildete die obligatorische öffentliche Probelesung, zu der auch Kollegen aus anderen Kliniken eingeladen wurden. Sie fand am Mittwoch, 27. November 1935, 18 h c. t. im Hörsaal 28 der Universität (Albertinum I) statt.

Dr. Häßler wählte für diese Vorlesung das Thema „Die Bedeutung der Kinderlähmung als Infektionskrankheit und ihre Bekämpfung“. Er sprach über seine eigenen Erfahrungen und Ergebnisse bei der Behandlung von Kindern und schloss mit der These, dass erst durch eine aktive Impfung die endgültige Überwindung dieser Krankheit möglich sein werde.

Am 21. Januar 1936 wurde Erich Häßler Dr. med. habil. und, wie von Professor Payr vorausgesagt, bat er am bereits 27. Januar 1936 die Hohe Medizinische Fakultät der Universität um die Verleihung der Lehrberechtigung für das Fach Kinderheilkunde. Mit folgender Begründung empfahl ihn die Leitung der Kinderklinik:

> *„Herr Dr. Hässler verfügt über ausgezeichnete didaktische Fähigkeiten, seine Vortragsweise ist klar, eindringlich, lebendig, dabei ganz natürlich. Er pflegt auch bei größeren Anlässen, z. B. Kon-*

gress-Vorträgen, völlig frei zu sprechen. Seine Kurse am Krankenbett sind bei den Studenten ausserordentlich beliebt, nicht nur wegen der frischen, mitführenden Sprechweise, sondern auch wegen der kameradschaftlichen, dabei doch bestimmten, zielbewussten Haltung als Lehrer."

Am 29. Mai 1936 wurde er vom Reichsminister für Wissenschaft und Erziehung zum Dozenten ernannt.

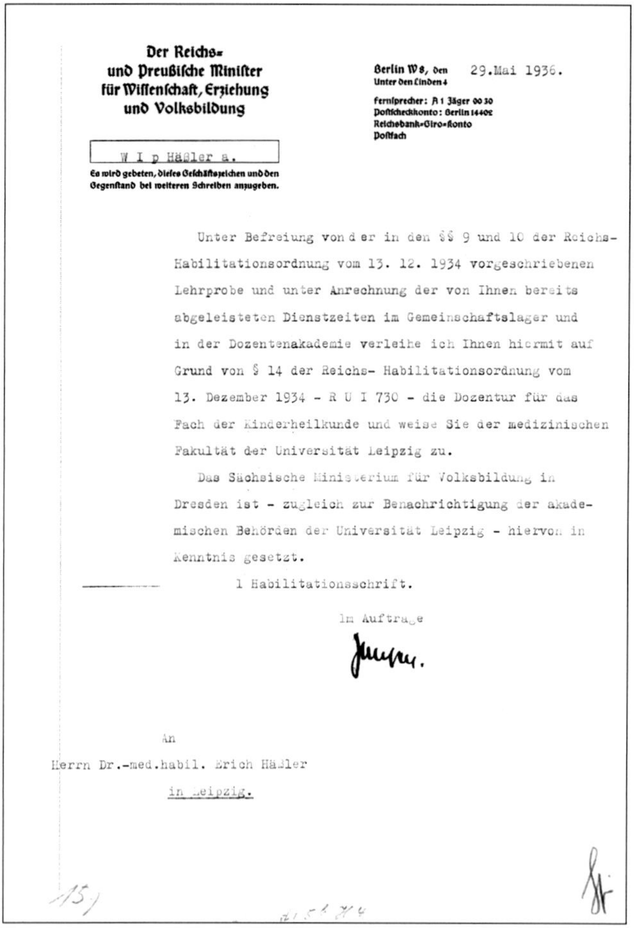

Der Reichs- und Preußische Minister für Wissenschaft, Erziehung und Volksbildung

Berlin W 8, den 29.Mai 1936.
Unter den Linden 4

Fernsprecher: A 1 Jäger 00 30
Postscheckkonto: Berlin 14402
Reichsbank-Giro-Konto
Postfach

W I p Häßler a.

Es wird gebeten, dieses Geschäftszeichen und den Gegenstand bei weiteren Schreiben anzugeben.

Unter Befreiung von der in den §§ 9 und 10 der Reichs-Habilitationsordnung vom 13. 12. 1934 vorgeschriebenen Lehrprobe und unter Anrechnung der von Ihnen bereits abgeleisteten Dienstzeiten im Gemeinschaftslager und in der Dozentenakademie verleihe ich Ihnen hiermit auf Grund von § 14 der Reichs- Habilitationsordnung vom 13. Dezember 1934 - R U I 730 - die Dozentur für das Fach der Kinderheilkunde und weise Sie der medizinischen Fakultät der Universität Leipzig zu.

Das Sächsische Ministerium für Volksbildung in Dresden ist - zugleich zur Benachrichtigung der akademischen Behörden der Universität Leipzig - hiervon in Kenntnis gesetzt.

1 Habilitationsschrift.

Im Auftrage

An

Herrn Dr.-med.habil. Erich Häßler

in Leipzig.

Ernennung zum Dozenten

Aber erst drei Jahre später, am 2. Dezember 1939, schloss sich dieser Ernennung auch die Berufung in das Beamtenverhältnis an.

Im privaten Leben von Elisabeth und Erich Häßler stand ihre Tochter Gudrun im Mittelpunkt. Wie Erich es in seiner Kindheit kennengelernt hatte, pachtete er auch jetzt einen Schrebergarten im Johannistal, um seiner Familie einen Aufenthalt im Freien zu ermöglichen. Ihren ersten Urlaub mit Kind verlebten sie an der Ostsee.

Wieder in Leipzig bot sich ihnen die Möglichkeit, im gleichen Haus eine größere Wohnung zu mieten, d. h., Kinderschlafzimmer und Kinderspielzimmer wurden eingeplant. Elisabeth Häßler hatte sich schon immer ein halbes Dutzend Kinder gewünscht. Am 14. Februar 1937 wurde ihre Tochter Reingard geboren.

Dr. Hermann Fink war in der Zwischenzeit an einer Sepsis verstorben und so hatte sich die Familie für die Entbindung die neue Klinik „Bethanien" in Connewitz ausgesucht. Es war eine Privatklinik der Diakonie, mehrere ehemalige Ärzte der Frauenklinik, die sich niedergelassen hatten, fungierten als Belegärzte. Reingard war in dieser Klinik das 50. Neugeborene und ein Sonntagskind.

Im Herbst 1937 nahm Dr. Häßler an der Internationalen Kinderärztetagung in Rom teil. In besonders negativer Erinnerung blieben ihm nicht die medizinischen Diskussionen, sondern der begeisterte Empfang, den die Italiener Mussolini bereiteten, der zu diesem Zeitpunkt von einem Treffen mit Hitler zurückkam.

In diesen Tagen machte er auch einen Ausflug nach Neapel und zum Vesuv. In Pompeji kaufte er ein Bild von einem italienischen Maler, der ein Fresko von einer Zimmerwand abgemalt hatte. Dieses Bild hing immer in seinem Arbeitszimmer in der Kinderklinik in Leipzig, bis es einer Bombardierung zum Opfer fiel.

Als Häßler nach Leipzig zurückkam, verriet ihm seine Frau, dass die Familie wieder ein Kind erwartete. Am 5. Februar 1938 wurde ihr Sohn Wieland geboren.

Am Tag nach seiner Geburt fand im Hörsaal der Leipziger Kinderklinik eine Tagung der Sächsisch-Thüringischen Kinderärzte statt. Da die Kinderärzte sich fast alle untereinander kannten, verkündete Professor Catel während der Eröffnungsrede, dass Dr. Häßler ein Sohn geboren wurde. Sein Kollege Dr. Dünzelmann gratulierte ebenfalls und verkündete stolz, dass er dieses Kind schon vor seinem Vater gesehen habe. Der Grund: Er war nach Bethanien gerufen worden, da das Baby leicht zyanotisch gewesen war – es sei aber harmlos gewesen.

Nach Erlangung der Dozentur galten Dr. Häßlers Arbeiten besonders den Skeletterkrankungen des Kindes und den Infektionskrankheiten. Experimentell befasste er sich mit der aktiven Diphtherie-Schutzimpfung.

1938 hielt er auf der Würzburger Tagung der Deutschen Gesellschaft für Kinderheilkunde einen Vortrag über „Dysostosis enchondralis“, ein Krankheitsbild, das den meisten Kinderärzten zu diesem Zeitpunkt noch unbekannt war. Erst in der Folgezeit beschäftigte sich die pädiatrische Literatur intensiver mit dieser Krankheit.

Persönlich ist ihm diese Tagung aus einem ganz anderen Grund in Erinnerung geblieben. Am Abend des Gesellschaftsabends fand in Würzburg zum ersten Mal eine „Verdunklungsübung“ statt – kein Licht durfte auf den Straßen zu sehen sein.

Dr. Häßler veröffentlichte in den Jahren 1936 bis 1941 mehrere Publikationen, die sich mit kindlichen Knochenerkrankungen auseinandersetzten. Dazu gehörten auch Arbeiten zur Hurlerschen Erkrankung. Die Kinderärztin Frau Dr. Gertrud Hurler beschrieb 1919 die Verlaufsform dieser Krankheit zum ersten Mal als eigenartige Wachstumsstörung und prägte die Bezeichnung „Dysostosis multiplex“. Da sie an der von Meinhard von Pfaundler geleiteten Universitäts-Kinderklinik München gearbeitet hatte, wird der Morbus Hurler auch als Hurler-Pfaundler-Syndrom oder Pfaundler-Hurler-Krankheit bezeichnet. In seiner Publikation „Die Beziehungen der Hurlerschen Krankheit zum Kretinismus“, veröffentlicht in der Monatsschrift für Kinderheilkunde 86/1941, S. 96–110, weist Häßler darauf hin, dass sich bei dem von Hurler beschriebenen Krankheitsbild viele Züge finden, die als Ausdruck einer Hypothyreose (zurückgebliebene geistige und körperliche Entwicklung) gedeutet werden können. In diesem Zusammenhang schien es ihm gerechtfertigt, zwei frühere Publikationen der Leipziger Kinderklinik zum Kretinismus nochmals zu überprufen, und fügte auch eigene Beobachtungen hinsichtlich der Differentialdiagnose zwischen Kretin, Myxödem und Hurlerscher Krankheit bei.

Bereits in seiner Publikation in der Deutschen Zeitschrift für Verdauungs- und Stoffwechselerkrankungen Bd. 4, 1940, S. 124–139, beschrieb Häßler mehrere aus der Literatur bekannte Fälle dieser Erkrankung, die früher als reine Skelett-Erkrankung angesehen wurde, und äußerte die Vermutung, dass sich im Skelett Speicher-Substanzen nachweisen lassen müssten. Aus eigenen Beobachtungen berichtete er über zwei Fälle.

Nach der histopathologischen Untersuchung eines Knochenspanes des einen der beiden kleinen Patienten konnte der Pathologe Geheimrat Martin Benno Schmidt, Würzburg, diese Vermutung bestätigen. Morbus Hurler ist die schwerste Verlaufsform der lysosomalen Speicherkrankheit Mukopolysaccharidose Typ I.

Schon 1936 hatte Häßler sich mit Knochenerkrankungen im kindlichen Alter beschäftigt. Die Publikation „Zur Kenntnis der Dysostosis enchondralis (Chondrodystrophia adolescentium sive tarda)“ erschien in der Monatsschrift für Kinderheilkunde Bd. 67, S. 379. Im gleichen Jahr publizierte er auch in der „Medizinischen Welt“ die Arbeit „Zur Differentialdiagnose kindlicher Knochenerkrankungen“.

In einer Publikation mit dem Pathologen Schallock „Chondrodystrophia calcificans“, erschienen in der Monatsschrift für Kinderheilkunde, Bd. 82, 1940, wurde von ihnen die seltene Form des Syndroms beschrieben, die später als der rezessive rhyzomale Typ des Syndroms klassifiziert wurde.

Ein anderes Arbeitsgebiet, das Dr. Häßler interessierte und das er bearbeitete, war die aktive Impfung gegen Diphtherie. Als Kind selbst an Diphtherie erkrankt, kannte er aus eigener Erfahrung die schwerwiegenden Folgen.

Bereits 1938 befassen sich Artikel von ihm, veröffentlicht in der Deutschen Monatsschrift für Kinderheilkunde, mit der Frage „Beruht der Wintergipfel der Diphtherie auf einer Senkung der spezifischen Immunität?“ und in Medizinische Klinik Nr. 21 „Was leisten die neuen Diphtherieimpfstoffe Ditoxoid-Asid und Al. F. T. Behring?“.

Er konnte nachweisen, dass eine einmalige Impfung mit den neuen Depot-Impfstoffen noch keine hinreichende Immunität hervorruft. Dies beschreibt er in seiner Publikation „Antitoxinbildung nach Injektionen von Ditoxoid Asid und Al. F. T. Behring“ in der Monatsschrift für Kinderheilkunde Bd. 75, 1938, S. 389–394.

Ein Jahr später veröffentlicht er dazu den Artikel „Weitere Ergebnisse der aktiven Diphtherieschutzimpfung“ in der Deutschen Medizinischen Wochenschrift 1939, S. 763.

In Leipzig mehrten sich im Spätherbst und im Winter 1940/1941 die Krankheitsfälle an Diphtherie bei Kindern. Aus diesem Grund wurden in größerem Umfang aktive Schutzimpfungen bei Kleinkindern und jüngeren Schulkindern vorgenommen.

In der Publikation „Ergebnisse der aktiven Diphtherie-Schutzimpfung in Leipzig", erschienen in der Deutschen Medizinischen Wochenschrift 1943, S. 134–145, schrieb Häßler, dass 40.938 Kinder aktiv mit den Impfstoffen Al. F. T. Behring und Ditoxoid Asid geimpft worden seien. Seine Äußerungen, dass nur eine aktive Impfung und vor allem die Mehrfachimpfung einen Schutz bieten, zeigt seine Zusammenfassung:

„Von den geimpften Kindern erkrankten im folgenden Jahre 58 = 1,4 ‰.
Eine Gegenüberstellung zeigt, daß

- *von den 2mal geimpften Kindern ... 1,25 ‰ erkrankten,*
- *von den 1mal geimpften Kindern ... 3,7 ‰ erkrankten,*
- *von allen nicht geimpften Kleinkindern 6,1 ‰ erkrankten.*

Kein geimpftes Kind ist an Diphtherie gestorben. Hingegen erlagen im gleichen Zeitraum von 182 ungeimpften Kleinkindern 11 ihrer Krankheit.

Ein solches Ergebnis ist eindeutig für den Erfolg der Impfung beweisend. Aufgabe der Zukunft ist es, möglichst bald alle Kinder durch Einführung eines entsprechenden Impfgesetzes zu erfassen.

Umfangreiche Impfreaktionen (stärkere Infiltrate, sterile Abszesse, Kranzphänomene) traten nur in ganz geringer Zahl auf.

Es wird begründet, daß bei sehr starken Reaktionen nach der Erstimpfung auf die Zweitimpfung verzichtet werden kann."

Noch bis in die heutige Zeit gilt – eine durchgemachte Erkrankung an Diphtherie verleiht keine Immunität. Aus diesem Grund gilt in Deutschland nach dem IfSG § 6 (Infektionsschutzgesetz) eine namentliche Meldepflicht bei Verdachts-, Krankheits- und Todesfällen von Diphtherie.

Für alle Personen ohne ausreichenden Impfschutz, d. h. ohne Grundimmunisierung oder Auffrischung, empfiehlt die Ständige Impfkommission des RKI (STIKO) weiterhin die Diphtherie-Impfung mit einem Kombinationsimpfstoff gegen Diphtherie, Tetanus und Polio. Die Schutzwirkung beträgt 100 Prozent, die Schutzdauer nach vollständiger Grundimmunisierung 10 Jahre.

Zusammen mit anderen Mitarbeitern der Kinderklinik und externen Wissenschaftlern beteiligte sich Dr. Häßler mit zwei Beiträgen an dem von Professor Catel herausgegebenen Lehrbuch „Die Pflege des gesunden und kranken Kindes“. Das Buch erschien in seiner 1. Auflage 1939, herausgegeben vom Georg Thieme Verlag Leipzig. Es wurde Catels Lebenswerk und zugleich ein Lehrbuch für die Ausbildung zur Säuglingspflegerin und Kinderkrankenschwester.

Das Buch gliedert sich in drei Abschnitte.

Zum 1. Abschnitt „Grundlagen“ gehört das Kapitel „Bau und Verrichtung des menschlichen Körpers (mit gleichzeitigen Hinweisen auf wichtige Krankheitsvorgänge)“, geschrieben von Werner Catel und Erich Häßler.

Der 3. Abschnitt „Die Pflege des kranken Kindes“ enthält ein weiteres Kapitel von Erich Häßler, „Die elektrischen Hilfsapparate des Arztes“.

Das Buch entstand in der Zeit des Nationalsozialismus. Aus dieser Sicht erklärt sich die Mitarbeit nicht nur von Catels Oberarzt Erich Häßler und anderen Mitarbeitern, sondern auch die des Rassenhygienikers Professor Ferdinand Claussen, Köln, und des Gauamtsleiters Dr. Rudolf Büttner, Dresden.

Das Medizinstudium in Deutschland war in den letzten Jahren reformiert worden, dies bedeutete auch, dass neue Fächer und Inhalte aufgenommen wurden. So u. a. das Fach Rassenbiologie. Die Denkweise der Nationalsozialisten verlangte, dass die Medizin vonseiten der genetischen Forschung in der Lage wäre, eine Differenzierung in höherwertige und minderwertige Rassen nachzuweisen.

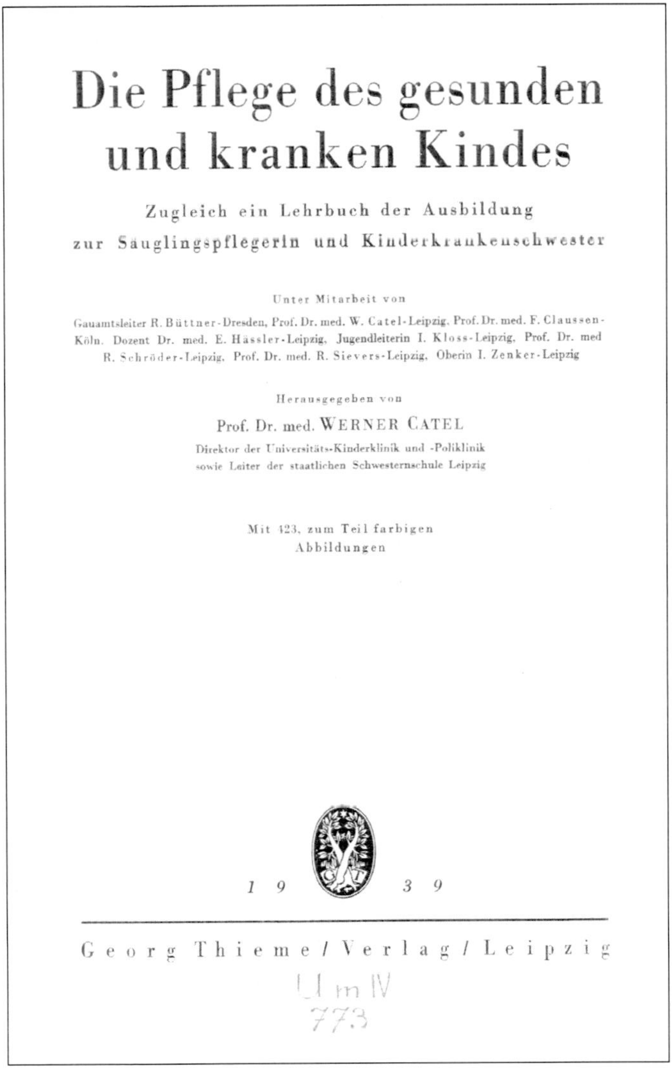

Die Pflege des gesunden und kranken Kindes

Zugleich ein Lehrbuch der Ausbildung zur Säuglingspflegerin und Kinderkrankenschwester

Unter Mitarbeit von

Gauamtsleiter R. Büttner-Dresden, Prof. Dr. med. W. Catel-Leipzig, Prof. Dr. med. F. Claussen-Köln, Dozent Dr. med. E. Hässler-Leipzig, Jugendleiterin I. Kloss-Leipzig, Prof. Dr. med R. Schröder-Leipzig, Prof. Dr. med. R. Sievers-Leipzig, Oberin I. Zenker-Leipzig

Herausgegeben von

Prof. Dr. med. WERNER CATEL

Direktor der Universitäts-Kinderklinik und -Poliklinik sowie Leiter der staatlichen Schwesternschule Leipzig

Mit 423, zum Teil farbigen Abbildungen

1939

Georg Thieme / Verlag / Leipzig

Titelseite Catel-Buch, 1939

Professor Claussen hatte eine Professur für Erbbiologie an der Universität Köln und wurde zu einem späteren Zeitpunkt Direktor des Instituts für Erbbiologie und Rassenhygiene. Sein Forschungsschwerpunkt war die Erbpathologie innerer Erkrankungen.

Für Catels Lehrbuch hatte er das Kapitel „Grundlagen der Erb- und Rassenlehre“ geschrieben (59 Seiten). Er beschreibt aus medizinischer Sicht den Vorgang der Vererbung und geht im letzten Abschnitt auf die Anwendung der Erblehre beim Menschen ein. Entsprechend der Ideologie des Nationalsozialismus ist ein Satz seiner Schlussfolgerung:

> *„... Die Gefahr der rassischen Überfremdung ist in der Neuzeit allgemein durch die weltwirtschaftlichen Verbindungen zwischen den Völkern gesteigert; für die europäischen Völker liegt sie aber vor allem in der Existenz des fremdrassisch bestimmten Volkes der Juden, deren Lebensform ein wurzelloses Parasitentum ist.“*

In späteren Auflagen des Buches in den Jahren nach 1945 wurde dieses Kapitel unter der Überschrift „Bemerkungen zur Erblehre“ in sehr gekürzter Form (8 Seiten) aufgenommen, der Verfasser wurde namentlich nicht mehr genannt.

Claussen selbst konnte seine Tätigkeit als Hochschullehrer nach 1945 nicht fortsetzen. Er blieb aber von 1948 bis 1964 Leiter der Inneren Abteilung des Krankenhauses Waldbröl/ Nordrhein-Westfalen.

Dr. Rudolf Büttner, Stadtratsmitglied in Dresden und Gauamtsleiter NS Volkswohlfahrt, verfasste für das Lehrbuch das Kapitel „Grundbegriffe der Volkspflege und des Gesundheitswesens“. Da die Thematik dieses Kapitels sich ausschließlich auf die Zeit des Nationalsozialismus bezieht und ganze Abschnitte sich auch mit Erb- und Rassenpflege beschäftigen, war es in den Auflagen nach 1945 nicht mehr Teil des Buches.

In den Jahren nach der politischen Wende 1990 beginnen Historiker, die Rolle der Mediziner während des Nationalsozialismus aufzuarbeiten. In einem Artikel, veröffentlicht in der Zeitschrift DIE ZEIT vom 3. Februar 2000, geht es dem Journalisten Ernst Klee auch um Erich Häßler, dem er, bedingt durch dessen Mitarbeit an dem Buch von Catel, eine gleichzeitige Beteiligung an der Kindereuthanasie vorwirft. Er zitiert dabei auszugsweise aus dem Lehrbuch den von Claussen verfassten Satz in einer Form, die nahelegt, dass er von Häßler geäußert wurde.

Einem Journalisten der „Ostthüringer Zeitung“ sagte Häßler dazu, dass er gern mit Klee persönlich über diese Thematik geredet hätte, dieser aber kein Interesse habe, mit „Tätern“ zu reden. Einen (er)klärenden Artikel nach dieser Aussage von Klee gab es nicht.

„Die Pflege des gesunden und kranken Kindes“ – das Buch, erstmals erschienen 1939, blieb fast ein halbes Jahrhundert das wesentliche medizinische Lehrbuch in der Ausbildung der Säuglingspflegerinnen und Kinderkrankenschwestern.

Es folgten zahlreiche Nachauflagen.

2. Auflage 1942, 3. Auflage 1945, 4. Auflage 1952, 5. verbesserte Auflage 1956, 6. unveränderte Auflage 1959, 7. neubearbeitete Auflage 1961, 8. neubearbeitete Auflage 1964, 9. neubearbeitete und erweiterte Auflage 1967. Die 10., völlig neu bearbeitete und erweiterte Auflage erschien 1972 unter der Mitarbeit von Fritz Beske (Arzt, Gesundheitspolitiker und Politikberater) mit einem Geleitwort von Jürgen von Troschke (Arzt und Kunstkritiker) und dem Untertitel „Ein Lehrbuch für die Kinderkrankenschwester“. Die 11., völlig neu bearbeitete und erweiterte Auflage erschien 1977 und 1983 gab Erich Gladtke (ehemaliger Ordinarius für Kinderheilkunde an der Universität zu Köln) unter Mitarbeit von Margarete Adelhardt (gelernte Säuglings- und Kinderkrankenschwester und leitende Pflege-

kraft im Klinikvorstand der Universitäts-Kinderklinik Mainz) schließlich die 12., neubearbeitete Auflage heraus. In dieser Auflage wurde Werner Catel nur noch als Mitarbeiter benannt.

Es ist Häßlers Ruf als Kinderarzt zu verdanken, dass das Lehrbuch der Kinderkrankenpflege auch in der DDR herausgegeben wurde. Es erschien 1956 und 1958 als Lizenzausgabe im Verlag VEB Georg Thieme Leipzig.

Anfang des Jahres 1952 erhielt Prof. Häßler einen Brief vom Verlag für Angewandte Wissenschaften GmbH, Wiesbaden, datiert vom 8. Januar 1952, in dem angefragt wurde, ob er einer Neuauflage des Buches „Die Pflege des gesunden und kranken Kindes" zustimmen würde. Dieser Brief war Anlass für das Ministerium für Staatssicherheit, sich bereits am 15. Januar 1952 an ihre Dienststelle in Chemnitz zu wenden mit der Aufforderung:

> *„Aufnehmen der Verbindung des Verlages für angewandte Wissenschaften GmbH Wiesbaden mit Wissenschaftlern der DDR*
>
> *In der Anlage erhalten Sie einen Brief des im Betreff genannten westdeutschen Verlages* [Anm.: gemeint ist der an Häßler gerichtete Brief] *an Verfasser von Büchern die in der DDR wohnen. Es wird vermutet, daß der westdeutsche Verlag mit unseren Autoren in Verbindung treten will, um sie abzuwerben oder für Spionagezwecke zu verwenden.*
>
> *Wir bitten Sie, über Prof. Dr. Erich Häßler, Chemnitz, Dresdener Straße 178 Ermittlungen zu führen und uns mitzuteilen, ob er für eine evtl. Werbung für uns geeignet ist."*

Bereits am 29. Februar 1952 erhielt das Ministerium für Staatssicherheit die Antwort von der Dienststelle Chemnitz.

Dienststelle Chemnitz   Chemnitz,den 29.1.1952   5

Betr.: Ermittlung über Prof.Dr.Erich Häßler
Chemnitz,Dresdner-Str.180

BStU
000006

X

Prof.Erich Häßler geboren 22.4.1899,wohnhaft Chemnitz, Dresdner-Str.180 ist seit dem 1.7.1949 als Chefarzt des Kinderkrankenhauses Chemnitz,Dresdner-Str.178 tätig.
Bis 1945 war er am Kinderkrankenhaus in Leipzig tätig,wurde dort ausgebomt und verzog mit dem gesamten Kinderkrankenhaus nach Hochweitschen von wo erdann 1949 nach Chemnitz kam.

H. stammt aus bürgerlichen Kreisen sein Vater war Kaufmann.
Von 1934-1943 war er Mitglied der SA und begleitete die Funktion eines Sanitätssturmführers.Ferner war er Mitglied der NSDAP von 1937-1945.Nach 1945 ist er Mitglied des FDGB und Vorsitzender des Betriebsfriedenskomitees.

Fachlisch hat er sehr gute Qualitäten,gibt den Assitensärzten eine gute Ausbildung und schafft sich große Verdienste in der Ausbildung des Schwesternachwuches.Er hält als einziger Arzt im Kinderkrankenhaus zweimal in der Woche Unterricht.Ferner gibt er zur Qualifizierung des Pflegepersonals Fachvorträge.

Seine Einstellung zu unseren demokratischen Neuaufbau und zur SU ist negativ und kritisch.Schwächen und Mängel kann er nicht von den Aufbauschwierigkeiten trennen.Die allgemeinen Wege und Ziele unserer Regierung erkennt er an und bringt auch zum Ausdruck,daß die SU sich für den Frieden einsetzt.
Besondere Charakterzüge sind daß er sehr pethantisch ist.

Er ist Vater von 8 Kindern.Das Älteste ist 16 Jahre und das Jüngste wurde erst geboren.Er bewohnt eine Villa mit 14 Zimmern.

Seine große Tochter hat er,trotzdem die Betriebsparteigruppe die Patenschaft übernehmen wollte,nicht mit zu den Weltfestspielen 1951 fahren lassen.Auch dürfen seine Kinder nicht die Pioniergemeinschaften in der Schule besuchen.

Über Verbindung nach Westdeutschland ist nur bekannt,daß er ab und zu Drucksachen von da bekommt.Sonst geht seine gesamte Post in seine Wohnung Dresdner-Str.180.

Brief des Ministeriums für Staatssicherheit

Der dazugehörige Anhang des Dienststellenleiters lautete:

> *„Da Häßler nach angestellten Ermittlungen keinerlei Verbindungen mit Personen, die in Westdeutschland wohnen, hat, wird es nicht angebracht sein, Häßler als IM zu werben."*

Die 4. Auflage des Buches „Die Pflege des gesunden und kranken Kindes" erschien 1952 und zwei Jahre später als Lizenzausgabe in der DDR.

Als Oberarzt und Leiter der Leipziger Universitätspoliklinik gehörte es zu den Verantwortlichkeiten Dr. Häßlers, den Direktor der Kinderklinik Professor Catel bei dessen Abwesenheiten zu vertreten.

Gegen Anfang des Jahres 1939 trat ein Ereignis ein, das nicht nur für Häßler persönlich, sondern auch für alle anderen Ärzte der Kinderklinik eine weittragende Bedeutung erlangen sollte.

> *„In die Klinik wurde uns als Neugeborenes ein Torso von einem Säugling eingeliefert, der nur aus Rumpf und Kopf bestand und keinerlei Extremitäten-Ansätze aufwies. Es wäre lebenslang völlig hilflos gewesen, da es sich ja nicht einmal auf eine Seite oder den Rücken hätte drehen können. Leider aber war das Kind sonst kräftig und lebensfähig. Was sollte man tun?"*

In seiner Erinnerung hießen die Eltern des Kindes Knauer und geboren wurde es in dem Ort Pomßen, in der Nähe von Leipzig. Das Kind sei eine Hausgeburt gewesen, die Mutter wollte es nicht annehmen und aus diesem Grund brachten der Vater und die Hebamme den Säugling in die Kinderklinik nach Leipzig.

Da Professor Catel den Säugling jedoch nicht lebenslang in der Kinderklinik behalten konnte oder wollte, eine aktive Sterbehilfe jedoch zu diesem Zeitpunkt auch im Dritten Reich strafbar war, soll er den Eltern den Vorschlag gemacht haben, an Hitler zu schreiben, um die Genehmigung zu einem Gnadentod zu erhalten. Als Reaktion auf dieses Schreiben kam Hitlers „Begleitarzt" Dr. Karl Brandt nach Leipzig, um das Kind zu untersuchen.

Dieses Vorgehen war darin begründet, dass es in Deutschland eine amtliche Meldepflicht für Kinder bis zu drei Jahren mit geistigen und körperlichen Behinderungen gab. Zu melden waren neugeborene Kinder mit schweren angeborenen Leiden, u. a. in der Auflistung genannt:

> „... Missbildungen jeder Art, besonders Fehlen von Gliedmaßen ..."

Dr. Brandt kam unangemeldet an einem Tag, als Professor Catel nicht in der Kinderklinik war. Aus diesem Grund musste Dr. Häßler als sein Stellvertreter ihn empfangen und zusammen mit dem entsprechenden Stationsarzt wurde ihm der Säugling vorgestellt. Bis zu diesem Zeitpunkt hatte Häßler, der Leiter der Poliklinik war, das Kind noch nicht gesehen, sondern hörte dessen Geschichte vom Stationsarzt. Die Untersuchung dauerte nur wenige Minuten. Brandt verabschiedete sich wohl mit den Worten:

> *„Sagen Sie Herrn Catel, was er auch macht, es wird keine gerichtliche Verfolgung geben."*

Diese Worte bedeuteten, Catel wurde eine Euthanasie erlaubt, aber nicht befohlen. Noch im gleichen Monat (in Häßlers Erinnerung Mai 1939) wurde das Kind eingeschläfert. Durch wen und auf welche Weise war ihm nicht bekannt. Im Jahr 2000 danach gefragt, äußerte er die Vermutung, dass es mit dem Barbiturat Luminal eingeschläfert wurde.

Etwa fünfzig Jahre nach diesem Vorgehen begannen Historiker, den Tod dieses Kindes genauer zu untersuchen. Es ging hierbei vorrangig um die Frage, ob es möglicherweise der erste Fall einer von Hitler, zu diesem Zeitpunkt noch inoffiziell, legitimierten Tötung eines behinderten Kindes war und damit als Beginn der Kindereuthanasie angesehen werden konnte.

In den Publikationen werden z. T. sehr unterschiedliche Missbildungen des Kindes genannt – es habe einen viel zu kleinen Kopf gehabt, leide unter Krämpfen, sei blind, sei missgebildet. Häßler, der das Kind im Beisein von Brandt und einem Stationsarzt, an dessen Namen er sich nicht mehr erinnern kann, gesehen hat, beschreibt ausschließlich die fehlenden Extremitäten.

In einem Schreiben von Professor Catel an den Innenminister des Landes Schleswig-Holstein, datiert vom 12. April 1961, nannte dieser im Zusammenhang mit dem Besuch von Brandt als Stationsarzt Dr. Helmut Kohl. Dieser konnte nicht mehr befragt werden, da er, nach Catels Aussage, bereits im Jahr 1939 Selbstmord begangen habe.

Auch um das Geschlecht des Säuglings, den Namen seiner Eltern und seinen Geburtsort gibt es keine endgültigen Angaben. Die Erinnerungen Häßlers beziehen sich ausschließlich auf die Tatsache, dass er den Säugling nur kurz gesehen hat. Dessen medizinische Unterlagen befanden sich auch nicht im Besitz der Poliklinik, sondern wurden von dem verantwortlichen Stationsarzt der Kinderklinik vorgetragen. So kann der Name „Knauer“ durchaus phonetisch falsch verstanden worden sein. In dem Ort Pomßen lebt bis heute eine verheiratete Tochter der Familie Knauer. Sie erinnert sich, dass ihre Eltern zu dem damaligen Zeitpunkt, 1939, einen Sohn hatten, dieser körperlich gesund gewesen war, aber nur ein knappes halbes Jahr alt wurde. Er war an Keuchhusten und Diphtherie erkrankt und starb am 25. Juli 1939 in seinem Elternhaus. Sie selbst ist erst später geboren, aber sie kennt die Erzählung einer Cousine, die sich an die Beerdigung erinnern konnte und die den Säugling im offenen Sarg gesehen hatte.

Spätere Publikationen benennen das in der Kinderklinik Leipzig eingeschläferte Kind nur noch als „Kind K“. Es muss jedoch davon ausgegangen werden, dass sich dieser Fall noch vor Ausbruch des Krieges zugetragen hat und dass die Familie des behinderten Kindes aus Leipzig oder aus einem umliegenden Ort kam.

Da Dr. Häßler selbst einen Säugling (vermutlich in etwa der gleichen Zeitspanne geboren) und zwei Kleinkinder zu Hause hatte, blieb dieses, für ihn erstes Vorgehen einer Euthanasie immer in Erinnerung. Sowohl in seiner beruflichen Laufbahn als auch im privaten Leben hat er diesen Fall geschildert und meist mit den Worten *„Wehret den Anfängen"* geschlossen.

Bei Kriegsausbruch im September 1939 erhielten auch viele Ärzte der Kinderklinik einen Stellungsbefehl. Sein Kollege Dr. Liebe, der inzwischen 2. Oberarzt geworden war, kam nach Kiel zur Marine.

Bereits im März 1939 war Dr. Häßler auf das Wehrbezirkskommando bestellt worden und man hatte ihm eröffnet, er solle an einer vierwöchigen Übung im Chemnitzer Lazarett teilnehmen, damit er beim Heer als Arzt eingegliedert werden könne. Den Termin für diese Übung konnte er frei wählen. Er verpflichtete sich, daran teilzunehmen, und entschied sich terminlich für den Oktober 1939. Die Gründe für diesen Termin waren zum einen seine Vorlesungen im laufenden Semester und zum anderen, dass in den Urlaubsmonaten August und September ein Teil der Ärzte in der Klinik fehlte. Er erhielt eine Einberufung für den 5. Oktober 1939.

> *„Durch ein gütiges Geschick wurde ich davor bewahrt, aktiv am 2. Weltkrieg teilzunehmen."*

Der Grund war, dass es sich bei der vorgesehenen Übung um eine Friedensübung gehandelt hatte, und somit seine Unterlagen für die Einberufung bei der Reservistenlehrgangsstelle lagen und nicht beim Wehrbezirkskommando.

Dazu kam auch, dass die ärztliche Versorgung der Kinderklinik schwierig geworden war. Aus diesem Grund wurde Dr. Häßler als leitender Arzt der Poliklinik für die Dauer des Krieges u.k. (d.h. unabkömmlich) gestellt. Erst in den letzten Kriegstagen sollte er noch zum Volkssturm eingezogen werden.

Natürlich war die dienstliche Belastung für ihn als einzigen Oberarzt sehr groß. Trotzdem widmete er sich neben der Tätigkeit in der Poliklinik seinen wissenschaftlichen Forschungen, und es erschienen in den Jahren 1939 bis 1944 mehrere Publikationen, die sich sowohl mit der Thematik der kindlichen Knochenerkrankungen wie auch der aktiven Schutzimpfung befassten.

Schon in seiner Probevorlesung im Rahmen des Habilitationsverfahrens hatte Häßler die Meinung vertreten, dass, vor allem bei der Behandlung von Kindern, nur eine aktive Impfung einen Schutz vor Krankheiten bieten würde. Damals sprach er über die Poliomyelitis, bei deren Behandlung er eigene Erfahrungen gemacht hatte.

Seit 1934 zeigte sich eine deutliche Zunahme der Scharlacherkrankungen, auch unter den Patienten und dem Personal der Kinderklinik. Die Scharlachätiologie und -pathogenese war immer noch umstritten. Es wurden noch Viren als Erreger diskutiert, aber auch die Streptokokkenätiologie schien begründet. 1950 berichtete Häßler über seine Erfahrungen mit der Behandlung des Scharlachs mit Penicillin.

In den Jahren 1941/1942 traten auf der Tuberkulosestation des Kinderkrankenhauses verstärkt Scharlachfälle auf und die Ärzte begannen mit den zu dieser Zeit entwickelten Impfstoffen die Kinder zu immunisieren. Häßler berichtet darüber in seiner Publikation „Zur Frage der aktiven Scharlachimmunisierung“, erschienen in der Deutschen Medizinischen Wochenschrift 1944, Nr. 3/4 S. 30–32.

Zehn Schwesternschülerinnen wurden mit dem Adsorbat-Impfstoff Behring und 9 Schülerinnen mit dem Adsorbat-Impfstoff Scarlatox-Asid 3mal immunisiert. In beiden Gruppen wurde vor und nach der Schutzimpfung der Antitoxingehalt des Serums durch die Auslöschfähigkeit bestimmt. Hierbei zeigte sich die Asid-Gruppe deutlich überlegen, indem von 9 Schülerinnen 7 eine gute Auslöschfähigkeit ihres Serums bis zu einer Verdünnung von 1:100 erworben hatten, bei den restlichen beiden löschte wenigstens das unverdünnte Serum aus, keine der 9 Schülerinnen erkrankte an einem Scharlach. Dagegen zeigten von den 10 mit Behring-Impfstoff geimpften Schwestern 3 nach der Immunisierung keine Auslöschfähigkeit ihres Serums, 2 von ihnen erkrankten später an einem Scharlach.

In der Folgezeit wurden noch 60 andere Schülerinnen mit Scarlatox-Asid geimpft, die trotz bestehender Gefährdung bisher ebenfalls nicht an einem exanthemischen Scharlach erkrankten. Von 51 Kindern, die 3mal mit Scarlatox geimpft worden waren, erkrankten 2 an Scharlach, während von 12 Kindern, die 3mal mit Adsorbat-Impfstoff Behring immunisiert worden waren, 4 an Scharlach erkrankten.

Wir folgerten aus diesen Versuchsergebnissen eine Überlegenheit des Scarlatox-Impfstoffes gegenüber dem von uns verwendeten Adsorbat-Impfstoff Behring.

Scharlach zählt zu den klassischen Kinderkrankheiten, weil er vorwiegend im ersten Lebensjahrzehnt auftritt. Die Erreger sind Streptokokken der Gruppe A. Diese Bakterien produzieren sogenannte Toxine, allerdings gibt es verschiedene Typen. Eine überstandene Krankheit hinterlässt zwar eine lebenslange Immunität, aber nur gegen diesen einen Streptokokkentyp. Das bedeutet, manche Kinder können mehrmals an Scharlach erkranken, unabhängig davon, ob eine Behandlung mit Penicillin stattgefunden hat, denn jeder Streptokokkentyp produziert ein anderes Toxin. Eine Schutzimpfung gegen Scharlach gibt es nicht, da es bisher nicht gelungen ist, für alle Streptokokken-Stämme einen einzigen Impfstoff zu entwickeln.

Am 16. April 1940 wurde der Familie Häßler, wieder in Bethanien, das vierte Kind geboren. Es war eine Tochter, die den Namen Almute erhielt.

Elisabeth Häßler mit Almute, 4 Wochen alt

Nach Beginn des Westfeldzuges der Wehrmacht im Mai 1940 begann Großbritannien auch Luftangriffe auf deutsche Städte zu fliegen.

Leipzig als Reichsmessestadt zählte in dieser Zeit zu den größten deutschen Städten. Es gab zwar in der Stadt einige Großbetriebe, die für die Kriegsführung wichtig waren, allerdings wähnte sich Leipzig und überhaupt Sachsen aufgrund des langen Anflugweges von Großbritannien relativ sicher vor Luftangriffen. Die Bevölkerung erfuhr, dass zur Eröffnung der Leipziger Messe am 25. August 1940, zu der Messegäste aus ganz Europa angereist waren, zwar ein Luftangriff geplant war, die anfliegenden Bomber jedoch die Stadt nicht fanden.

Dr. Häßler veröffentlichte in den Jahren 1940 bis 1945 weitere Arbeiten, die sich auf seine Forschungsgebiete bezogen, Infektionskrankheiten und Erkrankungen des Skelettsystems. Dazu zählte u. a. auch sein Kapitel „Spätrachitis (Rachitis tarda)", veröffentlicht im *HANDBUCH DER INNEREN MEDIZIN* (herausgegeben von G. v. *Bergmann (Berlin) und R. Staehelin (Basel)*), 3. Aufl., sechster Band/erster Teil, Berlin Springer Verlag 1941.

INNERE SEKRETION
FETTSUCHT UND MAGERSUCHT
KNOCHEN·GELENKE·MUSKELN
ERKRANKUNGEN
AUS PHYSIKALISCHEN
URSACHEN

BEARBEITET VON

H. ASSMANN TH. BENZINGER H. GLATZEL
E. HÄSSLER H. LUCKE H. MARX

MIT 265 ABBILDUNGEN

BERLIN
SPRINGER – VERLAG
1941

Spätrachitis (Rachitis tarda). Von Dozent
Dr. E. HÄSSLER-Leipzig. Mit 13 Abbildungen 783

Geschichtliches S. 783. – Definition des Begriffes Rachitis tarda S. 783. – Verbreitung der Spätrachitis S. 783. – Klinik S. 784. – Atiologie und Pathogenese S. 785. – Röntgenbefunde bei Spätrachitis S. 787. – Differentialdiagnose S. 790. – Therapie S. 793.
Literatur 795

Am 20. Januar 1942 wurde Dr. Häßler vom Reichsminister für Wissenschaft, Erziehung und Volksbildung zum außerplanmäßigen Professor ernannt. Nach seinen eigenen Worten änderte sich dadurch an seiner Dienststellung nichts, aber es war für ihn wieder eine Sprosse auf der akademischen Stufenleiter erklommen.

Auch in diesem Jahr beschäftigte er sich vorwiegend mit den Erkrankungen des Skeletts. Bereits Jahre zuvor hatte er über die lysosomale Speicherkrankheit geforscht und die Vermutung geäußert, dass sich im Skelett Speicher-Substanzen nachweisen lassen müssten.

Zur weiteren Untersuchung eines an dieser Krankheit verstorbenen Kindes waren Skelettteile in das Pathologische Institut geschickt worden. Der Direktor des Institutes, **Prof. Werner Hueck** (1921–1948 ordentlicher Professor für Allgemeine Pathologie und Pathologische Anatomie an der Medizinischen Fakultät der Universität Leipzig), stellte diese seinen Studenten vor. Dazu erklärte er, ihm seien diese Skelettteile vom Sektionsdiener mit der Bemerkung übergeben worden:

> *„Dies sind die Knochen von Prof. Häßler, mit denen müssen Sie besonders vorsichtig umgehen."*

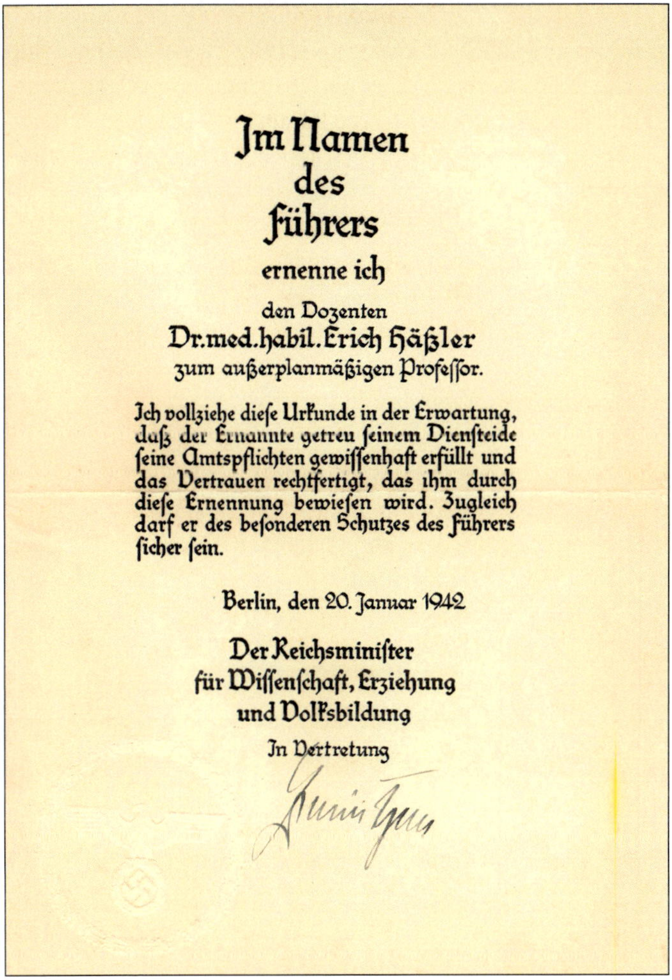
Im Namen
des
Führers
ernenne ich
den Dozenten
Dr. med. habil. Erich Häßler
zum außerplanmäßigen Professor.

Ich vollziehe diese Urkunde in der Erwartung, daß der Ernannte getreu seinem Diensteide seine Amtspflichten gewissenhaft erfüllt und das Vertrauen rechtfertigt, das ihm durch diese Ernennung bewiesen wird. Zugleich darf er des besonderen Schutzes des Führers sicher sein.

Berlin, den 20. Januar 1942

Der Reichsminister
für Wissenschaft, Erziehung
und Volksbildung
In Vertretung

Ernennung Professor

1942 verlebte die Familie Häßler mit ihren vier Kindern noch einmal einen Urlaub in Dagobertshausen.

Am 10. Mai 1943 wurde der Familie Häßler, ebenfalls in Bethanien, das fünfte Kind geboren. Es war wieder eine Tochter, die den Namen Hildegund erhielt.

1943 wurde die Stelle des ärztlichen Leiters der Bremer Kinderklinik ausgeschrieben. Professor Häßler bewarb sich um diese Stelle und wurde zu einer persönlichen Vorstellung eingeladen. Aber es sollte nicht dazu kommen. Durch Fliegeralarm und vermutliche Gleisstörungen kam er erst am Abend des folgenden Tages in Bremen an. Trotzdem stellte er sich dem Oberbürgermeister vor, der das Missgeschick bedauerte, ihm aber mitteilte, dass eine Entscheidung bereits gefallen sei. Professor Häßler blieb weiterhin in Leipzig.

In diesem Jahr nahmen auch die Fliegerangriffe auf Leipzig an Häufigkeit und Schwere zu.

Immer öfter mussten Elisabeth und Erich Häßler mit ihren Kindern die Nächte im Luftschutzkeller verbringen. Glücklicherweise war trotz des entsprechenden Alarms meist Berlin das Ziel der Angriffe gewesen.

Auch die Leipziger Kliniken stellten sich auf diese Situation ein.

Bereits im Herbst 1942 hatte das Reichserziehungsministerium gefordert, dass im Hinblick auf zu erwartende Luftangriffe alle Bibliotheken von Bedeutung an möglichst gesicherten Orten untergebracht werden sollten. Einzelne Sprengbomben waren bereits am 10. Oktober 1940 abgeworfen worden, wobei das gerichtsmedizinische Institut erheblich beschädigt wurde.

Für die Kinderklinik wurden Ausweichstellen eingerichtet. Dies waren die Landesanstalt Hochweitzschen bei Döbeln und zusätzlich Stationen in Klinga bei Naunhof und eine Station in der Landesanstalt Dösen.

1874 wurde die „Königlich-Sächsische Landesanstalt Hochweitzschen" als „Irrensiechenanstalt" eröffnet. Dies entsprach einer Pflegeeinrichtung für chronisch psychisch Kranke und geistig behinderte Menschen. Im Jahre 1930 erfolgte eine offizielle Gleichstellung mit anderen sächsischen Heil- und Pflegeanstalten und die Anstalt trug den Charakter eines modernen Krankenhauses. Zusätzlich wurden umfangreiche bauliche Erweiterungen vorgenommen.

Bereits am 1. Januar 1934 trat das „Gesetz zur Verhütung erbkranken Nachwuchses" in Kraft. Dieses bestimmte in § 1, welche Krankheiten zu melden seien, verbunden mit der Antragstellung zur Sterilisation. Viele Patienten der Landesanstalt Hochweitzschen waren betroffen.

Als 1939 der Weltkrieg begann, wurden auch Ärzte und Pfleger zum Kriegsdienst einberufen. Ein Teil der Anstalten wurde als Reservelazarett eingerichtet. Nicht nur die Pflegesätze der psychiatrischen Patienten wurden reduziert, gleichzeitig begannen im Rahmen der nationalsozialistischen Krankentötungsaktion „T4" („T4" ist die Abkürzung für die Adresse der damaligen Zentraldienststelle in Berlin: Tiergartenstraße 4) die Sammeltransporte. Diese Deportation der vorgesehenen Kranken führte häufig in verschiedene „Zwischenanstalten" und weiter in sogenannte „Tötungsanstalten".

Mit dem Fortschreiten des Krieges verlor die Landesanstalt vollkommen ihren Charakter als Heil- und Pflegeanstalt. Viele Patienten waren deportiert worden, sodass Räumlichkeiten frei wurden, um ein „Nervenlazarett" für verwundete und kranke Soldaten einrichten zu können.

In dieser Zeit verstärkten sich die Bombenangriffe auf die Stadt Leipzig.

Der weitaus schwerste Bombenangriff geschah in der Nacht vom 3. zum 4. Dezember 1943, es war ein Sonnabend.

Die Direktoren der Leipziger Institute und Kliniken erstatteten über die Schäden, welche die medizinische Klinik am 4. Dezember 1943 erlitten hatte, und über die Maßnahmen, welche getroffen wurden, um diese Schäden möglichst schnell und gründlich zu beseitigen und die Arbeit der Fakultät aufrechtzuerhalten, einen Bericht. Er wurde im Auftrag des Herrn Dekans der Medizinischen Fakultät, Prof. Dr. v. Brunn, herausgegeben. Er schreibt über diesen schwersten Angriff:

„Die ‚Neue Züricher Zeitung' hat eine Nachricht wiedergegeben, man habe Leipzig ‚im Schlaf überrascht'; die schwere Flak und die Leipziger Feuerwehr waren nach Berlin abgeordnet und so konnte der Engländer, wie er behauptete mit 1500 Bombern in aller Ruhe seine ‚Teppiche' legen, verhältnismäßig wenig gestört von der leichten Flak. Das Ganze währte nur 25 Minuten."

Der Angriff der britischen Royal Air Force (RAF) forderte über 1.800 Menschenleben und fast 4.000 Verletzte. Das Stadtzentrum wurde zu großen Teilen zerstört, 140.000 Leipziger wurden obdachlos. Von den 92 Instituten der Universität Leipzig wurden 58 getroffen und teilweise oder ganz zerstört.

Der Bericht des Dekans gliedert sich in Einzelberichte über alle medizinischen Institute der Universität. Er endet mit den Worten:

„So werden wir auch weiterhin unsere Pflicht tun, wollen sie gern und freudig erfüllen als Ärzte, als Forscher, als Kollegen und als Volksgenossen."

schweren Gehirnerkrankung litt, nach kurzer Zeit, wie erwähnt, gestorben. Darüber hinaus hat die Klinik keine Menschenverluste zu beklagen gehabt. Die neurologische Abteilung der Klinik ist in einem Ausweichkrankenhaus (Westewitz-Hochweitzschen) mit ca 45 Betten untergekommen. Unter grossen äusseren Schwierigkeiten gelang es, auch für die psychisch Kranken ein Unterkommen zu finden. Sie sind in einem Haus, etwa 100 Betten fassend, der Heil- und Pflegeanstalt Dösen untergebracht. Für die Nervenpoliklinik hat der Direktor der Universitäts-Hautklinik, Prof. Dr. Vonkennel, in bereitwilliger Weise Räume zur Verfügung gestellt, in denen auch die Verwaltung und die Sprechstunde des ärztlichen Direktors Platz gefunden haben.

Univ.-Kinderklinik Oststr. 25
(Prof. Catel)

Das von Heubner erbaute, am 6. Dezember 1891 eröffnete Stadtkinderkrankenhaus Leipzig, mit dem die staatliche Univ.-Kinderklinik verbunden ist, bestand vor dem Terrorangriff am 4.12.1943 aus folgenden Gebäudekomplexen:

1. Verwaltungsgebäude. Es umfasste ausser den Räumen für die Verwaltung die Räume für die Poliklinik, die Diensträume des ärztlichen Direktors, sowie den Hörsaal nebst Vorbereitungs- und Sammlungsräumen.

2. Haupthaus. Es umfasste 3 Säuglingsstationen (Station 1, 2,14), 2 chirurgische Stationen, die Station für innere Krankheiten (Station 3), die Röntgenabteilung, die Operationsräume sowie Schwesternzimmer.

3. Infektionshaus. Es umfasste 2 Infektionsabteilungen (Stationen 5 u. 6) sowie Schwesternzimmer.

4. Haus für die Aufnahme-, Pneumonie- und Privatstation (Station 7,9,11) sowie für Schwesternzimmer.

5. Steinbaracke für Tuberkulose (Station 4).

6. Holzbaracke für 1 Station zur Aufnahme von nichtinfektiösen und infektiösen Kindern (Station 15) sowie für Schwesternzimmer.

7. 2 Stationen in der benachbarten Hans-Schemm-Schule zur Aufnahme vorzugsweise von infektiösen Kindern (Stationen 8 u. 10).

8. Laboratoriumsgebäude (chemisches, bakteriologisches, klinisches und pharmakologisches Laboratorium, Leichenhalle, Sektionsräume, zahnärztliche Station).

9. Maschinenhaus.

10. Küchengebäude mit Städtischer Milchanstalt u. Biblioth.

11. Haus für Wäscherei u. Archiv. 12. Schwesternhaus.

13. Hölzerner Raum für Bestrahlungen usw.

14. Pförtnerhaus.

Durch den Terrorangriff wurden völlig zerstört: Das Verwaltungsgebäude, der ganze Ostflügel des Haupthauses, die Holzbaracke (Stat. 15), die Schulstationen (Stat. 8 u. 10), das Labo-

Bericht des Dekans der Universität Leipzig
(Ausschnitt Kinderklinik)

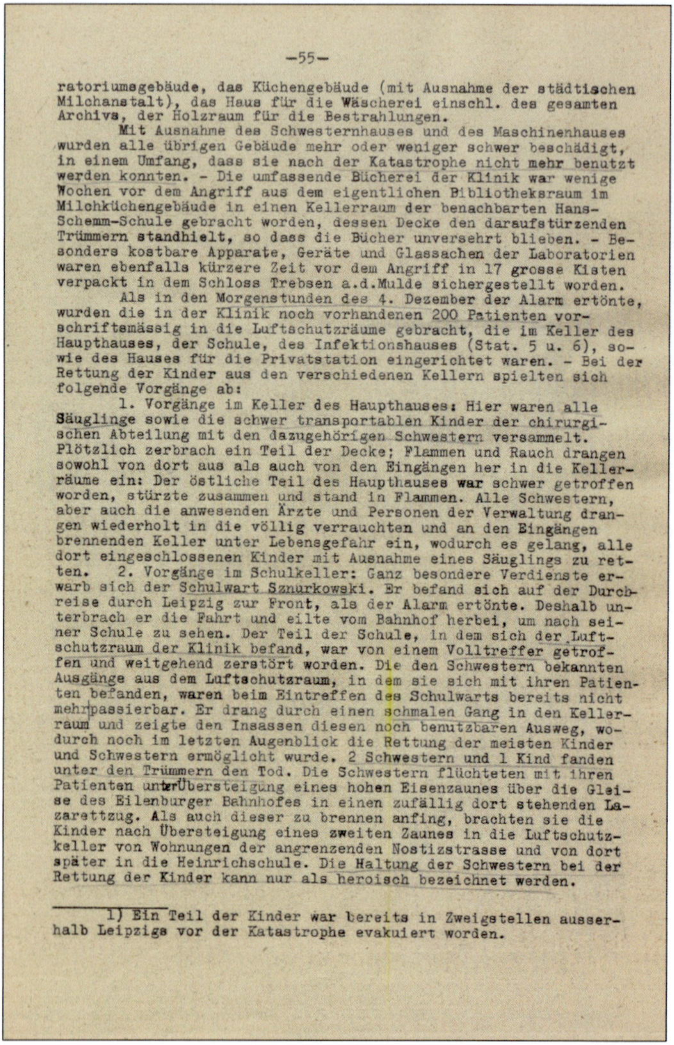
-55-

ratoriumsgebäude, das Küchengebäude (mit Ausnahme der städtischen Milchanstalt), das Haus für die Wäscherei einschl. des gesamten Archivs, der Holzraum für die Bestrahlungen.

Mit Ausnahme des Schwesternhauses und des Maschinenhauses wurden alle übrigen Gebäude mehr oder weniger schwer beschädigt, in einem Umfang, dass sie nach der Katastrophe nicht mehr benutzt werden konnten. - Die umfassende Bücherei der Klinik war wenige Wochen vor dem Angriff aus dem eigentlichen Bibliotheksraum im Milchküchengebäude in einen Kellerraum der benachbarten Hans-Schemm-Schule gebracht worden, dessen Decke den daraufstürzenden Trümmern standhielt, so dass die Bücher unversehrt blieben. - Besonders kostbare Apparate, Geräte und Glassachen der Laboratorien waren ebenfalls kürzere Zeit vor dem Angriff in 17 grosse Kisten verpackt in dem Schloss Trebsen a.d.Mulde sichergestellt worden.

Als in den Morgenstunden des 4. Dezember der Alarm ertönte, wurden die in der Klinik noch vorhandenen 200 Patienten vorschriftemässig in die Luftschutzräume gebracht, die im Keller des Haupthauses, der Schule, des Infektionshauses (Stat. 5 u. 6), sowie des Hauses für die Privatstation eingerichtet waren. - Bei der Rettung der Kinder aus den verschiedenen Kellern spielten sich folgende Vorgänge ab:

1. Vorgänge im Keller des Haupthauses: Hier waren alle Säuglinge sowie die schwer transportablen Kinder der chirurgischen Abteilung mit den dazugehörigen Schwestern versammelt. Plötzlich zerbrach ein Teil der Decke; Flammen und Rauch drangen sowohl von dort aus als auch von den Eingängen her in die Kellerräume ein: Der östliche Teil des Haupthauses war schwer getroffen worden, stürzte zusammen und stand in Flammen. Alle Schwestern, aber auch die anwesenden Ärzte und Personen der Verwaltung drangen wiederholt in die völlig verrauchten und an den Eingängen brennenden Keller unter Lebensgefahr ein, wodurch es gelang, alle dort eingeschlossenen Kinder mit Ausnahme eines Säuglings zu retten. 2. Vorgänge im Schulkeller: Ganz besondere Verdienste erwarb sich der Schulwart Sznurkowski. Er befand sich auf der Durchreise durch Leipzig zur Front, als der Alarm ertönte. Deshalb unterbrach er die Fahrt und eilte vom Bahnhof herbei, um nach seiner Schule zu sehen. Der Teil der Schule, in dem sich der Luftschutzraum der Klinik befand, war von einem Volltreffer getroffen und weitgehend zerstört worden. Die den Schwestern bekannten Ausgänge aus dem Luftschutzraum, in dem sie sich mit ihren Patienten befanden, waren beim Eintreffen des Schulwarts bereits nicht mehr passierbar. Er drang durch einen schmalen Gang in den Kellerraum und zeigte den Insassen diesen noch benutzbaren Ausweg, wodurch noch im letzten Augenblick die Rettung der meisten Kinder und Schwestern ermöglicht wurde. 2 Schwestern und 1 Kind fanden unter den Trümmern den Tod. Die Schwestern flüchteten mit ihren Patienten unter Übersteigung eines hohen Eisenzaunes über die Gleise des Eilenburger Bahnhofes in einen zufällig dort stehenden Lazarettzug. Als auch dieser zu brennen anfing, brachten sie die Kinder nach Übersteigung eines zweiten Zaunes in die Luftschutzkeller von Wohnungen der angrenzenden Nostizstrasse und von dort später in die Heinrichschule. Die Haltung der Schwestern bei der Rettung der Kinder kann nur als heroisch bezeichnet werden.

1) Ein Teil der Kinder war bereits in Zweigstellen ausserhalb Leipzigs vor der Katastrophe evakuiert worden.

Bericht des Dekans der Universität Leipzig
(Ausschnitt Kinderklinik)

-56-

3. Vorgänge im Luftschutzraum des Infektionshauses (Station 5/6). Alle dort untergebrachten Patienten befanden sich im Keller mit Ausnahme eines Kindes, das die Stationsoberschwester Ida Rittler wegen seines schwerkranken Zustandes (toxische Diphtherie mit Herzschädigung) zunächst nicht zu transportieren wagte. Als aber der Angriff sehr heftige Formen annahm, verliess die 63 jährige Oberschwester den Luftschutzraum, drang durch die bereits brennenden und qualmenden Räume der Station bis zu dem Bett des Kindes vor und rettete es vor dem sicheren Flammentod. Dass die beiden Stationen nicht völlig niederbrannten, ist hauptsächlich dem entschlossenen Eingreifen von einer jungen Schwester und 2 Jungens zu verdanken, die als Patienten in der Klinik lagen.

Die Holzbaracke 15 brannte vollständig, wobei eine Volkspflegerin und 6 Kinder den Tod fanden. - Die Namen der ums Leben gekommenen Erwachsenen sind folgende: Oberschwester Irmgard Mädler, Praktikantin Anni Böhmer, Volkspflegerin Gudrun Docekal. - Die Namen der schwer verletzten Erwachsenen sind folgende: Oberschwester Johanna Nestler, Schwester Irmgard Rosenthal, Schwester Klara Hessel, Vorschülerin Hannchen Thiele. Da die Schwesternzimmer in den oberen Stockwerken der einzelnen Gebäude lagen, büsste ein grosser Teil der Schwesternschaft das gesamte Hab und Gut ein. - In den der Katastrophe folgenden Tagen wurde in unermüdlicher Einsatzbereitschaft, vorbildlicher Pflichttreue und Kameradschaft von der Gefolgschaft des Kinderkrankenhauses Tag und Nacht gelöscht und alles aus den Trümmern geborgen, was noch zu retten und einigermassen brauchbar war. Hieran beteiligten sich auch diejenigen Schwestern, die nur noch das besassen, was sie auf dem Leib trugen. - Der klinische Betrieb wurde in mehreren Zweigstellen der Klinik innerhalb und ausserhalb von Leipzig weitergeführt bzw. neue Zweigstellen in zäher Arbeit unter Überwindung zahlloser Schwierigkeiten aufgebaut. - Gegenwärtig findet die wieder ordnungsgemässe ärztliche Versorgung der kranken Kinder in folgenden Zweiganstalten statt:

1. Theresienstrasse Leipzig-Eutritzsch: Aufnahmestation, Frühgeburtenstation, chirurgische Station mit Operationssaal, Poliklinik für innere und chirurgische Krankheiten, Milchküche, Schwesternzimmer.
2. Dösen bei Leipzig: Diphtheriestation, Station für Erkrankungen des Nervensystems, Milchküche, Schwesternzimmer.
3. Westewitz bei Döbeln: Station für innere Krankheiten, Tuberkulosestation, Infektionsabteilung, Milchküche, Schwesternzimmer.
4. Jagdschloss Zeititz bei Machern: 3 Säuglingsstationen, Privatstation, Milchküche, Röntgenraum, chem. Laboratorium, Schwesternzimmer.

Die Verwaltung befindet sich z.Zt. in dem erhaltenen Schwesternhaus auf dem Gelände der alten Klinik. - Ausserdem ist mit der Wiederherstellung einiger nicht völlig vernichteter Gebäude begonnen worden. Diese Arbeiten haben in den letzten Wochen nach Überwindung des anfänglich bestehenden grossen Mangels an Arbeitern und Material befriedigende Fortschritte gemacht. Der westliche Teil des Haupthauses einschl. Operationsräumen und Röntgenabteilung wird in etwa 2-3 Monaten soweit hergerichtet sein, dass dort ein Teil des klinischen Betriebes wieder möglich sein wird. Dasselbe gilt von der Steinbaracke für Tuberkulose, die als Poliklinik eingerichtet werden soll, und von dem Gebäude, in dem sich die Privatstation befand.

Bericht des Dekans der Universität Leipzig (Ausschnitt Kinderklinik)

-57-

Die Vorlesungen wurden wenige Wochen nach der Katastrophe im Hörsaal der Hautklinik wieder aufgenommen. - Die Fortsetzung der wissenschaftlichen Arbeit ist im Augenblick noch nicht möglich, da das gesamte Archiv sowie der grösste Teil der Sammlungen vernichtet und die Laboratorien bis auf den Grund zerstört wurden. Der ärztliche Direktor verlor sämtliche wissenschaftlichen Aufzeichnungen aus den letzten 10 Jahren. Der Wiederaufbau der Laboratorien teilweise im Milchküchengebäude der alten Klinik, teilweise im Keller des Jagdschlosses Zeititz ist im vollen Gang, die Wiederaufnahme der experimentellen Forschung voraussichtlich in 2-3 Monaten möglich.

In ihren Privatwohnungen wurden mehrere Ärzte und Angestellte völlig ausgebombt, darunter mein Oberarzt, Professor Hässler, der nur mit grösster Mühe seine Frau und seine 5 Kinder aus dem brennenden Keller seines Hauses retten und mit ihnen durch mehrere brennende Strassen flüchten konnte.

Universitäts-Hautklinik
Liebigstr. 21
(Prof. Vonkennel)

Die Hautklinik war in der Katastrophennacht mit 400 Betten voll belegt. Es gelang, alle Kranken noch rechtzeitig in den Keller zu bringen, der aber besonders mit bettlägerigen Schwerkranken so stark belegt war, dass eine Massenpsychose zu befürchten war. Das Dachgeschoss mit den Schwesternwohnungen brannte noch während des Angriffs vollkommen aus; durch eine in unmittelbarer Nähe niedergehende Sprengbombe stürzte eine Ecke des Gebäudes ein. Wasser, Licht, Heizung fielen sofort aus. Schon während des Abflauens des Angriffs begannen die Ärzte, Schwestern, Angestellten und gehfähigen Patienten mit den Rettungsarbeiten, die aber sehr beeinträchtigt waren durch den Ausfall des Wassers. Durch den fabelhaften Einsatz der Schwestern und auch ausländischer Patienten konnte selbst aus den obersten brennenden Abteilungen noch sehr viel klinisches, ärztliches und wissenschaftliches Material gerettet werden. Wie durch ein Wunder kam der Brand im obersten Stockwerk spontan zum Stehen, doch war die Klinik so weitgehend zerstört, dass die Patienten 3-4 Tage bis zum Abtransport im Keller bleiben mussten, ohne Licht, Wasser, Heizung und die einfachsten hygienischen Bedürfnisse. Trotzdem gelang es uns, in den Trümmern des Erdgeschosses ein Notambulatorium einzurichten, so dass kein Kranker oder Verunglückter das Haus betrat, ohne betreut zu werden. Der Kameradschaftsgeist war hervorragend. Es ist nur dem Einsatz meiner Belegschaft zu verdanken, dass das Haus erhalten blieb und dass sofort mit den Aufräumungs- und Wiederherstellungsarbeiten begonnen wurde. Alle

Bericht des Dekans der Universität Leipzig
(Ausschnitt Kinderklinik)

Auch das Haus, in dem die Familie Häßler in der 2. Etage lebte, wurde von Phosphorbomben getroffen und brannte völlig nieder. Der Luftschutzwart forderte alle Bewohner auf, das brennende Haus sofort zu verlassen. Die Kinder wurden in den Keller gebracht und die Eltern versuchten, weitere Bewohner zu retten. Doch das Haus stürzte zusammen. Da es nicht mehr verlassen werden konnte, musste vom Keller aus ein Durchbruch zum Nachbarhaus geschlagen werden, durch den die Kinder herausgeholt werden konnten. Ihnen wurden wegen des starken Funkenfluges nasse Decken umgehängt, die Jüngste lag im Kinderwagen, und so liefen sie durch die beiderseits brennende Fromannstraße zu der vorgesehenen Sammelstelle. Die älteren Kinder erinnern sich noch, dass ihnen die Decken wegen des Zugs der auf der anderen Straßenseite brennenden Papierfabrik fortflogen und sie sich, an den Händen haltend, an den Häuserwänden weitertasteten.

Sobald die Familie in der Sammelstelle unterkommen war, eilte Erich Häßler zur Kinderklinik. Hier sah es schlimm aus. Die Holzbaracke, in der behinderte Kinder lagen, war niedergebrannt, es hatte unter den Kindern Tote gegeben und unter den Schwestern viele Verletzte. Die meisten Gebäude, auch der Hörsaal mit seinem Dienstzimmer, waren zerstört, alle Unterlagen und Manuskripte vernichtet.

Das ganze Gelände um die Kinderklinik brannte, sogar die hölzernen Schwellen der Eilenburger Bahn, die neben der Klinik entlangführte.

Es galt als Erstes, die Notunterkünfte der Kinder in den anliegenden Wohnungen, wohin sie von den Schwestern ohne Rücksicht auf Infektionskrankheiten gebracht worden waren, ausfindig zu machen und möglichst in der benachbarten Schule, die nicht völlig zerstört war, zu sammeln. Besonders Dr. Hempel war ihm dabei eine große Hilfe.

Professor Catel sorgte für den Abtransport der Kinder in die vorbereiteten Ausweichstellen, Hochweitzschen, Klinga, Dösen und in die Theresienstraße in Leipzig. Die größeren Kinder kamen nach Hochweitzschen, die Säuglinge nach Klinga und Frühgeborene in die Theresienstraße.

Er genehmigte auch, dass Elisabeth Häßler mit den Kindern zunächst mit nach Hochweitzschen gebracht werden konnte. Mehrere Tage hatte sie keine Nachrichten von ihrem Mann, der in der Klinik in Leipzig geblieben war.

Gleichzeitig sorgte sich Erich Häßler um seine alleinlebende Mutter, auch ihr Haus in der Wurzener Straße war teilweise zerstört. Es gelang ihm, seine Mutter im Handwagen nach Wiederitzsch zu seiner dort lebenden Schwester zu bringen.

Am Abend war er wieder in der Oststraße, um zu überprüfen, dass alle Kinder untergebracht waren. Die „Restbesatzung" der Kinderklinik sollte vorläufig in der Heilanstalt Dösen Quartier beziehen. Professor Häßler bezog mit Dr. Hempel ein Zimmer. Zum Schlafen kamen sie allerdings kaum, denn in der Nähe explodierte eine Bombe mit Zeitzünder; die Angst vor einem erneuten Bombenangriff blieb weiterhin.

Da die Kinderklinik zerstört war, verfügte Professor Catel, dass in der Ausweichstelle in der Theresienstraße in Eutritzsch eine provisorische Poliklinik eingerichtet werden sollte, um eine Erstaufnahme der Kinder zu gewährleisten. Professor Häßler wurde beauftragt, diese zu leiten und zusammen mit der 2. Poliklinischen Schwester Elfriede Lenz Sprechstunden durchzuführen. Schon nach einigen Tagen war ein Not-Betrieb arrangiert. Kinder, für die ein stationärer Aufenthalt notwendig war, wurden von hier aus baldmöglichst in die Ausweichstellen verlegt. Nach einiger Zeit wurden auch wieder Vorlesungen im Hörsaal der Hautklinik, dem ehemaligen Trierschen Institut, gehalten. Natürlich war die Vorstellung erkrankter Kinder sehr erschwert.

Die Familie Häßler hatte durch die Vermittlung einer Freundin eine Notunterkunft im Pfarrhaus des Dorfes Tragnitz bei Leisnig gefunden. Neben der Küchenbenutzung standen ihnen ein größeres Zimmer und eine Kammer zur Verfügung. Der Pfarrer wurde vermisst und ist auch nach dem Krieg nicht zurückgekehrt. Da ihre Wohnung in Leipzig abgebrannt war, wurden sie von der Schwester Erich Häßlers und weiteren Familienmitgliedern unterstützt, die ihnen vor allem Bettgestelle und Federbetten überließen. Allerdings war der Keller ihrer Wohnung in der Fromannstraße unbeschädigt geblieben und die Familie freute sich, Weckgläser mit Gartenobst, die Gartenmöbel aus ihrer Laube und auch das verpackte Kaffeegeschirr aus Meißner Porzellan zu holen.

Vom Dezember 1943 bis April 1945 spielte sich das Leben Prof. Häßlers in dieser Weise ab.

Von Montag bis Freitag führte er die poliklinische Sprechstunde in der Theresienstraße durch. Die Poliklinik in der Oststraße wurde provisorisch wiederhergestellt und bis zu ihrer erneuten Zerstörung hielt er auch hier Sprechstunden ab. Jeden Sonnabend früh fuhr er, meist mit einem Kindertransport, mit der Bahn nach Hochweitzschen zur Oberarzt-Visite. In seiner Erinnerung war es stets ein beängstigendes Gefühl, wenn er mit den Kindern im Zug saß und Fliegeralarm gegeben wurde.

Am Sonnabendnachmittag fuhr oder lief er von Hochweitzschen nach Tragnitz und verbrachte den Sonntag mit seiner Familie.

Sommer 1944, die Kinder der Familie Häßler

Da Erich Häßler schon immer ein Gartenfreund war, schaffte er es auch im Sommer 1944 in seinem Garten in Johannistal ein paar Beete zu bestellen und konnte so mitunter seiner Familie einige Gartenfrüchte und auch Gemüse mitbringen. Leider wurde dieser Garten bei einem späteren Bombenangriff zerstört.

Im Herbst 1944 zog auch die Schwester seiner Frau nach Tragnitz, um den Bombenangriffen auf die Stadt Leipzig zu entgehen. Neben dem Pfarrhaus gab es eine Schule und der Sohn der Familie Häßler, Wieland, wurde hier zusammen mit seinem Cousin Dieter eingeschult. Zwischen den Familien entstand eine Freundschaft und Erich Häßler lernte durch ihn etwas Neues kennen – der Lehrer betrieb im Keller der Schule eine Seidenraupen-Zucht. Das war nicht verwunderlich, denn vor allem Schulen hatten die Verpflichtung, Seidenraupen zu züchten, die benötigt wurden, um den Rohstoff zur Herstellung von Fallschirmseide zu produzieren.

Nicht nur die Kinderklinik, auch Teile anderer Kliniken der Universität Leipzig fanden in der Landesanstalt Hochweitzschen Aufnahme:

Chirurgische Klinik, Medizinische Klinik- und Poliklinik, Frauenklinik, Orthopädische Klinik, Nervenklinik, Klinik für Haut- und Geschlechtskranke, Klinik für Hals-, Nasen- und Ohrenkranke, Zentrallaboratorium des Krankenhauses St. Jakob, Apotheke der Krankenanstalten St. Jakob und das Röntgeninstitut.

Um Raum für die Leipziger Klinikkranken zu schaffen, mussten weitere der hier noch lebenden psychisch Kranken in andere Anstalten verlegt werden. Auch das Nervenlazarett wurde ausgelagert. Neben Professor Häßler kamen auch die entsprechenden Fachkräfte aus Leipzig, um hier weiterzuarbeiten.

Professor Häßler konnte mit seinen kleinen Patienten ein Haus beziehen, das innerhalb des Anstaltsgeländes, aber räumlich etwas separat gelegen war.

Die Landesanstalt selbst blieb von Bombenangriffen verschont. Dies ist u. a. auch der Vorsorge von Mitarbeitern zu verdanken, die mehrere Dächer mit großen „Rot-Kreuz"- Zeichen versehen hatten, um deutlich zu machen, dass es sich um eine Krankenanstalt handelte.

Im Dezember 1944 kaufte Professor Häßler das Aquarell „Leisnig an der Mulde" von dem Maler Ernst Schöne. Man erzählte von ihm, dass er auch während eines Fliegerangriffes weiter an diesem Bild gemalt hatte – er war taub. Bis zu seinem Tod hing das Bild in Erich Häßlers Arbeitszimmer.

Kinderbettchen der 40er-Jahre (Fundus Hochweitzschen)

In den ersten fünf Monaten des Jahres 1945 wurde die militärische Lage immer hoffnungsloser. Die Westmächte hatten den Rhein überschritten und auch die Ostfront rückte immer näher.

Mitte April 1945 besetzte die 1. US-Armee die Leipziger Innenstadt.

Am Tag vor dem Einmarsch der Amerikaner löste Professor Catel allen Betrieb in Leipzig auf. Er selbst ging nach Klinga, Professor Häßler sollte weiter die Kinderabteilung in Hochweitzschen führen.

In Leipzig selbst war der Eisenbahnverkehr bereits eingestellt, teils zu Fuß und teils mit kleineren Vorortzügen kam er zuerst in Tragnitz, um seine Familie zu beruhigen, und anschließend in Hochweitzschen an. Die dortige, die Kinderabteilung leitende Oberschwester Hilde Hoster freute sich sehr, ihn zu begrüßen. Der Grund war, es hatte den Anruf eines Verwaltungsangestellten der Kinderklinik gegeben, dass Professor Häßler eine Einberufung zum Volkssturm erhalten habe und sofort nach Leipzig kommen solle. Am nächsten Tag wurde Leipzig von den Amerikanern besetzt.

Da die Amerikaner nur bis Leisnig vorrückten, um sich dann bis an die Freiberger Mulde zurückzuziehen, verblieb Hochweitzschen einige Zeit unbesetzt, bis schließlich die Sowjetarmee einrückte.

Über die Freiberger Mulde führte zwischen Tragnitz und Fischendorf eine Brücke, die von der deutschen Armee gesprengt worden war. Nachdem sowjetische Soldaten in Fischendorf eingezogen waren, verlangten sie von der Tragnitzer Bevölkerung den Aufbau einer „panzertragenden" Brücke in kürzester Zeit, anderenfalls würden sie den Ort vernichten. Die gesamte Bevölkerung half. Auch Erich Häßler, der zum Volkssturm gehörte, half mit. Danach besetzte die sowjetische Armee auch Hochweitzschen.

Der bisherige Leiter der Kliniken, Dr. Göhler, seiner Stellung nach Amtsarzt, der seinen Dienst immer in der SA-Uniform getan hatte, war geflüchtet und soll versucht haben, sich mit seiner Familie zu den Amerikanern durchzuschlagen. Da es ihm nicht gelungen war, hatte er zusammen mit seiner Familie den Freitod gewählt.

Es folgten unruhige und sorgenvolle Tage. Da es in den umliegenden Ortschaften zu Plünderungen und Vergewaltigungen gekommen war, hatte die findige Oberschwester an allen Stationen der Kinderklinik mit großen Buchstaben das Wort „TYPHUS" anbringen lassen. Es hatte eine schützende Wirkung.

Die Zwickauer Mulde blieb für längere Zeit die Grenze zwischen dem amerikanisch und dem sowjetisch besetzten Gebiet. Dies bedeutete für die Klinik in Hochweitzschen, dass sie verwaltungsmäßig von Leipzig abgeschnitten war. Auf einer Ärzteversammlung wurde beschlossen, sich von der Universitätsklinik zu trennen und die Klinik der neu gebildeten Landesregierung in Dresden zu unterstellen, um versorgt zu werden. Von dieser erhielt die Klinik auch ihre weitere Finanzierung.

Erst später, nach dem Rückzug der amerikanischen Truppen aus Sachsen und Thüringen, war die Verbindung mit Leipzig wiederhergestellt. Die ausgelagerten Kliniken verlegten ihre Patienten samt Ärzten und Schwestern nach Leipzig zurück.

Die Kinderklinik blieb und erhielt geeignetere Räume. Der Grund für diese Entscheidung Professor Häßlers war, dass er inzwischen Kinder aus den umliegenden Orten wie Döbeln, Leisnig, Waldheim u. a. aufgenommen hatte, da für diese kleinen Patienten ein dringender Bedarf vorlag.

Gebäude der ehemaligen Kinderklinik Hochweitzschen
Heute befindet sich in diesem Gebäude „Die Brücke" Wohnstätten gGmbH, das Pflegeheim „Zum Falkennest"

Während des Sommers 1945 blieb diese Situation bestehen – an den Wochentagen arbeitete Professor Häßler in der Kinderklinik Hochweitzschen und die Wochenenden verbrachte er bei seiner Familie in Tragnitz.

Seine Oberschwester Hilde Hoster blieb ebenfalls in Hochweitzschen.

Am 1. August 1945 wurde ein Bericht des Gesundheitsamtes Döbeln an den Landrat geschickt, der sich mit der Situation der Landesanstalt Hochweitzschen befasst. Dort heißt es u. a. zur Person von Professor Häßler:

> *„Am Rande sei noch vermerkt, dass die Lage in unserer Klinik während der Maitage insofern verschärft war, dass nach der Befreiung durch die Rote Armee die vorher hier amtierenden Professoren und leitenden Professoren mit Ausnahme von Herrn Prof. Häßler ihre Amtsgeschäfte im Stiche ließen und abrückten unter dem Vorwand dringender Geschäfte in Leipzig, soweit sie nicht überhaupt gegen ihr gegebenes Wort heimlich ihre Kranken im Stiche ließen.“*

Gleichzeitig begann Professor Häßler wieder die dortigen Schwestern-Schülerinnen zu unterrichten, damit sie termingerecht ihre Examen ablegen konnten. Die Leipziger Oberin besuchte die Kinderklinik in Hochweitzschen öfters, sodass zwischen ihnen abgesprochen werden konnte, wer von den Schwestern nach eigenen Wünschen nach Leipzig gehen oder bleiben wollte und auch, wer von Leipzig nach Hochweitzschen kommen wollte.

Durch den Weggang von mehreren Familien aus Hochweitzschen gab es für die Familie Häßler im November 1945 die Möglichkeit, eine eigene Wohnung zu beziehen.

Stadtarchiv Döbeln
Obermarkt 1
04720 Döbeln

13.07.2020

Auszug Blatt III aus EA Döbeln Nr. 333 „Gesundheitswesen“, zeitl. Umfang 1945-1951

Bericht des Gesundheitsamtes in Döbeln an den Herrn Landrat.

...drat. 1.8.45. Abschrift

Verhältnisse in Westewitz-Hochweitzschen:

Auf die besonderen Verhältnisse in den evakuierten Universitätskliniken in Westewitz-Hochweitzschen muß noch speziell eingegangen werden, da durch den Fortfall des Leisniger Stadtkrankenhauses, ferner durch die zahlreichen Flüchtlinge diese Klinik sich nach dem Sistieren jeder Verbindung mit Leipzig in die stationäre Krankenversorgung mit einbezogen hat, womit ausreichende Krankenhausverhältnisse geschaffen waren.
Bis zur Räumung des Bezirkskrankenhauses in Leisnig durch die Rote Armee wird es auch weiterhin aus zwingenden Gründen hierbleiben müssen.
Folgende jetzt bestehende Abteilungen können zunächst unter keinen Umständen hier entbehrt werden:

a) Die Abteilung für Frauen, Innere und Chirurgie und Pädiatrie.
b) Die Dermatologische Station und die für Neurologie wurde aufgelöst und nach Leipzig zurückverlegt.

Es ist durchaus anzunehmen, daß die Stadtverwaltung Leipzigs auch weiterhin großen Wert auf die Erhaltung der Westewitzer Filiale wegen des grossen Bettenmangels legen wird, möglicherweise kann eine Umwandlung in den jetzt bestehenden Disziplinen dahingehend erfolgen, daß in der Hauptsache Siechen, Tuberkulöse und chronisch Kranke aus Leipzig hierher verlegt werden. Davon unberührt bleiben die Interessen der Landesanstalt in Westewitz-Hochweitzschen. Am Rande sei noch bemerkt, dass die Lage in unserer Klinik während der Maitage insofern verschärft war, dass nach der Befreiung durch die Rote Armee die vorher hier amtierenden Professoren und leitenden Professoren mit Ausnahme von Herrn Prof. H ä ß l e r ihre Amtsgeschäfte im Stiche ließen und abrückten unter dem Vorwande dringender Geschäfte in Leipzig, soweit sie nicht überhaupt gegen ihr gegebenes Wort heimlich ihre Kranken im Stiche ließen.

Weitere Hinweise zu Prof. Häßler, Hochweitzschen, konnten in den erschlossenen Unterlagen des Stadtarchivs Döbeln nicht ermittelt werden.

Mit freundlichen Grüßen
U. Ludwig
Archiv Döbeln / SG Kultur

Schreiben des Gesundheitsamtes Döbeln

DIE HOCHWEITZSCHENER UND DIE CHEMNITZER ZEIT (1945–1953)

Familie Häßler begann den Umzug zu organisieren. In mehreren Fuhren – sie hatten einen der damals üblichen „Flüchtlingswagen“ (eine Kiste auf vier Rädern) zur Verfügung gestellt bekommen – wurden Möbelstücke und Betten nacheinander zu Fuß von Tragnitz nach Hochweitzschen transportiert.

Am 12. November 1945 begann für die älteste Tochter Gudrun wieder die Schule in Leisnig, und sie fuhr am Nachmittag des 11. November mit ihrer Mutter zurück, denn sie sollte wochentags bei einer Tante in Leisnig bleiben.

Erich Häßler erhielt telefonisch die Nachricht, dass seine Frau und seine Tochter verunglückt seien. Sie waren zu Fuß auf der Landstraße unterwegs und ein Pkw der sowjetischen Besatzungsmacht hatte sie absichtlich überfahren. Die zehnjährige Tochter Gudrun war unverletzt, aber verstört, während seine Frau schwer verletzt ins Krankenhaus gebracht wurde. In den folgenden Tagen half seine Oberschwester Hoster, den Haushalt und die fünf Kinder der Familie zu versorgen.

Elisabeth Häßler starb am Donnerstag, den 16. November 1945 im Alter von 43 Jahren.

Auch in diesen schweren Tagen half die Oberschwester Hilde Hoster bei den notwendigen Formalitäten und der Versorgung der Kinder. Elisabeth Häßler wurde in Leipzig beerdigt. Die Anteilnahme der Verwandten war groß. Dem Vater wurde das Angebot gemacht, die Kinder einzeln in Pflege zu nehmen, aber er lehnte ab, denn er wollte die Geschwister in dieser Zeit nicht auseinanderreißen.

Der neue Anfang für Erich Häßler bestand jetzt darin, für seine fünf Kinder eine Betreuung zu finden, denn auch die Patienten der Kinderklinik brauchten ihn.

Seit einiger Zeit bestand an der Landesanstalt Hochweitzschen ein Kindergarten, der von Frau Ruth Franz gegründet und geleitet wurde. Hier wollte er seine jüngste Tochter anmelden. Eine Zeit lang gingen alle Häßler-Kinder zu ihr in den Kindergarten. Nach einiger Zeit erklärte jedoch Frau Franz sich zu seiner Überraschung bereit, ihre Stelle im Kindergarten aufzugeben und als Haushälterin zur Familie Häßler zu ziehen. Sie brachte ihre kleine Tochter Cornelia mit.

Säuglingsschwester Ruth Franz

Auch die politische Situation in diesem Zeitraum belastete Professor Häßler.

Am 16. Mai 1945 wurde Professor Bernhard Schweitzer zum ersten Nachkriegsrektor der Universität Leipzig gewählt. Bis 1948 war er ordentlicher Professor für Archäologie an der Philologisch-Historischen Abteilung der Philosophischen Fakultät gewesen.

Er trat ein schweres Erbe an. Bereits bei den Bombenangriffen 1943 waren von 92 Kliniken und Instituten 58 zum Teil vollkommen vernichtet worden und bis zum Kriegsende waren es nur noch 14 Universitätsbauten, die unbeschädigt geblieben waren.

Aber es ging 1945 vorrangig um die politische Säuberung, die Entnazifizierung, d. h. die Beurteilung des Lehrkörpers hinsichtlich ihrer Mitgliedschaft und Tätigkeit in der NSDAP durch die Besatzungsmächte.

Entsprechend den Verhandlungen der amerikanischen Untersuchungsstellen mit der Universität wurde die erste „Säuberungsaktion" durchgeführt, die Ende Juni beendet war. Von der Medizinischen Fakultät wurden die Professoren Dresel (Prof. Dr. med. et phil. Ernst Gerhard Dresel, bis 1945 ordentlicher Professor für Hygiene und Bakteriologie an der Medizinischen Fakultät der Universität Leipzig, seit 1936 Mitglied der SS) und Hochrein (Prof. Dr. med. Max Hochrein, bis 1945 ordentlicher Professor für Spezielle Pathologie und Therapie an der Medizinischen Fakultät der Universität Leipzig und Dekan der Medizinischen Fakultät der Universität Leipzig, seit 1933 Mitglied der NSDAP) entlassen.

Am 1. Juli 1945 fand in Leipzig der Besatzungswechsel statt. Die amerikanischen Besatzungsmächte hatten sich auf die Verhaftung und Entlassung bekannter Nationalsozialisten in wichtigen Positionen konzentriert, weniger auf Personen des Lehrkörpers der Universität. Allerdings nahmen sie auch in anderer Hinsicht Einfluss auf den Lehrkörper, indem vor allem Professoren und Dozenten und auch technische Kräfte der medizinischen Fakultät nach Weilburg/Lahn in die amerikanische Zone ziehen mussten. Diese Inanspruchnahme deutscher Ärzte und Wissenschaftler war jedoch nicht nur auf die Universität Leipzig beschränkt. Zusätzlich verschärfte sich die Situation an der Kinderklinik Leipzig auch dadurch, dass sich den zwangsweise umgesiedelten Ärzten mehrere Kollegen freiwillig anschlossen.

Am 2. Juli 1945 trafen die ersten sowjetischen Truppen in Leipzig ein.

Im August 1945 erhielten alle Professoren der Universität, die der NSDAP angehört hatten, ein Schreiben vom Chef der SMAD [Anm.: Oberste Besatzungsbehörde und somit De-facto-Regierung in der sowjetischen Besatzungszone (SBZ) Deutschlands, russisch: Советская военная администрация в Германии], dass sie folgende Angaben einreichen müssten:

1. Darlegung der eigenen Stellung zum Nazismus.
2. Angabe ihrer Äußerungen zum Nazismus.
3. Unterbreitung ihrer Ansichten über die gegenwärtigen und zukünftigen Aufgaben der Universität.

Am 17. September 1945 reichte Professor Häßler den vierseitigen ausgefüllten Fragebogen und einen ausführlichen Lebenslauf ein.

Neben den persönlichen Angaben über sich selbst, seine Familie und seine berufliche Tätigkeit (A) waren vor allem Angaben zur Mitgliedschaft in der NSDAP (B), zu Tätigkeiten in NSDAP-Hilfsorganisationen (C), zum Militärdienst und Wehrmachtseinsatz (D) und zur politischen Mitgliedschaft (E) gefordert.

Prof. Häßler verschwieg nicht, dass sowohl er (seit 1937) als auch seine Frau (seit 1942) Mitglieder in der NSDAP gewesen waren.

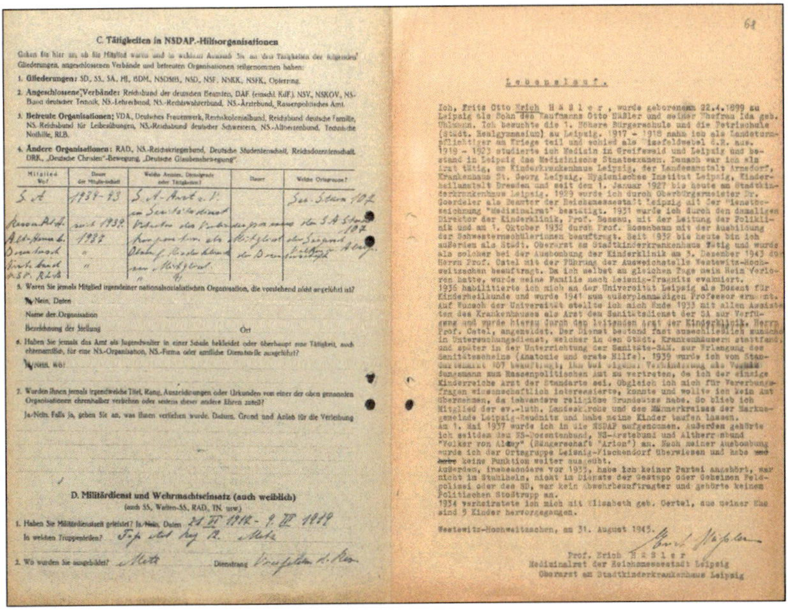

C. Tätigkeiten in NSDAP.-Hilfsorganisationen

Geben Sie hier an, ob Sie Mitglied waren und in welchem Ausmaß Sie an den Tätigkeiten der folgenden Gliederungen, angeschlossenen Verbände und betreuten Organisationen teilgenommen haben:

1. **Gliederungen:** SD., SS., SA., HJ., BDM., NSDStB., NSD., NSF., NSKK., NSFK., Opferring.
2. **Angeschlossene Verbände:** Reichsbund der deutschen Beamten, DAF (einschl. KdF.), NSV., NSKOV., NS.-Bund deutscher Technik, NS.-Lehrerbund, NS.-Rechtswahrerbund, NS.-Ärztebund, Rassenpolitisches Amt.
3. **Betreute Organisationen:** VDA., Deutsches Frauenwerk, Reichskolonialbund, Reichsbund deutsche Familie, NS.-Reichsbund für Leibesübungen, NS.-Reichsbund deutscher Schwestern, NS.-Altherrenbund, Technische Nothilfe, RLB.
4. **Andere Organisationen:** RAD., NS.-Reichskriegerbund, Deutsche Studentenschaft, Reichsdozentenschaft, DRK., „Deutsche Christen"-Bewegung, „Deutsche Glaubensbewegung".

Mitglied Wo?	Dauer der Mitgliedschaft	Welche Ämter, Dienstgrade oder Tätigkeiten?	Dauer	Welche Ortsgruppe?
S.A.	1934–43	S.A.-Arzt z. V. im Sanitätsdienst		San.-Sturm 107
Rassenpol. A.	seit 1939	Vertreter des Verbindungsmannes [illegible]		der S.A. Stand. 107
Altherrenb.	1937	[illegible] als Mitglied		der Sängerschaft „Volker von Alzey"
Dozentenb.	"	Obmann f. Kinderheilkunde [illegible]		der Dozentenschaft
Ärztebund	"	nur Mitglied		
NSV. RLB	"	"		

5. Waren Sie jemals Mitglied irgendeiner nationalsozialistischen Organisation, die vorstehend nicht angeführt ist?

~~Ja~~ Nein. Daten

Name der Organisation

Bezeichnung der Stellung Ort

6. Haben Sie jemals das Amt als Jugendwalter in einer Schule bekleidet oder überhaupt eine Tätigkeit, auch ehrenamtlich, für eine NS.-Organisation, NS.-Firma oder amtliche Dienststelle ausgeführt?

~~Ja~~ Nein. Wo?

7. Wurden Ihnen jemals irgendwelche Titel, Rang, Auszeichnungen oder Urkunden von einer der oben genannten Organisationen ehrenhalber verliehen oder seitens dieser andere Ehren zuteil?

Ja-Nein. Falls ja, geben Sie an, was Ihnen verliehen wurde, Datum, Grund und Anlaß für die Verleihung

D. Militärdienst und Wehrmachtseinsatz (auch weiblich)
(auch SS., Waffen-SS., RAD., TN. usw.)

1. Haben Sie Militärdienstzeit geleistet? Ja/~~Nein~~. Daten 21. VI. 1917 – 9. III. 1919
In welchen Truppenteilen? [illegible] 12. Metz
2. Wo wurden Sie ausgebildet? Metz Dienstrang Vizefeldwebel d. Res.

61

Lebenslauf.

Ich, Fritz Otto Erich H ä ß l e r , wurde geboren am 22.4.1899 zu Leipzig als Sohn des Kaufmanns Otto Häßler und seiner Ehefrau Ida geb. Uhlmann. Ich besuchte die 1. Höhere Bürgerschule und die Petrischule (Städt. Realgymnasium) zu Leipzig. 1917 - 1918 nahm ich als Landsturmpflichtiger am Kriege teil und schied als Vizefeldwebel d.R. aus. 1919 - 1923 studierte ich Medizin in Greifswald und Leipzig und bestand in Leipzig das Medizinische Staatsexamen. Danach war ich als Arzt tätig, am Kinderkrankenhaus Leipzig, der Landesanstalt Arnsdorf, Krankenhaus St. Georg Leipzig, Hygienisches Institut Leipzig, Kinderheilanstalt Dresden und seit dem 1. Januar 1927 bis heute am Stadtkinderkrankenhaus Leipzig. 1929 wurde ich durch Oberbürgermeister Dr. Goerdeler als Beamter der Reichsmessestadt Leipzig mit der Dienstbezeichnung "Medizinalrat" bestätigt. 1931 wurde ich durch den damaligen Direktor der Kinderklinik, Prof. Bessau, mit der Leitung der Poliklinik und am 1. Oktober 1932 durch Prof. Rosenbaum mit der Ausbildung der Schwesternschülerinnen beauftragt. Seit 1937 bis heute bin ich außerdem als Städt. Oberarzt am Stadtkinderkrankenhaus tätig und wurde als solcher bei der Ausbombung der Kinderklinik am 3. Dezember 1943 durch Herrn Prof. Catel mit der Führung der Ausweichstelle Westewitz-Hochweitzschen beauftragt. Da ich selbst am gleichen Tage mein Heim verloren hatte, wurde meine Familie nach Leisnig-Fraqnitz evakuiert.
1936 habilitierte ich mich an der Universität Leipzig als Dozent für Kinderheilkunde und wurde 1941 zum außerplanmäßigen Professor ernannt. Auf Wunsch der Universität stellte ich mich Ende 1933 mit allen Assistenten des Krankenhauses als Arzt dem Sanitätsdienst der SA zur Verfügung und wurde hierzu durch den leitenden Arzt der Kinderklinik, Herrn Prof. Catel, angemeldet. Der Dienst bestand fast ausschließlich zunächst in Untersuchungsdienst, welcher in den Städt. Krankenhäusern stattfand, und später in der Unterrichtung der Sanitäts-SAM. zur Erlangung des Sanitätsscheins (Anatomie und erste Hilfe). 1939 wurde ich vom Standartenarzt 107 beauftragt, ihn bei eigener Verhinderung als Verbindungsmann zum Rassenpolitischen Amt zu vertreten, da ich der einzige kinderreiche Arzt der Standarte sei. Obgleich ich mich für Vererbungsfragen wissenschaftlich interessierte, konnte und wollte ich kein Amt übernehmen, da ich andere religiöse Grundsätze habe. So blieb ich Mitglied der ev.-luth. Landeskirche und des Männerkreises der Markusgemeinde Leipzig-Reudnitz und habe meine Kinder taufen lassen.
Am 1. Mai 1937 wurde ich in die NSDAP aufgenommen. Außerdem gehörte ich seitdem dem NS-Dozentenbund, NS-Ärztebund und Altherrenbund "Volker von Alzey" (Sängerschaft "Arion") an. Nach meiner Ausbombung wurde ich der Ortsgruppe Leisnig-Fischendorf überwiesen und habe ~~und habe~~ keine Funktion weiter ausgeübt.
Außerdem, insbesondere vor 1933, habe ich keiner Partei angehört, war nicht im Stahlhelm, nicht im Dienste der Gestapo oder Geheimen Feldpolizei oder des SD, war kein Abwehrbeauftragter und gehörte keinem Politischen Stoßtrupp an.
1934 verheiratete ich mich mit Elisabeth geb. Oertel, aus meiner Ehe sind 9 Kinder hervorgegangen.

Westewitz-Hochweitzschen, am 31. August 1945.

Erich Häßler

Prof. Erich H ä ß l e r
Medizinalrat der Reichsmessestadt Leipzig
Oberarzt am Stadtkinderkrankenhaus Leipzig

Ausschnitt Fragebogen Entnazifizierung

Weitere Angaben betrafen seine Tätigkeit als Arzt im Sanitätsdienst im Rahmen seiner Mitgliedschaft in der SA, seine Vertretung des Standartenarztes 107, ihn bei eigener Verhinderung als Verbindungsmann zum Rassenpolitischen Amt [Anm.: das Rassenpolitische Amt der NSDAP wurde vom Nationalsozialistischen Deutschen Ärztebund gegründet] zu ersetzen und natürlich seine Mitgliedschaft im Altherrenbund (Sängerschaft „Arion").

Der Wechsel der Besatzung führte am 15. und 16. Oktober 1945 zum Beschluss einer zweiten Säuberung des Lehrkörpers der Universität. Von der Medizinischen Fakultät betraf dieses Vorgehen die folgenden Professoren:

Vorläufig bestätigt	Bürger, Schede, Schröder, Wagner, Catel
Weiterbeschäftigung zu beantragen	Rieder, Jess, Hauenstein, Reichenbach, Niesing
Entlassen	Lange, Schmitt, Schlomka, Scheer, Hässler und die Dozenten Liebe, Hauss, Janz, Brückl, Hartenstein, Piper, Hofmann, Essbach, Imhäuser

Unmittelbar danach folgte die dritte Säuberungswelle, die auch zu den Entlassungen der Professoren der Medizinischen Fakultät Schede, Catel, Schröder, Bürger, Lichtenstein, Frühwald, Weicksel, Keller, Wagner und Gaehtgens führte.

In der Medizinischen Fakultät verblieben von den ursprünglich 86 Mitgliedern des Lehrkörpers noch 11. Dies bedeutete einen akuten Notstand in der medizinischen Versorgung, den man zu überbrücken versuchte, indem Ärzte in untergeordneter Stellung weiter beschäftigt werden durften.

Am 31. Oktober 1945 war an alle Beamten, Angestellte und Arbeiter, die der NSDAP angehört hatten, die Anordnung ihrer fristlosen Entlassung ergangen. Dies betraf auch die Ärzte der Leipziger Universitätsklinik.

Professor Häßler wurde mit dem 31. Oktober 1945 als Oberarzt der Kinderklinik Leipzig entlassen.

Für ihn bedeutete dies, dass er weiterhin in der Kinderklinik Hochweitzschen tätig war, sein Wohnsitz befand sich auch in diesem Ort. Er hatte eine Anstellung mit täglicher Kündigungsfrist und einem niedrigen Stundenlohn. Finanziell bedeutete dies für ihn, nachdem sein von der Universität Leipzig gezahltes Gehalt wegfiel, dass er und seine Familie nunmehr mit einem Monatsgehalt von 490 Mark auskommen mussten.

Es entwickelte sich zwischen der Säuberung des Lehrkörpers auf der einen Seite und der Bemühung der Wiedereröffnung der Universität ein Interessenkonflikt. Die Universität Leipzig sollte als erste in der sowjetischen Zone wiedereröffnet werden. Der ursprünglich vorgesehene Termin am 15. Oktober musste verschoben werden, da durch die Entnazifizierung des Lehrkörpers, d. h. durch die Entlassungen, es nicht möglich war, den Lehrbetrieb wiederaufzunehmen. Es begannen Gespräche für die Wiedereinsetzung von Lehrkräften, deren Entlassungen bei geringer politischer Belastung nicht zu rechtfertigen waren. Dies bedeutet für die Medizinische Fakultät, dass entlassene Ärzte zwar keine Vorlesungen mehr halten, aber Forschungsaufträge weiterbearbeiten durften. Wenig politisch belasteten Ärzten wurde es auch erlaubt, ihre ärztliche Tätigkeit wieder auszuüben.

Bereits am 10. November 1945 erhielt Professor Häßler aus Leipzig die Anfrage, ob er unter Verzicht auf seine Stellung als Oberarzt wieder als Arzt tätig sein wolle. Am 17. November 1945 wurde ihm mitgeteilt, dass er auch als Oberarzt tätig sein solle und am 22. Dezember 1945 erhielt er die Aufforderung, weiterhin forschend tätig zu sein. Diese war begleitet von der Bestätigung, dass ihm nunmehr eine „Arbeiter-Lebensmittelkarte" zustünde.

Er selbst, seine Oberschwester Hilde Hoster und alle Mitarbeiter, die Mitglieder der NSDAP gewesen waren, wurden in Abständen nach Leisnig zur Registrierung bestellt. Die Abstände wurden größer und Anfang 1946 wurden er und alle, die keine kriminellen Handlungen begangen hatten – wie der Fachausdruck lautete –, „entnazifiziert".

Ein Zeichen der Anerkennung war für Professor Häßler auch, dass er eine Einladung zur Wiedereröffnungsfeier der Leipziger Universität, die am 5. Februar 1946 stattfand, erhielt.

Entnommen der Einladung zur Wiedereröffnungsfeier der Leipziger Universität Otto Saltmann „Die Universitätskinderklinik und Poliklinik", am 6. 12. 1891 Bau beendet: Festschrift zum 500-jährigen Jubiläum der Universität Leipzig

Erich Häßler und Ruth Franz lebten weiterhin mit den sechs Kindern zusammen in Hochweitzschen und versuchten, die schwierige Situation der Nachkriegsjahre zu meistern. Oftmals gab es auch unverhoffte Freuden, die in Erinnerung blieben.

„Einmal wurden wir von einer Bauernfamilie zu Kaffee und einer Buttercremetorte eingeladen – damals eine ganz ungewöhnliche Leckerei. Der Gastgeber meinte, wir sollten einmal einen Fettfleck in den Magen bekommen."
„Eine Leisniger Bauernfamilie, deren Kinder ich wiederholt behandelt hatte, versprach uns zu Weihnachten eine Gans. Ich empfing ein schon verpacktes Paket, wir fanden darin eine Ente. Im nächsten Jahr sollten wir eine Pute bekommen, sie entpuppte sich dann als ein Hahn."

Für Professor Häßler begann auch wieder der ärztliche Alltag. Er blieb Leiter der Kinderklinik Hochweitzschen. 1947 eröffnete er mit Genehmigung der Landesregierung Dresden eine Schule zur Ausbildung von Kinderkrankenschwestern und war als Dozent an der Volkshochschule Döbeln tätig.

Bereits im Laufe des Jahres 1946 waren Erich Häßler und Ruth Franz sich nahegekommen und mit den sechs Kindern zu einer Familie zusammengewachsen. Sie beschlossen zu heiraten, als Termin wurde der 8. März 1947 festgelegt. Die Trauung fand in der Anstaltskirche Hochweitzschen statt. Als Trauungstext hatten Ruth und Erich Häßler sich für die Worte der biblischen Ruth entschieden.

> *„Überrede mich nicht, dich zu verlassen. Ich will mit dir gehen. Wo du hingehst, will ich auch hingehen, und wo du lebst, will ich auch leben. Dein Volk wird mein Volk sein und dein Gott wird mein Gott sein. Wo du stirbst, will ich auch sterben, und dort will ich begraben werden. Gott tue mir dies und das, nur der Tod wird mich von dir scheiden." (Ruth 1,16).*

Hochzeitstag der Familie Häßler

In der Nachkriegszeit drohte die Tuberkulose sich zu einer verheerenden Seuche zu entwickeln. Durch die Unterernährung war die Bevölkerung sehr resistenzlos geworden, sodass die Lungentuberkulose mit ausgedehnter Cavernenbildung sehr progredient und rasch tödlich verlief. Für diese Erkrankten mussten Stationen freigemacht werden.

Auch unter den verbliebenen psychisch kranken Patienten der Anstalt fand sich beim Röntgen nicht selten eine fortgeschrittene Lungentuberkulose. Diese Erkrankten wurden auf einer Sonderstation untergebracht. Die Pflege auf dieser Station war besonders schwierig, da die Patienten mit ihrem Sputum sehr unhygienisch umgingen und es zum Teil auch absichtlich verschmierten, z. B. an Türklinken.

Die Sächsische Landesregierung ernannte den Lungenarzt Dr. Bernhard Kallabis zum Landes-Tuberkulosearzt und beauftragte ihn mit der Organisation der Tuberkulose-Fürsorge. Dieser bat Professor Häßler um fachliche Unterstützung und Mitarbeit im wissenschaftlichen Beirat für die Tuberkulosebekämpfung. Daraufhin richtete Professor Häßler innerhalb seiner Kinderklinik eine Kleinkinder-Tuberkulose-Station ein.

Vor dem Gebäude der Kinderklinik wurden barackenähnliche Liegehallen für die Freiluftbehandlung der erkrankten Kinder gebaut. Heute befindet sich hier eine parkähnliche Anlage.

Dr. Kallabis organisierte für Fürsorgeärzte und Fürsorgerinnen Fortbildungsveranstaltungen. Im Mai 1947 hielt Professor Häßler auf einer dieser Veranstaltungen einen Vortrag „Nicht tuberkulöse Drüsen-Erkrankungen im Kindesalter". Er betonte hierbei die Notwendigkeit einer Tuberkulin-Testung.

Der Aufbau dieser Tuberkulose-Fürsorge wurde später in der DDR zum Vorbild der Fürsorge gegen diese Krankheit.

Freiluftgarten Hochweitzschen

Ab 1953 gab es in der DDR eine gesetzliche Impfpflicht, geimpft wurden Kinder gegen Pocken, Diphtherie, Tetanus, Keuchhusten, Tuberkulose, ab den 1960er-Jahren gegen Kinderlähmung und ab den 1970er-Jahren auch gegen die Masern. Alle Pflichtimpfungen wurden in einem Impfausweis dokumentiert.

Bereits seit 1998 empfiehlt die Ständige Impfkommission (STIKO) am Robert-Koch-Institut die BCG-Impfung gegen Tuberkulose nicht mehr. Die epidemiologische Lage in Deutschland verzeichnet eine deutliche Abnahme dieser Krankheit.

Zusätzlich bestand in den ersten Nachkriegsjahren noch die Gefahr der Erkrankung an Fleck-Typhus. Da die Übertragung ausschließlich durch Kleiderläuse erfolgt, mussten alle Zugänge der Anstalt beim Eintreffen entlaust und gebadet werden.

Professor Häßler erinnert sich an einen Vortrag von Dr. Kalabis zum Thema Fleck-Typhus, den dieser mit einem Scherz beendete.

„Ich empfehle, die Leibwäsche täglich zu wechseln, da sich die Läuse an das neue Milieu erst akklimatisieren müssen und deshalb am ersten Tag nicht beißen und somit die Krankheit nicht übertragen. Wir wissen, dass die Läuse am ersten Tag nicht beißen, ob dies aber auch immer die Läuse wissen, kann ich nicht garantieren.“

Dass dieses Ungeziefer in dieser Zeit immer ein Problem war, zeigte sich, als ein Kind auf die Kinderstation mit einem alten Beckengipsverband eingeliefert wurde. Beim Aufschneiden desselben fanden die Ärzte, dass sich darin Wanzen eingenistet hatten.

Auch die Kinder der Familie Häßler blieben nicht verschont. Die älteste Tochter brachte Kopfläuse mit und musste deshalb zur Entlausung auf eine entsprechende Station. Als sie entlassen wurde, fragte ihre jüngere Schwester sie: *„Hast du das Vieh noch?“*

Ebenfalls bedingt durch die Nachkriegsverhältnisse hatten sich die Geschlechtskrankheiten stark ausbreiten können. Die sowjetische Militärverwaltung ordnete für alle Erkrankten eine Hospitalisierungspflicht an. Durch den Abzug der meisten Leipziger Kliniken waren in der Anstalt Hochweitzschen Betten frei geworden, die jetzt mit Patienten aus Leipzig, die an Gonorrhoe (eine durch Bakterien hervorgerufene sexuell übertragbare Erkrankung) erkrankt waren, belegt wurden.

Auch alle im Pflegeberuf tätigen Schwestern mussten sich in bestimmten Zeiträumen einer Untersuchung auf Gonorrhoe unterziehen. Dies betraf ebenfalls die Krankenschwestern in den Kinderabteilungen.

1948 nahm Professor Häßler an einem Treffen der Kinderärzte in Berlin teil.

Dort traf er mit Professor Schöbel zusammen, der die Säuglingsklinik in Chemnitz erbaut und geleitet hatte. Aus Altersgründen war er in den Ruhestand getreten. Allerdings wurde sein

Nachfolger, Dr. Strunz, entlassen und Professor Schöbel musste noch einmal die Leitung übernehmen. Er bot Professor Häßler an, sich um diese Stelle zu bewerben.

Dieser war interessiert und richtete ein entsprechendes Gesuch an den Rat der Stadt Chemnitz. Erst am Anfang des nächsten Jahres erhielt er ein Schreiben des Chemnitzer Kreisarztes mit der Aufforderung, sich vorzustellen. Er erfuhr, dass nicht nur die Leitung der Säuglingsklinik, sondern auch die Leitung des eigenständigen Kinderkrankenhauses am Zeisigwald zu besetzen wäre. Dieses Angebot war noch interessanter für ihn, da das Kinderkrankenhaus über Stationen für kleine Patienten aller Altersstufen verfügte.

An seinem 50. Geburtstag, am 22. April 1949, wurde Professor Häßler zu dem Ministerium nach Dresden bestellt und ihm wurde die Genehmigung erteilt, als Stadt-Obermedizinalrat die Leitung der Kinderklinik am Zeisigwald in Chemnitz zu übernehmen.

Die Kinderklinik in Hochweitzschen als eigenständige Klinik blieb bis 1996 bestehen. Ab 1. Januar 1997 wurde sie als Abteilung Pädiatrie dem HELIOS-Krankenhaus in Leisnig angegliedert.

In einer geräumigen Dienstvilla in Chemnitz bekam die Familie Häßler eine Wohnung.

Sein ehemaliger Kollege, der Oberarzt der Leipziger Kinderklinik, Dr. Siegfried Liebe, war nach fünf Jahren Abwesenheit wieder nach Leipzig zurückgekehrt und konnte sofort seine Arbeit als Oberarzt in der Kinderklinik aufnehmen. Aber die Verhältnisse an der Universität waren in dieser Zeit undurchsichtig und nach seinen eigenen Worten war es nicht zu erkennen, ob man als Schüler der alten Schule jemals an der Universität weiterkommen konnte. Die Bedenken bestanden, irgendwann ein „überalterter“ Oberarzt zu sein, der keine Perspektive mehr hatte.

Im Jahr 1946 trafen sich Prof. Häßler (ganz rechts) und Dr. Liebe (Mitte links) noch einmal an der Kinderklinik Leipzig

1949 übernahm Dr. Liebe die Leitung der Städtischen Säuglingsklinik Chemnitz.

Die Klinik lag unmittelbar neben der Städtischen Frauenklinik und der angeschlossenen Ambulanz für Kinder. Zu seinen Aufgaben gehörte auch die theoretische Ausbildung der Kinderkrankenschwestern – die praktische Ausbildung erfolgte an der Kinderklinik am Zeisigwald. Die Zusammenarbeit der Kliniken war gut, ebenso wie die Zusammenarbeit mit Professor Häßler.

Eingang der ehemaligen Kinderklinik

Heute befindet sich in diesem Gebäude (es gehört zum Klinikum Chemnitz gGmbH im Klinikkomplex Dresdner Straße 178) die Klinik für Psychiatrie, Psychotherapie und Psychosomatik des Kindes- und Jugendalters. Aus der ehemaligen Zeisigwald Kinderklinik wurde die Klinik für Kinder- und Jugendmedizin.

Aus seiner Chemnitzer Zeit blieb Dr. Liebe eine Geschichte in Erinnerung, die es damals sogar bis in das Sächsische Tageblatt vom 10. Dezember 1949 schaffte.

Er hatte einen kleinen schwerkranken Patienten mit Zöliakie (entzündliche Darmerkrankung durch Glutenunverträglichkeit).

Eines Tages kam ein Paket direkt für das Kind, gefüllt mit Bananen. Die Freude war groß, denn Bananen vertragen Kinder mit Zöliakie. Am nächsten Tag kamen drei Pakete und am dritten Tag rief die Post an, die Klinik sollte mit einem Leiterwagen kommen und die vielen Pakete für das Kind abholen. Alle Eisschränke (Kühlschränke gab es noch nicht) waren übervoll. Der Spender blieb unbekannt. Eine nette Schwester gab wohl unerlaubterweise ein paar Bananen für Liebes Sohn mit nach Hause. Persönlich erinnert sich dieser noch an das entsetzte Gesicht seiner Mutter, weil er keine Banane essen wollte.

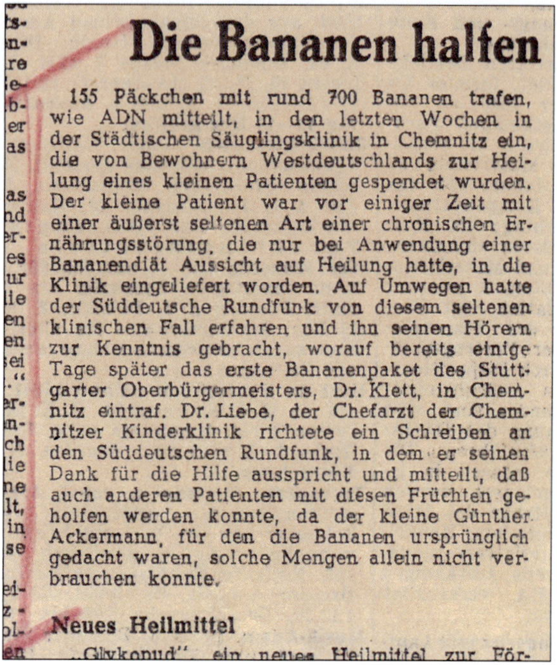

Die Bananen halfen

155 Päckchen mit rund 700 Bananen trafen, wie ADN mitteilt, in den letzten Wochen in der Städtischen Säuglingsklinik in Chemnitz ein, die von Bewohnern Westdeutschlands zur Heilung eines kleinen Patienten gespendet wurden. Der kleine Patient war vor einiger Zeit mit einer äußerst seltenen Art einer chronischen Ernährungsstörung, die nur bei Anwendung einer Bananendiät Aussicht auf Heilung hatte, in die Klinik eingeliefert worden. Auf Umwegen hatte der Süddeutsche Rundfunk von diesem seltenen klinischen Fall erfahren und ihn seinen Hörern zur Kenntnis gebracht, worauf bereits einige Tage später das erste Bananenpaket des Stuttgarter Oberbürgermeisters, Dr. Klett, in Chemnitz eintraf. Dr. Liebe, der Chefarzt der Chemnitzer Kinderklinik richtete ein Schreiben an den Süddeutschen Rundfunk, in dem er seinen Dank für die Hilfe ausspricht und mitteilt, daß auch anderen Patienten mit diesen Früchten geholfen werden konnte, da der kleine Günther Ackermann, für den die Bananen ursprünglich gedacht waren, solche Mengen allein nicht verbrauchen konnte.

Neues Heilmittel

„Glykopud", ein neues Heilmittel zur För-

Zeitungsausschnitt Sächsisches Tageblatt vom 10. 12. 1949

Die Geschichte blieb natürlich nicht folgenlos, das Krankenhaus und auch Dr. Liebe bekamen Schwierigkeiten, da die Bananen aus Westdeutschland kamen und der Verdacht bestand, dass jemand um Hilfe gebeten hatte. Es stellte sich jedoch heraus, dass ein Elternteil des kranken Kindes beim Rundfunk in Hamburg einen Journalisten kannte, der wohl aus dieser Tatsache eine Sendung gemacht und um Hilfe gebeten hatte.

Nach einiger Zeit in Chemnitz wurde Dr. Liebe bewusst, dass die ausschließliche Behandlung von Säuglingen keine Dauerlösung für ihn sein konnte. Er nahm 1950 das Angebot an, in

Erfurt eine Kinderklinik aufzubauen, die mit den übrigen Kliniken der Stadt zur Gründung der Medizinischen Akademie Erfurt beitragen sollte.

Am 1. Juli 1949 hatte Professor Häßler seine Stelle an der Kinderklinik am Zeisigwald angetreten.

Am 18. September 1949 wurde der Familie ihr Sohn Ortwin geboren. Trotz der zwischenzeitlichen Umbenennung der Stadt in Karl-Marx-Stadt blieb in seinen Ausweispapieren immer die Stadt Chemnitz als Geburtsort.

In der Zeit von September 1949 bis Ende 1950 brach in Chemnitz eine große Scharlach-Epidemie aus. Im Stadtgebiet wurden 1.394 Scharlacherkrankungen registriert. Für Scharlach bestand eine Hospitalisierungspflicht von sechs Wochen, und da nicht alle Erkrankten im Zeisigwaldkrankenhaus untergebracht werden konnten, mussten zwei Hilfskrankenhäuser eingerichtet werden. Ein niedergelassener Kinderarzt übernahm zur Unterstützung das Hilfskrankenhaus in Bernsdorf.

Bereits am 18. Mai 1949 hatte Professor Häßler an einer Dienstbesprechung des Ministeriums in Dresden teilgenommen, in welcher der Minister den teilnehmenden Ärzten eine größere Anwendungsmöglichkeit von Penicillin zugesagt hatte. Sie wurden aufgefordert, für die Penicillinbehandlung besondere Indikationen zu benennen. Der Dresdener Internist und Leiter des Infektionskrankenhauses Trachau, Dr. Schmeißer, schlug aufgrund einiger günstiger Einzelbeobachtungen vor, Penicillin zur Behandlung des Scharlachs zu testen. So erhielt Dr. Schmeißer für Erwachsene und Professor Häßler für Kinder vom Minister den Auftrag, Penicillin bei der Behandlung des Scharlachs zu testen.

Damit war Professor Häßler in der Lage, 525 der an Scharlach erkrankten Kinder mit Penicillin zu behandeln.

„Wenn wir damals auch noch viel zu niedrig dosiert hatten, so war der Erfolg doch überzeugend. Das erste Mal konnte ich Kinder nach 6 Tagen anstatt der damals gesetzlich vorgeschriebenen sechs Wochen nach Hause entlassen und dadurch die Krankenhausverweildauer um fünf Wochen verkürzen."

Auch die Häufigkeit von Scharlach-Komplikationen, Ohren- und Nierenerkrankungen, verringerte sich stark.

Professor Häßler veröffentlichte in der Zeitschrift Kinderärztliche Praxis 1950, S. 132–136 den Artikel „Die Penicillinbehandlung des Scharlach" und berichtete im gleichen Jahr auf der Kinderärztetagung der Deutschen Demokratischen Republik in Leipzig, die vom 13. bis 15. April 1950 unter der wissenschaftlichen Leitung von Professor A. Peiper stattfand, über seine Ergebnisse. Sein Vortrag wurde mit großer Skepsis aufgenommen und die Behandlung zum Teil auch scharf abgelehnt. Heute ist sie die Methode der Wahl bei der Behandlung des Scharlachs bei Kindern.

Bereits am 20. Februar 1950 stellte der Städtische Obermedizinalrat Friedrich auf einer Ratssitzung des Rates der Stadt Chemnitz seinen Gesundheitsbericht für die Zeit vom 29. Januar bis 4. Februar 1950 vor. Er berichtete, dass auf den Infektionsabteilungen der Städtischen Krankenhäuser 91 Diphtherie-, 265 Scharlach-, 12 Kinderlähmungs-, 8 Typhusabdom-, 9 Keuchhusten- und 569 Tuberkulose-Kranke aufgenommen worden waren. Insbesondere zeichnet sich der Scharlach durch hohe Zugangsziffern aus. Zwei Scharlachtodesfälle – Knaben im Alter von sechs Jahren verstarben infolge von Endocarditis – seien zu erwähnen. Trotzdem sah die damalige Landesbehörde keinen Anlass zur Besorgnis, da alle Erkrankungen leichter Natur seien.

Aber bereits in den Ratssitzungen vom 25. September 1950 und vom 9. Oktober 1950 wurde in den Wochenberichten des Gesundheitsamtes vermerkt, dass die Anzahl der Scharlacherkrankungen „stark ansteigend“ sei. Aus diesem Grund könne der Räumungstermin des Kinderheimes Bernsdorf, das als Hilfskrankenhaus zur Unterbringung von Scharlachfällen eingerichtet worden war, nicht gehalten werden. Ein Ausnahmeantrag zwecks Verlängerung sollte vom Oberbürgermeister Müller erneut gestellt werden.

Problematisch hatte sich auch eine vorübergehende Stockung der Lieferung von Penicillin erwiesen. Aber bereits in der Ratssitzung vom 30. Oktober 1950 musste Professor Häßler ein anderes Problem ansprechen – Eltern wollten wegen einer grundsätzlichen Abneigung gegen Spritzen ihre Kinder nicht penecillieren lassen. Die Ärzte bevorzugten jetzt vorwiegend eine Kurzbehandlung von drei Tagen Penecillierung und neun Tagen Beobachtung, danach konnten die Kinder so weit als möglich in die häusliche Quarantäne entlassen werden. Allerdings hatte es sich als notwendig erwiesen, in Auerswalde eine Rückfälligenstation einzurichten.

Im gleichen Jahr, am 10. Dezember 1950, sprach Professor Häßler auf der Sitzung der Gesellschaft für Kinderheilkunde an der Universität Leipzig, Tochtergesellschaft Dresden, über „Die Beziehungen des Scharlachs zum rheumatischen Formenkreis“. Er berichtete über Fälle an seinem Kinderkrankenhaus, dass parallel mit der Zunahme des Scharlachs nicht nur eine deutliche Zunahme von Glomerulonephritis, sondern auch von Krankheiten des rheumatischen Formenkreises (Polyarthritis, Carditis und Chorea minor) auf das Neunfache gegenüber dem Durchschnitt der Vorjahre festgestellt wurde. Im Anschluss an sichere Scharlachfälle traten bei Kindern im Alter von fünf bis vierzehn Jahren 18 Fälle schwerster Carditis und vier Fälle von Chorea minor auf. Er vertrat die Anschauung, dass durch Scharlach-Angina der Rheumatisierungsprozess bei konstitutionell disponierten Individuen gefördert werden könne.

1994 legte die Medizinerin Heidrun Elix ihre Inauguraldissertation zur Erlangung der Doktorwürde der Medizinischen Fakultät Carl Gustav Carus der Technischen Universität Dresden mit dem Thema „Die Entwicklung der Pädiatrie in Chemnitz/Karl-Marx-Stadt von den Anfängen bis 1989“ vor. Zu der Zeit der Scharlachepidemie 1949/1950 heißt es:

> An seine Stelle [gemeint Hugk] trat im Juli 1949 Erich Häßler (geb. 1899), der aus Leipzig kam und sich große Verdienste bei der Weiterentwicklung der Kinderklinik erwarb. Im Auftrag der sächsischen Landesregierung führte er die Penicillin-Behandlung des Scharlachs bei Kindern ein. Diese neue Therapiemethode sowie das von ihm entwickelte Schleusensystem führten dazu, daß die von September 1949 bis Februar 1950 auftretende Scharlach-Epidemie in Chemnitz mit gutem Ergebnis gemeistert werden konnte. Bei den mit Penicillin behandelten Kindern fanden sich eine deutliche Senkung der Mortalität und der Komplikationsrate sowie die Reduzierung der Krankenhausverweildauer um die Hälfte.

In seiner Chemnitzer Zeit wurde Professor Häßler von mehreren ärztlichen Organisationen, aber auch von anderen Dienststellen zum Besuch von Tagungen und zu Vorträgen eingeladen.

Es waren seine Forschungsgebiete, die Infektionskrankheiten und die Erkrankungen des Knochensystems, über die er immer wieder vortrug.

„Knochensystemerkrankungen im Kindesalter“
Vortrag vor der Kreisgruppe Ärzte des Gesundheitswesens im FDGB

„Die Beziehung des Scharlachs zum rheumatischen Formenkreis“
Tagung der Fürsorgeärzte, Fürsorgerinnen und Gemeindeschwestern in Zwickau

„Frühgeburtenschutz"
Arbeitstagung der Fürsorgerinnen in Chemnitz

„Zur Ätiologie und Therapie der Erythrodermie"
Medizinisch-Wissenschaftliche Gesellschaft für Dermatologie Leipzig, Tochtergesellschaft Chemnitz

„Zur Differentialdiagnose der Mediastinal Tumoren beim Kind"
Gewerkschaft Gesundheitswesen Sektor Ärzte Chemnitz

„Tuberkulose des Kindesalters"
Arbeitstagung der in der Tuberkulose-Bekämpfung tätigen Ärzte

„Über die geschlechtliche Erziehung der Kinder in der Familie"
Schulvortrag

Im Januar 1952 begann die Mitarbeit Professor Häßlers im Epidemiologischen Beirat Chemnitz.

Seit Oktober 1953 arbeitete er im Pädiatrischen Arbeitskreis mit, dessen Leitung er später übernahm.

Als Anerkennung empfand Professor Häßler es auch, dass ihm zwei Mal die Organisation und Leitung einer Tagung übertragen wurde. So die Tagung für Kinderheilkunde an der Universität Leipzig am 19. Februar 1952 in Freiberg und am 3. Oktober 1953 in Karl-Marx-Stadt. Auf beiden Tagungen hielt er auch einen Vortrag, in Freiberg unter dem Titel „Differentialdiagnose der Mediastinitis" und in Karl-Marx-Stadt „Die Bedeutung der Anti-Streptolysin-Reaktion".

Die Tagung in Karl-Marx-Stadt endete für die Ärzte mit einem gemeinsamen Ausflug auf die Augustusburg. Leider herrschte an diesem Tag ein starker Nebel und die Rückfahrt auf kurvigen Straßen blieb vielen in Erinnerung, da die Busfahrerin ihnen eröffnete, dass es ihre erste selbstständige Fahrt sei.

Auf Beschluss der DDR-Regierung wurde die Stadt Chemnitz am 10. Mai 1953 in „Karl-Marx-Stadt" umbenannt. Der durch Karl-Marx-Stadt fließende Fluss Chemnitz behielt allerdings seinen Namen, obwohl sein Kollege Dr. Hempel der Meinung war, es müsse jetzt korrekterweise auch „Karl-Marx-Bach" heißen.

Für Professor Häßler stand in seiner Chemnitzer Zeit fachlich nicht nur die Kinderklinik im Mittelpunkt. Er nahm die Tradition der Referierabende, begonnen in seiner Leipziger Zeit, wieder auf, die in seinem Haus stattfanden. Bei diesen Zusammenkünften wurden von den einzelnen Kollegen die nun wieder erscheinenden medizinischen Zeitschriften referiert.

Die von der Familie Häßler bewohnte Dienstvilla war ursprünglich das Wohnhaus für den Direktor der städtischen Nervenheilanstalt und steht an der nordöstlichen Ecke des Anstaltsgrundstückes, errichtet im Jahr 1907. Als ehemalige Direktorenvilla bot sie nicht nur ausreichend Platz für das Ehepaar Häßler und seine acht Kinder, in den unteren Räumen konnten die regelmäßigen Treffen mit seinen Kollegen stattfinden.

Nach dem Umzug der Familie Häßler nach Jena wollte die Stadt Chemnitz dieses Haus als Schwesternwohnheim umbauen. Später wurde es ein Kindergarten für die Kinder der Angestellten des Klinikums. Etwa seit Mitte der 90er-Jahre war es eine psychotherapeutische Station und nach 2000 ist dieses Haus Nr. 6 eine Sozialpsychiatrische Tagesklinik.

Auch nach fast 70 Jahren gibt es in diesem Haus eine Erinnerung an die Familie Häßler. Diese bezieht sich allerdings nicht auf die medizinischen Leistungen von Professor Häßler, sondern wird in einem Satz zusammengefasst:

> *„Hier im Haus hat früher mal ein Chefarzt gewohnt, der hatte im Keller Ziegen oder Schafe."*

Ehemaliges Wohnhaus der Familie Häßler
Heute Sozialpsychiatrische Tagesklinik

Von besonderer Schönheit waren in der Erinnerung von Prof. Häßler die erzgebirgischen Weihnachtsfeiern innerhalb der Kinderklinik, die Ausgestaltung der Stationen und die Überraschungen für die Kinder.

Am 21./22. April 1951 fand in Jena eine Tagung der Kinderärzte Thüringens statt. Hier wurde Professor Häßler von Professor Ibrahim herzlich begrüßt, nicht ahnend, dass er einmal sein Nachfolger an der Jenaer Kinderklinik werden würde. Zusammen mit einigen Kollegen feierte er seinen 52. Geburtstag auf dem Fuchsturm in Jena.

Für den 18. Dezember 1951 hatte der Kinderarzt Dr. Eckardt zu einem Treffen der Kinderärzte aus Süd-West-Sachsen nach Plauen eingeladen. Im kleinen Kreis verbrachten die Kinderärzte ein paar anregende wissenschaftliche Stunden, begleitet von der Besichtigung der Kinderabteilung in Plauen-Syrau. Warum ihm dieses Zusammentreffen im Gedächtnis blieb – als er nach Hause kam, sagte seine Frau zu ihm: *„Sieh einmal, was dort im Körbchen liegt."* Familie Häßler hatte einen weiteren Sohn, er wurde auf den Namen Wingolf getauft.

Auch in dieser Zeit war die Ernährungslage immer noch unzureichend. Aus diesem Grund hielt die Familie Häßler sich Hühner, Kaninchen, eine Ziege, die Milch gab, und noch zwei Schafe. Ruth Häßler hatte sich ein Spinnrad anfertigen lassen, verspann die selbst geschorene Wolle und fertigte daraus Socken für ihren Mann und andere nützliche Kleidungsstücke für die Kinder an. Natürlich mussten die Kinder helfen, die Tiere zu versorgen. Im Herbst gehörte dazu auch das Sammeln von Kastanien im Garten. Die jüngste der Töchter hatte ihren Korb fast voll, dann aber wieder leer. Auf die Frage ihrer Mutter, was sie denn mit den Kastanien gemacht habe, antwortete sie ohne Verlegenheit: *„Die habe ich alle für den Frieden verschossen."*

Die Kinder der Familie wuchsen heran. Die älteste Tochter Gudrun bewarb sich nach dem Abitur um einen Studienplatz für Landwirtschaft in Leipzig. Bis auf die beiden jüngsten Söhne, die noch nicht schulpflichtig waren, besuchten alle anderen die Ludwig-Richter-Schule.

Die finanzielle Lage der Familie besserte sich, da Professor Häßler zunächst eine Leistungszulage erhielt und auch die Erlaubnis zum Abhalten von Privatsprechstunden. Allerdings musste die Familie sich nach einer neuen Wohnung umsehen, da die Stadt Chemnitz die von ihnen bewohnte Villa dringend als Schwesternwohnheim benötigte.

Dazu sollte es aber nicht mehr kommen.

Zum 1. Oktober 1953 erhielt Professor Häßler den Ruf an die Kinderklinik Jena als Nachfolger von Professor Ibrahim. Dieser hatte die Kinderklinik 1917 begründet und bis zu seinem Tod geleitet.

Die Medizinerin Heidrun Elix schrieb in ihrer Inauguraldissertation als Zusammenfassung der Leistungen von Professor Häßler in Chemnitz:

„Unter Häßler entstand an der Kinderklinik eine Ambulanz, deren Einrichtung mehrfach verbessert wurde und die bei der Bevölkerung sehr beliebt war. Es konnten ein neues Laboratorium und im Jahre 1952 eine Aufnahmestation geschaffen werden. Im Zuge der Umgestaltung wurde die Milchküche neu gebaut und die Herstellung von Heilnahrung aus Buttermilch eingeführt. Besonderes Gewicht legte Häßler auf die Ausbildung von Kinderkrankenschwestern, da bisher das mittlere medizinische Personal vorwiegend aus der Erwachsenenkrankenpflege kam. Nach fünf Jahren erfolgreicher Tätigkeit wurde Häßler nach Jena an die dortige Universitätskinderklinik als Ordinarius berufen".

Professor Häßler wurde im Festsaal des Zeisig-Krankenhauses festlich verabschiedet. Von der Stadt erhielt er als Geschenk ein Ölgemälde mit dem Titel „Teich im Park", welches die Stadt auf einer Ausstellung zur Förderung junger Künstler erworben hatte.

Zusammen mit dem Aquarell „Leisnig an der Mulde" aus Hochweitzschen hingen diese beiden Bilder in seinem Arbeitszimmer.

DIE JENAER ZEIT
(1953–1965)

Als Professor Häßler 1949 die Leitung der Kinderklinik in Chemnitz übernommen hatte, war er der Meinung, dass dies eine endgültige Lebensstellung für ihn sei.

Aber die Verhältnisse an den Krankenhäusern Anfang der 50er-Jahre waren oftmals durch Veränderungen geprägt. Bereits im März 1950 erhielt er eine Anfrage, ob seinerseits Interesse bestehen würde, die Chefarztstelle der neu eingerichteten Kinderklinik in Erfurt zu übernehmen. Er lehnte ab. Es wurde Professor Liebe nach Erfurt berufen und der Leipziger Assistent Dr. Knopf übernahm die Chemnitzer Säuglingsklinik.

Im Dezember 1951 folgte eine weitere Kontaktaufnahme für einen Wechsel, diesmal aus Rostock. Der Dekan der Medizinischen Fakultät, Professor Robert Mark, forderte ihn auf, für die Nachfolgebesetzung des ärztlichen Leiters der Kinderklinik – den verstorbenen Professor Karl Stolte –, seinen Lebenslauf und eine Liste seiner bisherigen wissenschaftlichen Arbeiten einzusenden. Sein Name stand mit auf der erstellten Vorschlagsliste. Abschließend berufen für diese Stelle wurde Professor Fritz Thoenes aus Magdeburg. Auch er war 1923 bis 1927 Assistent an der Leipziger Kinderklinik unter Professor Bessau gewesen.

In der damaligen Zeit war es noch üblich, dass bei der Besetzung eines Lehrstuhles an einer Universität alle Lehrstuhlinhaber in beiden Teilen Deutschland befragt wurden, wer ihrer Meinung nach für eine Neubesetzung infrage käme. Daraufhin fertigte die jeweilige Fakultät eine Berufungsliste mit zwei bis drei Kandidaten mit einer Rangfolge an. Das Ministerium berief dann in der Regel aufgrund dieser Liste einen Nachfolger.

Am 10. April 1953 erhielt Professor Häßler vom Dekan der Universität Jena ein analoges Schreiben mit der Aufforderung zur Einreichung seiner Unterlagen, da er wiederum auf die Berufungsliste aufgenommen worden war. In Jena war die Stelle des Lehrstuhls für Kinderheilkunde neu zu besetzen.

Bereits im Jahre 1916 hatte die Medizinische Fakultät Jena den Senat beauftragt, an der Universität einen Lehrstuhl für Kinderheilkunde zu errichten. Begründet wurde dies damit, dass außer den Universitäten Jena, Tübingen und Bonn alle deutschen Universitäten einen Lehrstuhl für Kinderheilkunde besaßen. Es hatte sich zu einer Folgerichtigkeit entwickelt, die Kinderheilkunde von der Inneren Medizin zu trennen.

Am 2. November 1917 war die offizielle Anerkennung des „Kinderkrankenhauses der Carl-Zeiss-Stiftung" und zugleich Universitäts-Kinderklinik und Poliklinik erfolgt. Als erster Direktor und Inhaber des neu geschaffenen Lehrstuhls für Kinderheilkunde war Professor Jussuf Ibrahim berufen worden. Er kam von der Universität Würzburg und hatte diese Berufung angenommen, da er neben einem persönlichen Ordinariat an der Alma Mater Salana zugleich Chefarzt und Verwaltungsleiter in Personalunion werden konnte. Gleichzeitig erhielt er eine Zusage, die ihm persönlich sehr wichtig war, dass die ursprüngliche Behandlungsgrenze für Kinder bis zum Alter von fünf Jahren entfallen würde.

Jussuf Murad Bey Ibrahim war ein ägyptisch-deutscher Kinderarzt mit deutscher Staatsangehörigkeit. Die Kinderheilkunde hatte seinen Lebensweg bestimmt. Bereits 1904 habilitierte er in Heidelberg mit seiner Arbeit „Die angeborene Pylorusstenose im Kindesalter" als Erster für Pädiatrie. In den nachfolgenden Jahren beschäftigte er sich vor allem mit Möglichkeiten, die immer noch hohe Säuglingssterblichkeit zu bekämpfen. Seine Antrittsvorlesung in Jena hielt er unter dem Titel „Über die Mütter". Als Kinderarzt und Hochschullehrer wirkte er von 1917 bis 1953 in Jena.

Am 3. Februar 1953 starb Professor Jussuf Ibrahim.

Am 27. Mai 1953, anlässlich seines 76. Geburtstages, beschlossen der Rektor und Senat der Friedrich-Schiller-Universität, der Universitäts-Kinderklinik (Kinderkrankenhaus der Carl-Zeiss-Stiftung) den Namen „Jussuf-Ibrahim-Kinderklinik" zu verleihen.

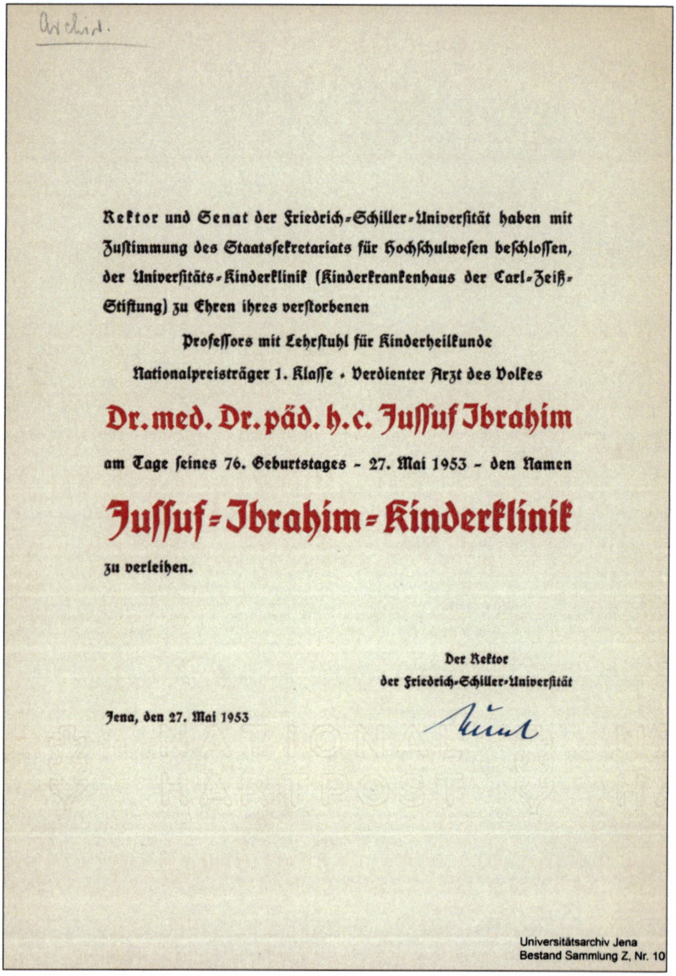

Rektor und Senat der Friedrich-Schiller-Universität haben mit Zustimmung des Staatssekretariats für Hochschulwesen beschlossen, der Universitäts-Kinderklinik (Kinderkrankenhaus der Carl-Zeiß-Stiftung) zu Ehren ihres verstorbenen

Professors mit Lehrstuhl für Kinderheilkunde

Nationalpreisträger 1. Klasse · Verdienter Arzt des Volkes

Dr. med. Dr. päd. h. c. Jussuf Ibrahim

am Tage seines 76. Geburtstages - 27. Mai 1953 - den Namen

Jussuf-Ibrahim-Kinderklinik

zu verleihen.

Der Rektor
der Friedrich-Schiller-Universität

Jena, den 27. Mai 1953

Universitätsarchiv Jena
Bestand Sammlung Z, Nr. 10

Namensverleihung „Jussuf-Ibrahim-Kinderklinik"

Der 1917 neu geschaffene Lehrstuhl für Kinderheilkunde war durch die finanzielle Unterstützung der Carl-Zeiss-Stiftung ermöglicht worden. Von Seiten dieser Stiftung hätte man 1953 als Nachfolger von Professor Ibrahim einen Ibrahimschüler bevorzugt und wandte sich zunächst an Professor Hans-Rudolf Wiedemann. Dieser hatte 1941 bei Ibrahim promoviert und war bis 1945 Assistant Professor für Pädiatrie an der Friedrich-Schiller-Universität Jena. Aber er lehnte ab. Er war seit 1946 Assistant Professor für Pädiatrie an der Rheinischen Friedrich-Wilhelms-Universität zu Bonn und wollte nicht wieder nach Jena und damit zurück in die DDR kommen.

In ihrer Sitzung am 8. Juli 1953 hatte die Medizinische Fakultät dem Staatssekretariat für Hochschulwesen eine Vorschlagsliste für die Neubesetzung des Lehrstuhls für Pädiatrie übergeben. An erster Stelle werden genannt (primo et unico loco):

» Prof. Dr. Josef Dieckhoff, Direktor der Universitätskinderklinik Halle,
» Prof. Dr. Erich Häßler, Direktor der Kinderklinik im Krankenhaus Zeissigwald, Karl-Marx-Stadt.

An zweiter Stelle wird genannt:
Dozent Dr. med. habil. S. Liebe, Direktor der städtischen Kinderklinik in Erfurt.

In der Begründung für Professor Häßler heißt es:

„Herr Prof. Dr. Fritz Otto Erich Häßler (geb. 1899) war Assistent von Bessau und Catel in Leipzig und war gleichzeitig leitender Arzt der Poliklinik der Universitätskinderklinik Leipzig in den Jahren 1932–1945. Er ist jetzt Chefarzt des städtischen Krankenhauses Zeisigwald in Karl-Marx-Stadt. Prof. Häßler besitzt eine langjährige Erfahrung als Hochschullehrer. Die Liste seiner bisher veröffentlichten wissenschaftlichen Arbeiten umfasst gegen 45 Publikationen.“

Der Rektor der Friedrich-Schiller-Universität Jena entschied sich für Professor Häßler.

Mit Wirkung vom 16. Oktober 1953 wurde er zum Professor mit Lehrstuhl für das Fach Kinderheilkunde und Direktor der Kinderklinik (Jussuf-Ibrahim-Klinik) an der Medizinischen Fakultät der Friedrich-Schiller-Universität Jena ernannt.

> *„Ich spreche diese Ernennung aus in der Erwartung, daß Herr Prof. Dr. Häßler die ihm hiermit übertragenen Aufgaben in tiefem Verantwortungsbewußtsein gegenüber der Deutschen Demokratischen Republik zuverlässig erfüllt und das Vertrauen rechtfertigt, welches ihm hierdurch bewiesen wird.*
> *Unterzeichnet Geßens, HA.– Leiter und Stellvertreter des Staatssekretärs“*

Anlässlich dieser Berufung war Erich Häßler am 9. Juli 1953 beim Ministerium in Berlin und schrieb dazu noch am gleichen Tag an seine Frau in Karl-Marx-Stadt:

> *„... Es ging alles ganz schnell. Mir wurde einfach, ohne jede Bedingung die Berufung nach Jena ausgesprochen und gewünscht, daß ich möglichst bald, am liebsten am 1. Oktober, anfangen soll. ... Ich kann es noch gar nicht fassen – mir ist noch, als wäre alles ein Traum! Am liebsten würde ich Dich gleich einmal umarmen!“*

Sein Dienstantritt hatte sich auf den 15. Oktober 1953 verschoben, da er bereits vorab zugesagt hatte, in Karl-Marx-Stadt die geplante Tagung der Sächsisch-Thüringischen Kinderärzte durchzuführen.

Seine Antrittsvorlesung in Jena stand unter dem Thema der vorbeugenden Gesundheitsfürsorge. Damit zeigte Professor Häßler, dass er bestrebt war, die Bemühungen und Aktivitäten seines Vorgängers Professor Ibrahim als Arzt und Wissenschaftler sich zu eigen zu machen und fortzuführen.

Privat bedeutete diese Berufung für die Familie Häßler, in Jena eine geeignete Wohnung zu finden. Seine Frau wollte gern ein Eigenheim erwerben, um zu einem späteren Zeitpunkt nicht noch einmal umziehen zu müssen. Ein Makler bot ihnen ein Wohnhaus im Mädertal an. Die Lage, ziemlich weit oben auf einem der Jenaer Berge, dazu ein großer Garten, empfand die Familie als „einzig schön". Allerdings war das Haus ursprünglich ein Gartenhaus gewesen, insgesamt nur drei Zimmer waren etwas zu eng für eine Familie mit acht Kindern. Ein Anbau wurde geplant. Aber das Glück stand auf ihrer Seite, denn das Nachbarhaus sollte ebenfalls verkauft werden und der geplante Anbau konnte zu einem Zwischenbau zwischen den beiden Häusern umfunktioniert werden.

Professor Häßler sah sich in einer zweigeteilten Situation. Auf der einen Seite die Jenaer Kinderklinik, auf der anderen Seite seine Familie.

Schon nach seiner Ankunft in Jena war ihm klargeworden, dass die räumlichen Verhältnisse der Kinderklinik, besonders der Poliklinik, nicht mehr dem gegenwärtigen Stand der medizinischen Betreuung entsprachen.

Die Kinderklinik hatte trotz der Bombenangriffe auf Jena keinen Schaden genommen. Die Stiftungsbetriebe wurden in das Volkseigentum übernommen, aber es erfolgte keine Änderung am Stand der Stiftung. Als Professor Ibrahim starb, hatte die Kinderklinik 144 Betten (bei Aufnahme des Klinikbetriebes 1917 waren es 50 Betten gewesen), von denen 24 für Kinder mit infektiösen Krankheiten vorgesehen waren.

Professor Häßler wusste, dass Professor Ibrahim schon Baupläne für einen Umbau der Kinderklinik hatte zeichnen lassen und dass der im Interregnum eingesetzte Dozent Oberarzt Dr. Helmut Patzer in einer Denkschrift an die Fakultät auf die bestehenden Missverhältnisse hingewiesen hatte. Aber dabei war es bis 1953 geblieben. Es war Professor Häßler klar, dass er als Nachfolger dieser „berühmten Persönlichkeit Ibrahim“ wohl noch lange in dessen Schatten stehen würde.

Professor Helmut Patzer schrieb in seiner Rede zum 90. Geburtstag Professor Häßlers dazu:

> 1953 folgten Sie dem Ruf nach Jena auf den Lehrstuhl für Kinderheilkunde als Nachfolger Ibrahims. Ihnen war zweifellos bewußt, daß die Besonderheit Ihrer Aufgabe darin bestand, eine Klinik zu übernehmen, die 35 Jahre lang unter der Leitung ein und desselben Chefs gestanden hatte, der im Empfinden weiter Kreise der Bevölkerung zur großen Vaterfigur geworden war.

So zeigte sich am Anfang von Professor Häßlers Tätigkeit, dass ihm nur wenige junge Mitarbeiter zur Seite standen und dass sich bei einigen älteren Ärzten und Schwestern eine gewisse Renitenz zeigte. Die langjährige Dominanz von Professor Ibrahim ließ sich nicht so schnell durch neue Maßnahmen und Änderungen überbrücken – niemand gibt gern alte Vorrechte und auch Macht auf. Professor Ibrahim war von 1923 bis 1953 Leiter der Kinderklinik gewesen und hatte als Kinderarzt einen legendären Ruf. 1947 wurde er zum Jenaer Ehrenbürger ernannt, 1949 erhielt er die Auszeichnung als Verdienter Arzt des Volkes und 1952 den Nationalpreis Erster Klasse der DDR.

Aber die weitere Entwicklung der Kinderklinik lag jetzt in der Verantwortung von Professor Häßler. Dr. Patzer hatte der Carl-Zeiss-Stiftung sehr wohlbegründete Forderungen vorgelegt, damit das Kinderkrankenhaus zu einem modernen Klinikum werden konnte.

1. Zusammenlegung der Verwaltung des Therapeutikums und der Klinik
2. Schaffung eines Isolierhauses, unter Umständen durch Benutzung des Therapeutikums
3. Erweiterungsbau der Poliklinik, Einrichtung eines Stations-, Aufnahme- und Untersuchungszimmers
4. Einbau einer Frühgeburtenstation
5. Einrichtung eines großen, modernen Laboratoriums mit Nebenräumen
6. Neubau eines Hörsaales
7. Schaffung eines Wohnheimes für Schwestern
8. Einrichtung einer wissenschaftlichen Bibliothek
9. Erneuerung und Technisierung der Wäscherei

Professor Häßler unterstützte diese Forderungen von Anfang an und machte sie zu seiner eigenen Sache. In seiner „Denkschrift über die notwendigen baulichen Veränderungen der Jussuf Ibrahim-Klinik (Universitäts-Kinderklinik)“ betonte er,

> *„... daß an der Einrichtung des Kinderkrankenhauses seit 1917 nichts wesentlich geändert worden sei, durch die Zunahme der Zahl und die Veränderung der sozialen Struktur der Bevölkerung sowie durch den Fortschritt der medizinischen Wissenschaft und ferner durch die erhebliche Zunahme der Studentenzahl die Aufgaben der Anstalt aber enorm gewachsen seien. So seien Zustände entstanden, die nicht mehr vertreten werden könnten.“*

Es gab keine besondere Abteilung für Frühgeburten, zum Teil wurden sie auf der Säuglingsstation aufgenommen, aber nicht selten wurden frühgeborene Kinder auch in die Universitätskinderklinik Leipzig überwiesen. Es fehlte ein Infektionshaus, und besonders die räumlichen Verhältnisse der Ambulanz waren nicht mehr tragbar. So mussten beispielsweise die Räume des Laboratoriums als Warteraum für die Patienten benutzt werden. Und für die steigende Anzahl an Studenten war der alte Hörsaal mit 80 Plätzen viel zu klein.

In ihrer Dissertation zur Erlangung des medizinischen Doktorgrades der Medizinischen Fakultät der Friedrich-Schiller-Universität Jena beschrieb Frau Uta Kley die Forderungen Professor Häßlers:

> *„Aus diesen Gründen forderte HÄSSLER den Bau einer Kinderambulanz für eine tägliche Besucherzahl von etwa 100 bis 150 Patienten, mit Fachabteilungen zumindest für Augen-, Ohren- und Zahnarzt, selbständige Röntgeneinrichtungen, Laboratorien und besonderen Räumen für vorbeugenden Gesundheitsschutz wie Mütterberatung und Dauerimpfstelle. Weiter sollten eine Aufnahme- und Isolierstation im ersten Stock der Ambulanz mit zwei Abteilungen zu je 20 Betten und im zweiten Stockwerk der Ambulanz eine weitere Isoliermöglichkeit von etwa 10 Betten für fliegende Infektionen eingerichtet werden. Eine zu errichtende gesonderte Frühgeburtenstation sollte ebenfalls aus zwei Abteilungen zu je 20 Betten für infizierte und nichtinfizierte Frühgeburten bestehen. Zuletzt wurden der Bau eines neuen Hörsaals, die Erweiterung der Wirtschaftsräume und Laboratorien und die Schaffung einer neuen Bibliothek als notwendig aufgeführt.“*

Aber Professor Häßler hatte auch eine Familie, eine Frau und acht Kinder.

Der Zeit gehorchend hatte die Familie Häßler in Karl-Marx-Stadt eine größere Menge Koks eingelagert, auf die sie nicht verzichten wollte und die mit nach Jena ziehen sollte. In ihrem Garten hatten sie eine Reihe von Obstbäumen und Beerensträuchern gepflanzt. Teilweise waren diese Gehölze schon von Hochweitzschen nach Karl-Marx-Stadt umgezogen und jetzt sollten sie natürlich auch mit nach Jena kommen. Unglücklicherweise fiel der ältere Sohn zum Zeitpunkt des Umzuges aus, da er eine Beinverletzung hatte, und so grub die älteste Tochter Gudrun alle Bäume und Sträucher aus und bereitete sie für den Umzug vor.

Am 1. Dezember 1953 erfolgte der Umzug der Familie nach Jena. Die jüngeren Kinder konnten eine Zeit lang bei befreundeten Familien, bei Frau Ibrahim, Professor Kuntzen und Familie Keinert, wohnen. Ihr Mobiliar wurde auf einen Möbelwagen mit Anhänger geladen. Auf ihn kamen neben den Möbeln der Familie auch deren Tiere – zwei Schafe, eine Ziege mit zwei Ziegenböckchen und Hühner, die in einem hölzernen Hühnerstall untergebracht wurden. Das Fahrzeug hatte auf der Autobahn bei Meerane einen Achsenbruch, eine Ersatzachse konnte nach Auskunft einer Werkstatt erst von einem Autofriedhof besorgt werden. Da die Tiere aber gefüttert und vor allem auch gemolken werden mussten, fuhr die Tochter Reingard nach Meerane zurück und kümmerte sich um die Tiere.

Zwei Tage später war der Möbelwagen in Jena, aber der Transportleiter erklärte, dass, bedingt durch die schlechten Straßenverhältnisse und die schwierige Zufahrt im Mädertal die Entladung an der Ecke Magdelstieg – Döbereiner Straße stattfinden müsse [Anm.: Die Entfernung von der Kreuzung bis zum Wohnhaus betrug ca. 900 m, aber es geht stetig bergauf]. Dort lagerte dann der gesamte Hausrat der Familie unbewacht auf der Straße, bis alles per Hand in ihr Haus gebracht werden konnte. Dies dauerte mehrere Tage, und da die Transportarbeiter in dieser Zeit auch versorgt werden mussten, wurden die beiden Ziegenböckchen geschlachtet.

Es war Winter. Die Tiere wurden zusammen in einem kleinen Stall untergebracht, die Bäume und Sträucher eingegraben, trotzdem erfroren einige; die mitgenommenen Kohlen blieben im Freien liegen, die mitgenommenen Kartoffeln wurden in einer Miete im Garten eingegraben und ein Teil der Möbel musste eingepackt auf dem offenen Balkon stehen bleiben.

Eine andere Schwierigkeit bestand darin, dass die Familie des zweiten erworbenen Hauses nicht ausziehen konnte, da die Stadt ihnen keinen Wohnraum zur Verfügung gestellt hatte. In dieser Situation war es Frau Ruth Häßler, der der Geduldsfaden riss. Sie nahm alle acht Kinder und ging mit ihnen zum Oberbürgermeister Fritz Kunst. Als Erstes warf dieser alle Kinder aus seinem Amtszimmer, musste aber dann feststellen, dass in der

Wohnungsangelegenheit der Familie Häßler tatsächlich noch nichts unternommen worden war. Mit Unterstützung von Frau Häßler gelang nun ein Ringtausch von sieben Familien und das zweite Haus wurde von der dort lebenden Familie geräumt. Inzwischen war es November 1954.

Dass die Familienverhältnisse von Professor Häßler im Mädertal nicht unbekannt blieben, zeigt eine Karikatur, die seine Studenten in einer Zeitung, erschienen im Rahmen eines Medizinerballs, veröffentlichten.

Prof. Häßler mit seinen kleinen Patienten und seinem Zicklein

Noch im Jahr 1953 galt es für Professor Häßler, Antrittsbesuche abzustatten: beim Rektor der Universität, beim Bevollmächtigten der Carl-Zeiss-Stiftung, bei den Fakultätsmitgliedern.

Vom Rektor, Professor Hämel, der als Direktor der Hautklinik auch ein Fakultätskollege war, wurde er sehr freundlich empfangen. Auch der Direktor der Frauenklinik, Professor Döderlein, begrüßte ihn herzlich. Gleichzeitig lud er ihn ein, am nächsten Tag mit nach Klosterlausnitz zu fahren, um gemeinsam eine Veranstaltung der dort untergebrachten gynäkologischen Abteilung zu besuchen.

Dagegen war der Empfang durch den Generaldirektor der Zeisswerke und Bevollmächtigten der Zeiss-Stiftung, Dr. Hugo Schrade, äußerst reserviert. Der Grund war, dass dieser erwartet hatte, dass sich die Universität mit ihm über die Nachfolge von Prof. Ibrahim abstimmen würde, denn das Krankenhaus war weiterhin eine Einrichtung der Zeiss-Stiftung. Und dies beinhaltete auch, dass alle Unkosten von dieser getragen wurden. Die Gehälter zahlte zwar die Universität, aber wie Professor Ibrahim erhielt sein Nachfolger eine zusätzliche Vergütung von 500,00 Mark monatlich von der Zeiss-Stiftung.

Prof. Häßler in der Kinderklinik vor dem Gemälde Prof. Ibrahims

Natürlich wurde auch von Professor Häßler ein „offizielles" Foto gemacht, das im Hörsaal der Kinderklinik in der Kochstraße hing, bis diese 2016 als Klinik für Kinder- und Jugendmedizin am UKJ nach Jena Lobeda umzog. Hier hängt es zusammen mit den Bildern sämtlicher ehemaliger hauptamtlicher Direktoren im zentralen Besprechungsraum der Klinik.

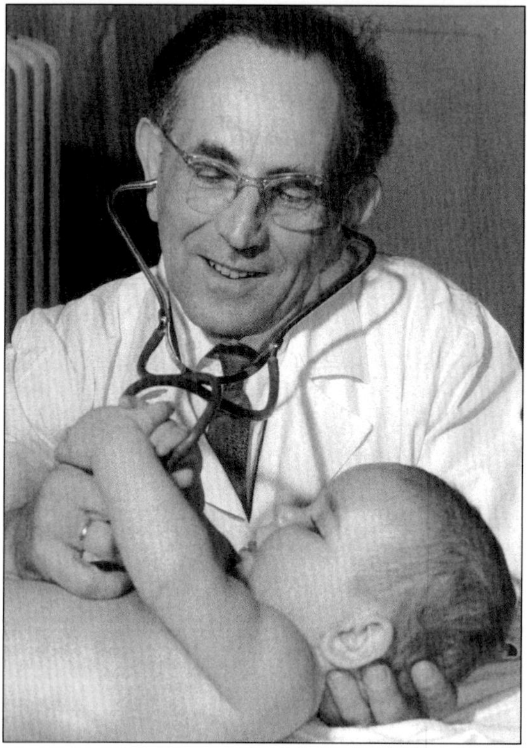

Prof. Häßler als Direktor der Jenaer Kinderklinik 1953–1965

Gleich zu Beginn seiner Tätigkeit in Jena erhielt Professor Häßler von der Deutschen Akademie der Wissenschaften zu Berlin ein Schreiben, in dem ihm mitgeteilt wurde, dass er von der Akademie zum Mitglied der Sektion für Geburtshilfe und Säuglingsfürsorge berufen worden sei.

Die Deutsche Akademie der Wissenschaften (AdW) zu Berlin war die bedeutendste Forschungsinstitution der DDr. Angegliedert an die AdW war eine Reihe von Instituten, Einrichtungen, Kommissionen und Unternehmungen. Dazu zählte auch das Institut für Medizin und Biologie, ein außeruniversitäres Forschungsinstitut in Berlin-Buch.

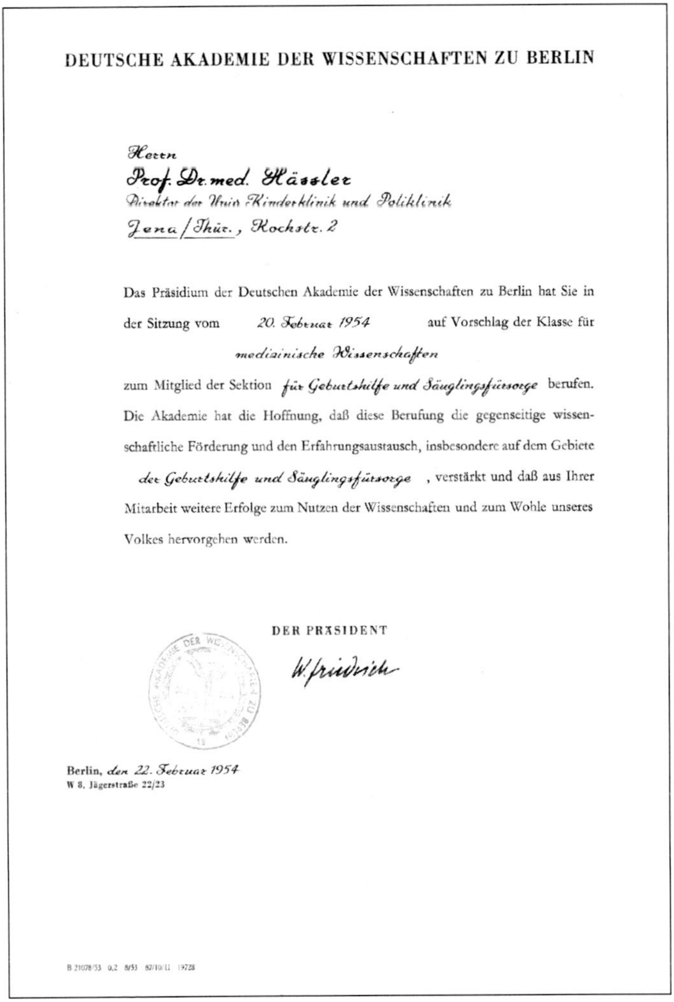

DEUTSCHE AKADEMIE DER WISSENSCHAFTEN ZU BERLIN

Herrn
Prof. Dr. med. Hässler
Direktor der Univ. Kinderklinik und Poliklinik
Jena/Thür., Kochstr. 2

Das Präsidium der Deutschen Akademie der Wissenschaften zu Berlin hat Sie in der Sitzung vom 20. Februar 1954 auf Vorschlag der Klasse für medizinische Wissenschaften zum Mitglied der Sektion für Geburtshilfe und Säuglingsfürsorge berufen. Die Akademie hat die Hoffnung, daß diese Berufung die gegenseitige wissenschaftliche Förderung und den Erfahrungsaustausch, insbesondere auf dem Gebiete der Geburtshilfe und Säuglingsfürsorge, verstärkt und daß aus Ihrer Mitarbeit weitere Erfolge zum Nutzen der Wissenschaften und zum Wohle unseres Volkes hervorgehen werden.

DER PRÄSIDENT
W. Friedrich

Berlin, den 22. Februar 1954
W 8, Jägerstraße 22/23

B 21078/53 0,2 8/53 87/10/11 19728

Verleihung AdW, Geburtshilfe

Außer Dr. Patzer hatten alle habilitierten Mitarbeiter schon zu Lebzeiten Professor Ibrahims oder kurz nach seinem Tode Jena verlassen oder die Klinik gewechselt. Aus Karl-Marx-Stadt folgte Professor Häßler die Kinderärztin Frau Dr. Karla Schönfeld.

Frau Dr. Schönfeld hatte eine Jenaer Vergangenheit – sie promovierte bereits 1940 an der Friedrich-Schiller-Universität mit ihrer Arbeit „Infektionsquellen tuberkulinpositiver Schulkinder in sechs thüringischen Dörfern". In den Jahren 1952 bis 1954 arbeitete sie in der Kinderklinik am Zeisigwald Karl-Marx-Stadt, die unter der Leitung von Professor Häßler stand. Im März 1953 erhielt sie ihre Anerkennung als Fachärztin für Kinderheilkunde.

Nachdem Professor Häßler zum 1. Oktober 1953 den Ruf an die Kinderklinik in Jena erhielt, folgte Dr. Schönfeld ihm 1954 als Oberärztin. Aber bereits 1957 wurde sie als leitende Ärztin der Kinderfachabteilung der Krankenanstalten nach Freiberg berufen. Dass sie hier sehr zielstrebig bemüht war, die Kinderklinik zu einer funktionstüchtigen stationären Kinderabteilung zu entwickeln, verdankte sie neben ihrer eigenen fachlichen Kompetenz auch dem Einfluss von Professor Häßler. Es ist das in der Zeit ihrer Zusammenarbeit erworbene Wissen um medizinische Richtlinien, die speziell zur Behandlung von Kindern wichtig sind.

Dr. J. von Löbbecke, der 1976 ihre Nachfolge als Chefarzt der Kinderklinik antrat, formulierte in Gedenken an MR Dr. Schönfeld so ihr Ziel:

> *„Ein Kind ist niemals ein kleiner Erwachsener und bedarf im Falle einer stationären Krankenhausaufnahme der Behandlung und besonderen Betreuung durch einen Kinderarzt sowie Säuglings- und Kinderkrankenschwestern in einem speziellen Kinderkrankenhaus."*

Mit Professor Häßler und seiner Familie blieb Dr. Schönfeld bis zu ihrem Tod in persönlicher Freundschaft verbunden. Zu jedem seiner Geburtstage im April traf sich der „Chemnitzer

Kreis“ oder, wie Häßler es selbst nannte, „seine Chemnitzer Familie“, das waren ehemalige Ärzte mit ihren Familien, im Mädertal in Jena. Zu diesen Besuchen wurde ein Wimpel in den Farben Blau-Gelb mit der Aufschrift „Familia Chemnitziensis“ mitgebracht und auf dem Tisch aufgestellt [Anm.: Die Farben der Flagge der Stadt Chemnitz sind Blau und Gold oder Gelb].

Diesen Wimpel hatte Frau Inge Flechsig genäht. Ihr Mann, Dr. Werner Flechsig, hatte in Leipzig studiert und 1945 sein Studium mit der Doktorarbeit unter dem Titel „Coronarinsuffiziens und Aorteninsuffiziens“ abgeschlossen. Er kam 1949 an die Kinderklinik in Chemnitz und wurde unter Professor Häßler zum Oberarzt ernannt. Als dieser nach Jena berufen wurde, übernahm Dr. Flechsig kommissarisch die Klinik, bis 1955 Dr. Hans Christoph Hempel die Leitung der Klinik übernahm.

Ebenfalls an der Kinderklinik Chemnitz unter Professor Häßler wirkte Herr Dr. Werner Kohlmann, Facharzt für Kinderkrankheiten.

„Neu“ in diesem Chemnitzer Kreis waren Herr Dr. Eike Hofmann und seine Frau Antje, obwohl sie nie gemeinsam mit Häßler in der Chemnitzer Kinderklinik gearbeitet hatten. Dr. Hofmann hatte seine Promotion 1959 an der Humboldt-Universität Berlin mit seiner Arbeit „Über den Einfluss peripher applizierter Kälte auf den artiellen Blutdruck und das Elektrokardiogramm“ abgeschlossen. Erst im Jahr 1961 kam er nach Jena und Ende 1962 in die Kinderklinik. Hier arbeitete er bis 1969, zuerst unter Professor Häßler, danach unter Professor Plenert, und er warb 1966 die Anerkennung als Facharzt für Kinderheilkunde. 1969 übernahm er die Chefstelle der Kinderabteilung am Kreiskrankenhaus Mittweida. Es kam aus einem ganz einfachen Grund zu einer „Aufnahme“ in den Chemnitzer Kreis. Er wurde gebeten, Frau Dr. Schönfeld aus Freiberg abzuholen, da deren von Freunden als „genialer Fahrstil“ bezeichnete Weise, ein Auto zu führen, nicht mehr für eine selbständige Fahrt nach Jena geeignet war. Familie Hofmann wurde zu einem Bestandteil der Chemnitzer Familie und sie waren gern gesehene Gäste im Mädertal.

April 1970
Links Fam. Dr. Appelt, Rechts Fam. Häßler, Frau Flechsig, Fam. Dr. Kohlmann davor kniend Dr. Schönfeld

April 1993
Fam. Dr. Kohlmann, Fam. Häßler, dahinter Fam. Dr. Hofmann

Auch nach dem Tod einzelner Mitglieder des Kreises blieb die Freundschaft erhalten.

Die Zusammenarbeit mit der Zeiss-Stiftung entwickelte sich für Professor Häßler und seine Kinderklinik erfreulich.

Ihm zur Seite stand jetzt ein Verwaltungsbeamter, Herr Tilch, mit dem er alle die Zeiss-Stiftung betreffenden Angelegenheiten, also z. B. den Haushaltsplan, besprechen konnte. Tilch war, nach seinen eigenen Aussagen, *„ein älterer, sehr exakter, um nicht zu sagen pedantischer Verwaltungsbeamter"*. Aber er war sachlich begründeten Forderungen beim Prinzip größter Sparsamkeit durchaus zugänglich.

So eröffnete er Professor Häßler sehr bald, dass die Zeiss-Stiftung beschlossen hatte, einen Verwaltungsleiter einzustellen. Eine solche Stelle gab es bis dahin an der Klinik nicht, denn die Verwaltungsarbeit wurde vom Klinikleiter, von der Oberin und einer Bürokraft erledigt. Auch die Stelle einer Sekretärin wurde geschaffen.

Jetzt hatte Professor Häßler zwar einen Verwaltungsleiter und eine Sekretärin, aber für beide keine Arbeitsräume, und auch die Situation der Ärzte in der Kinderklinik blieb prekär.

Das Chefarztzimmer sah in seiner Erinnerung aus wie ein Weihnachtszimmer – vollgestopft mit Kinderspielsachen. Mithilfe seiner Frau sortierte er aus, nur ein Teil der Spielsachen (Puppenwagen, Puppenstube und ein Teddybär) durfte bleiben, um die kleinen Patienten von den Untersuchungen abzulenken. Im Gegenzug wurden die Bilder der eigenen Kinder aufgehängt und in die Fenster kamen Blumentöpfe. Durch eine Tür mit dem Chefarztzimmer verbunden war ein größerer Raum, in welchem die wissenschaftliche Bibliothek untergebracht war. In diesem Raum arbeitete jetzt die Sekretärin, Fräulein Eisenberg, und hier wurden auch die Anamnesen für die Neuzugänge aufgenommen.

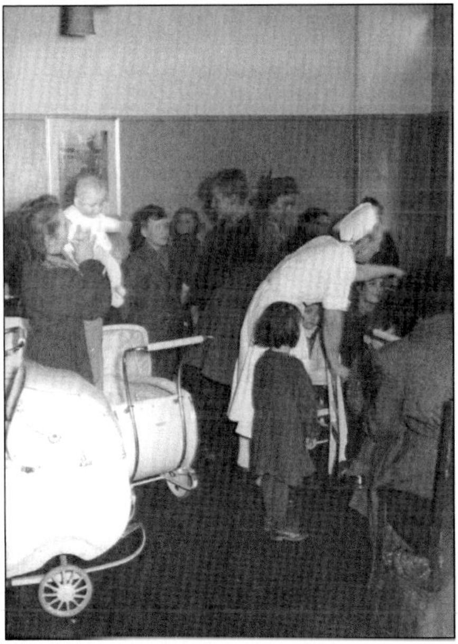

Wartezimmer der Kinderklinik, Anfang der 50er-Jahre

Noch aus ihrer Gründungszeit führten die meisten der Räume der Kinderklinik besondere Namen, z. B. Säuglingsheim, die dem jetzigen Verwendungszweck nicht mehr gerecht wurden. Professor Häßler ließ alle Räume durchnummerieren und veranlasste mit Zustimmung der Zeiss-Stiftung, dass die Krankenräume und auch die Dienstzimmer helle und freundliche Anstriche bekamen.

In den Jahren 1919 bis 1925 war Dr. Johann Hajo Wilhelm Duken Assistenzarzt an der Universitäts-Kinderklinik Jena. Er war seit 1923 Professor Ibrahims Oberarzt und agierte als Initiator der Kinder-Tuberkulose-Klinik, genannt Therapeutikum, Jena. Von Frau Ibrahim als ihr „Häusle“ bezeichnet, hob sie dessen Bedeutung zur Bekämpfung der Kindertuberkulose in der Kinderklinik unter der Leitung von Professor Ibrahim hervor.

In seiner Publikation in der Klinischen Wochenzeitschrift Nr. 40 (1. Oktober 1923) schreibt Dr. Duken:

> *„Anstalten dieser Art haben wir in Deutschland bisher nicht gehabt, und da die neue Klinik in den Rahmen einer größeren Organisation gestellt worden ist und der Versorgung tuberkulöser Kinder aus Großthüringen, also aus einem weiteren Bezirk dient, bietet sie ein Interesse für die Kinderfürsorge überhaupt und für die Frage der Tuberkulosebekämpfung im besonderen.“*

An der Krankheit Tuberkulose – der blutige Husten – hat die Menschheit schon immer gelitten, und es ist eine der fatalsten Krankheiten. Und zu fast allen Zeiten sah man einen Zusammenhang zwischen der Tuberkulose und den Lebensbedingungen der Menschen. Beschreibungen der Krankheit und ihrer Behandlung kennt man aus jeder Zeitepoche, aber erst die Entdeckung des die Krankheit verursachenden Bazillus durch Robert Koch und die Entwicklung des BCG-Impfstoffes erlaubten eine Heilung und führten, neben der zunehmenden Verbesserung der Lebensbedingungen, dazu, die Ausbreitung zu verhindern.

Professor Häßler musste allerdings erkennen, dass, als er nach Jena kam, nur ein relativ kleiner Teil der Neugeborenen mit dem BCG-Impfstoff immunisiert wurde, obwohl sich am gleichen Ort das Hans-Knöll-BCG-Institut befand.

1950 wurde das Pharmaunternehmen VEB Jenapharm gegründet. Der Arzt Hans Knöll wurde dessen Direktor. Er setzte sich für die Produktion von Penicillin und anderen Medikamenten, darunter den Tuberkuloseimpfstoff BCG, ein – eine wichtige Entscheidung, denn nach dem Krieg wurde dieser wegen der steigenden Anzahl an Tuberkulosefällen dringend benötigt. In Jena entstand auf dem Beutenberg als erstes Gebäude das BCG-Institut. Bis 1990 wurde dort der gesamte Bedarf der DDR an BCG-Impfstoff produziert.

Professor Häßler hatte sich bereits in seiner Zeit unter Professor Bessau in Leipzig, der dieser Krankheit große Bedeutung beigemessen hatte, ebenfalls damit beschäftigt. Jetzt gliederte er das Therapeutikum als Station in die Kinderklinik ein und erreichte durch Vorträge und die Zusammenarbeit mit dem BCG-Institut eine Impfbeteiligung von 90 Prozent.

Da die Kinder im Therapeutikum sehr lange verbleiben mussten (sogenannte Langlieger), gab es für sie einen besonderen Lehrer, Herrn Dr. Bescherer, dem ein eigener Schulraum zur Verfügung stand. Unter dem Titel „Sonderschuleinrichtungen an Krankenanstalten – ein Beitrag zur Arbeitstherapie bei tuberkulosekranken Kindern" publizierte er in der Zeitschrift für Tuberkulose Band 112 (1957), H. 3-4, S. 167–179 seine Erfahrungen zu den verschiedenen Formen der kindlichen Arbeitstheorie, insbesondere die komplizierten Schulverhältnisse, dargelegt am Beispiel des Therapeutikums der Jussuf-Ibrahim-Kinderklinik. Seine Übersicht zeigte, dass von 1925 bis 1956 fast 1.100 Schüler unterrichtet wurden und deren Heilung von psychischer und sozialer Seite damit auf vielfältige Weise unterstützt wurde.

Als das Therapeutikum als Station in die Kinderklinik eingegliedert wurde, machte Professor Häßler ihm allerdings klar, dass es auch in anderen Stationen Langlieger gab, die einen Unterricht benötigten.

Die Betreuung der Patienten im Therapeutikum unterlag Schwester Paula. Auch für sie standen Änderungen an. Während der Chefarztvisiten musste Professor Häßler oftmals auf die Entlassung von genesenen Kindern drängen, die Schwester Paula gern noch länger gepflegt hätte. Aber es bestand Bettennot, auch für Tuberkulose-Kranke.

Er betonte immer wieder die ausgezeichneten pflegerischen Qualitäten von Schwester Paula. Später verlegte er oftmals Kinder mit Anorexia nervosa zu ihr, die auf anderen Stationen nicht genügend zunahmen. Sie übernahm diese Patienten gern und mit einem gewissen Stolz brachte sie die Kinder zu einem guten Gewichtsansatz.

Auch Oberarzt Dozent Dr. Patzer hatte einen größeren Teil der Klinikbetten mit Langliegern, Spastikern, belegt. Er war zu diesem Zeitpunkt der einzige Facharzt an der Kinderklinik und befasste sich mit der neuromotorischen und psychosozialen Entwicklung sowie der Förderung behinderter Kinder. In diesem Umfang konnte aber Professor Häßler die Auslastung mit Langliegern auch für dieses spezielle Arbeitsgebiet nicht länger akzeptieren, die Betten wurden für Akut-Kranke und auch für Patienten, die in der Vorlesung vorgestellt werden sollten, benötigt. Bis zu dem Wechsel in der Leitung der Klinik hatte Dr. Patzer die Hauptvorlesung gehalten, nunmehr war es die Domäne von Professor Häßler.

1957 wurde Dr. Patzer zum Professor für Kinderheilkunde an der Universität Jena ernannt. Zwei Jahre später folgte er einem Ruf an die Medizinische Akademie Erfurt (MAE). Er wurde der Nachfolger von Professor Liebe und hatte bis zu seiner Emeritierung im Jahr 1984 die Leitung der Kinderklinik inne.

Zwischen den beiden Professoren Häßler und Patzer war ein gegenseitiges Verständnis entstanden. Dies drückte Professor Patzer auch in seiner Rede zum 90. Geburtstag Professor Häßlers aus:

Ihnen war ganz sicher auch bewußt, daß die Pädiatrie, die Sie hier in Jena zu vertreten und zu lehren hatten, inzwischen eine andere geworden war als die aus Ihrer Zeit an der Leipziger Universitäts-Kinderklinik.
Mit Respekt gegenüber Ihrem Vorgänger und auch gegenüber der Carl-Zeiss-Stiftung als Trägerin der Kinderklinik, aber mit klarem Blick für das gegenwärtig Notwendige, haben Sie diese in mehrfacher Sicht schwierige Aufgabe gemeistert. Es kam in dieser Zeit nicht in erster Linie auf Vordringen in wissenschaftliches Neuland an, sondern auf die Profilierung der klinischen und poliklinischen Alltagsarbeit durch Einführung neuer diagnostischer und therapeutischer Möglichkeiten und Methoden.

Es kamen jüngere Ärzte und Krankenschwestern an die Kinderklinik und bald bestand um Professor Häßler eine geschlossene Gemeinschaft.

Trotz aller Bauvorbereitungen blieb die ärztliche Versorgung seiner kleinen Patienten der Mittelpunkt seiner Verantwortung.

Vom 6. bis 10. September 1954 fand in Rom die III. Internationale Poliomyelitis Konferenz statt. Die spinale Kinderlähmung war in den 50er-Jahren noch stark verbreitet, es gab keine wirksamen Bekämpfungsmaßnahmen.

Vom Staatssekretär für Hochschulwesen hatten mehrere Kinderärzte die Genehmigung zur Teilnahme an dieser Konferenz erhalten. Professor Häßler war als Delegationsleiter bestimmt worden.

Der Delegation war vorgeschrieben worden, den Reiseweg von der DDR über die Tschechoslowakei und Österreich nach Italien zu nehmen. Die Durchreisevisa für die Tschechoslowakei wurden ihnen zugestellt; um Genehmigungen für die Durchreise durch Österreich und den Aufenthalt in Italien hatten die Ärzte sich selbst bei den Behörden zu kümmern. Nachdem alle die Antragsformulare in fünffacher Ausführung ausgefüllt hatten, fuhr Professor Häßler nach Westberlin auf die österreichische Botschaft. Es war ein Wochentag, aber alle Türen waren verschlossen. Auf seine Frage antwortete der Pförtner *„Aber heute ist doch Feiertag – Fronleichnam."* [Anm.: Fronleichnam wird in Österreich am 60. Tag nach Ostern gefeiert, d. h. 1954 war es der Donnerstag, 17. Juni 1954].

Da Professor Häßler aber nur die Anträge abgeben wollte, nahm der Pförtner sie mit der Bemerkung in Empfang: *„Sie müssen jetzt nach Wien geschickt werden, dort bearbeitet werden und kommen wieder zurück. Das sollte bis September zu schaffen sein."*

Weniger Glück hatten die Kinderärzte aus anderen Städten.

Oberarzt Dr. Hempel aus Karl-Marx-Stadt reichte die Unterlagen erst im August ein – keine Chance, sie bis zum Reisetermin zurückzuerhalten. Die Antwort eines Beamten zeigte einen anderen Weg auf: *„Wenn Sie mir 3 Mark West geben, kann ich die Papiere per Express schicken."* Und auf Hempels Frage, ob er sich darauf verlassen könne: *„Wenn die Formulare nicht pünktlich zurück sind, bin ich berechtigt, die Genehmigung selbst auszustellen."*

Nur Professor Häßler erhielt aufgrund seiner Verdienste die Genehmigung, zusammen mit seiner Ehefrau zu diesem Kongress zu reisen. Es sollte für alle Beteiligten eine unvergessliche Reise werden. Dies nicht nur vom wissenschaftlichen Standpunkt aus, sondern vor allem durch die Erlebnisse an diesen Tagen.

Da sie keine zusätzlichen Devisen erhalten hatte, sorgte Ruth Häßler mit reichlich Proviant vor. Unter anderem hatte sie 30 Hühnereier gesammelt und gekocht und für alle verfügbaren Fleischmarken Wurst und Speck eingekauft. Da sie außerdem nicht immer Makkaroni essen wollte, hatte sie sich auch mit zehn Pfund Kartoffeln eingedeckt.

Gemeinsam fuhren alle Ärzte mit dem Zug in Richtung Prag los. Es gab eine Verspätung, der Anschlusszug nach Prag wurde verpasst, sie mussten mehrere Stunden warten, den ersten Hunger konnte Ruth Häßler mit ihren Vorräten bei allen stillen.

Dann erreichten sie die Grenze nach Österreich und erfuhren, da sie durch die Verspätung mit einem anderen Zug gefahren waren, dass ein Zuschlag gezahlt werden musste. Da aber keiner der Ärzte Geld in der entsprechenden Währung besaß, wurde ein umfangreiches Protokoll aufgesetzt und der Kondukteur eröffnete ihnen, dass diese Angelegenheit der österreichischen Bahnverwaltung zur Klärung mit der Deutschen Reichsbahn vorgelegt werden würde – keiner der Ärzte hörte je wieder etwas von einer Bahnbehörde.

Mehrere Stunden Aufenthalt in Wien folgten, ohne Geld, um etwas Essen und Trinken zu kaufen. Dr. Hempel äußerte nach seiner Heimkehr, er sei vor Neid erblasst, als er einen Hund eine Wurst verzehren sah. Am Abend trafen sich alle am Bahnhof, gegen Morgen sollte der Zug fahren. Der Bahnhof war abgeschlossen, aber ein freundlicher Stationsvorsteher gab ihnen den Schlüssel, sodass sie sich in den schon bereitstehenden Zug setzen konnten. Und als Krönung ihres Wien-Aufenthaltes empfanden sie es, als der Stationsvorsteher ihnen am Morgen einen großen Obstkorb brachte, den ein anderer Fahrgast in der Bahn vergessen hatte.

Noch eine Umsteigestation in Italien folgte, keiner konnte sich verständigen, aber der richtige Anschlusszug nach Rom wurde erreicht. Allerdings war es inzwischen Sonntag geworden. Keiner der Ärzte hatte italienisches Geld erhalten, nur Kreditbriefe, und die Banken waren an diesem Tag natürlich geschlossen.

Nach all den Anstrengungen folgten interessante Tage mit wissenschaftlichen Vorträgen und Klinikbesichtigungen. Von fast allen teilnehmenden Ärzten wurde übereinstimmend betont, dass die Poliomyelitis nur schwer bekämpfbar sei und in allen Ländern als gefürchtete Krankheit gelte.

Die Heimreise traten alle Ärzte der Delegation einzeln an. Erich Häßler und seine Frau nutzten die Möglichkeit, privat noch die Städte Florenz und Venedig zu besuchen.

Bereits am 7. November 1953 hatte im Hörsaal der Jenaer Kinderklinik eine Sitzung der Medizinisch-Wissenschaftlichen Gesellschaft für Kinderheilkunde an der Friedrich-Schiller-Universität stattgefunden. Sie begann mit einer Feierstunde für die verstorbenen Vorsitzenden Professor Ibrahim und Dr. Mittelstädt (Gera). Auf dieser Sitzung wurde Professor Häßler zum 1. Vorsitzenden dieser Gesellschaft gewählt.

In den ersten Jahren nach dem Zweiten Weltkrieg gab es an den wiedereröffneten Universitäten Deutschlands noch keine Möglichkeiten, lokale oder auch überregionale wissenschaftliche Vereinigungen zu bilden. Erst Ende der 40er-Jahre änderte sich diese Situation. Am 13. Mai 1949 fand erstmalig eine Sitzung der „Medizinisch-Wissenschaftlichen Gesellschaft für Kinderheilkunde an der Universität Leipzig" statt. Sie wurde die Nachfolge der „Vereinigung Sächsisch-Thüringer Kinderärzte", eine bereits im Jahr 1908 gegründete Vereinigung.

Solche lokal gegründeten Vereinigungen gab es an mehreren Universitäten und Hochschulen, es waren die in der Nachkriegszeit erlaubten wissenschaftlichen Vereinigungen. Erst 1954 hielten die Medizinisch-Wissenschaftlichen Gesellschaften für Kinderheilkunde an den Universitäten Leipzig und Jena und 1955 auch diejenige der Universität Halle ihre Jahrestagungen gemeinsam ab.

Die Jahrestagungen der Sächsisch-Thüringischen Kinderärzte konzentrierten sich im Laufe der Zeit immer mehr auf ausgewählte Schwerpunkte. Im Jahr 1955 berichteten Professor Häßler und Dr. Hempel über die von ihnen besuchte Poliomyelitiskonferenz in Rom.

Im nächsten Jahr, 1955, begannen die Planungen für einen großzügigen Neu- und Erweiterungsbau der Poliklinik. Nach längeren Verhandlungen hatte sich Frau Ministerin Matern vom Gesundheitsministerium bereit erklärt, die Kosten in Höhe von 3,2 Millionen Mark zu übernehmen. Aber statt des von Professor Häßler gewünschten Neubaus wurde nur ein Anbau an das alte Poliklinikgebäude genehmigt und die Unterbringung des geforderten Frühgeborenenhauses mit den benötigten Isolierstationen musste im gleichen Gebäude erfolgen. Professor Häßler schwebte eigentlich ein eigenes Frühgeborenenhaus vor, so wie es Professor Peiper in Leipzig hatte bauen lassen. Aber Dr. Schrade von der Zeiss-Stiftung gab das hierfur geeignete Gelände in der Ibrahim-Straße nicht frei, da der VEB Zeiss plante, an dieser Stelle ein eigenes Gebäude zu errichten. Außerdem sollte aus Kostenersparnis kein grundsätzlicher Neubau, sondern nur ein Anbau an das Haus der alten Poliklinik errichtet werden.

Die Bauarbeiten für den Anbau begannen mit einer Baumfällaktion an der Westbahnhofstraße.

Zu dieser Zeit hatte der ältere Sohn von Professor Häßler, Wieland, sein Medizinstudium begonnen. Der jüngste Sohn, Wingolf, erlebte das Fällen der Bäume sowohl beim Klinikbau als auch beim eigenen Hausbau mit und fragte nun den älteren Bruder Wieland.

Wingolf:	*Was willst du denn einmal werden?*
Wieland:	*Nun Arzt!*
Wingolf:	*Und was denn für ein Arzt?*
Wieland:	*Was für Ärzte gibt es denn?*
Wingolf:	*Es gibt Medizinärzte, richtige Ärzte und Chefärzte.*
Wieland:	*Was ist denn da für ein Unterschied?*
Wingolf:	*Der Medizinarzt verschreibt Rezepte. Der richtige Arzt schneidet den Bauch auf und der Chefarzt fällt Bäume.*

Allerdings stellte sich während der Bauarbeiten heraus, dass die alte Poliklinik, die aus ungebrannten Ziegeln errichtet war, für einen Anbau ungeeignet erschien und somit abgerissen werden musste. Es entstand an der Westbahnhofstraße ein neues Gebäude. Die Unterbringung der Frühgeborenenstation ließ sich auf diese Weise doch in befriedigender Weise lösen. Auch seine Forderungen, innerhalb der neuen Poliklinik Abteilungen für die Chirurgie, die Ohr- und Augenheilkunde zu schaffen, wurden voll berücksichtigt. Es wurde eine vollständige Poliklinik und daneben entstanden auch eine Röntgenabteilung, Laboratorien und eine EEG-Abteilung.

Am 23. August 1957 konnte die Richtkrone gesetzt werden und im Winter 1959/1960 wurden die Inneneinrichtungen installiert.

1957, Prof. Häßler auf der Baustelle

1960 war der Neubau vollendet. Der Klinikbetrieb war während der gesamten Bauzeit aufrechterhalten worden.

Die Einweihung der neuen Kinderklinik konnte am 25. Februar 1960 stattfinden. Professor Häßler hielt die Festrede und nahm im Namen aller am Entstehen des Poliklinik-Neubaus

Beteiligten viele persönliche Glückwünsche und Glückwunschschreiben entgegen. Auch Frau Ibrahim schloss sich mit guten Wünschen an.

> *„... meine heutigen Wünsche sind nur ein Ausdruck dessen, was für den Namensträger der Kinderklinik von jeher Lebensinhalt war: Opferbereitschaft, Bescheidenheit, selbstloser Arbeitseinsatz kennzeichnen einzig und allein den guten Mitarbeiter in der Klinik.*
> *... Möge dieser gute Geist auch in dem Neubau eine Heimat haben und in einer vom Frieden geschützten Welt wirken können."*

Das Thüringer Tageblatt Nr. 123/1958 hatte bereits zum Tag des Kindes am 1. Juni 1958 einen Artikel von Professor Häßler veröffentlicht, in dem er den Lesern diese neue Poliklinik vorstellte.

Zum Tag des Kindes am 1. Juni

Die neue Kinderpoliklinik in Jena

Von Prof. Dr. E. Häßler, Direktor der Jussuf-Ibrahim-Kinderklinik

In der Westbahnhofstraße in Jena geht das Gebäude der neuen Kinderpoliklinik seiner äußeren Vollendung entgegen. Nach Fertigstellung der Inneneinrichtung soll es eine vorbildliche Stätte für die Behandlung und Gesunderhaltung unserer Kinder sein. Die neue Poliklinik wird zunächst einmal zur Untersuchung kranker oder krankheitsverdächtiger Kinder dienen.

Die meisten Erkrankungen im Kindesalter sind aber im Gegensatz zu den Erkrankungen der Erwachsenen Infektionskrankheiten, d. h. also ansteckende Krankheiten: Masern, Keuchhusten, Grippe, infektiöse Darmkatarrhe usw. Alle diese Kinder müssen deshalb isoliert behandelt werden, wenn sie andere Besuchen der Poliklinik nicht gefährden sollen. Schon am Eingang muß deshalb eine Voruntersuchung getroffen werden, und alle Patienten mit Verdacht auf eine ansteckende Krankheit werden auf die Infektionsseite in eine der zahlreichen Isolierboxen geleitet. In dieser findet dann gleich die ärztliche Untersuchung statt. Jede Isolierbox hat einen direkten Ausgang ins Freie, so daß die Räume der Poliklinik nicht wieder betreten zu werden brauchen.

Die nicht infektionsverdächtigen Kinder gehen von der Voruntersuchung in eine von den Infektiösen völlig abgeschlossene Abteilung und können hier in Ruhe untersucht und behandelt werden. Ist eine Röntgenuntersuchung nötig, so findet diese in der im 1. Stock gelegenen modernen Röntgenabteilung statt.

Da es sich bei der neuen Behandlungsstätte nicht nur um eine Ambulanz, sondern um eine Poliklinik handelt, so werden neben der inneren Kinderheilkunde auch Fachabteilungen für Augen-, Ohren- und Zahnkrankheiten sowie für Orthopädie und psychisch auffällige Kinder eingerichtet. Werden bei einem Kind bei der Allgemeinuntersuchung noch andere Schäden erkannt, so können sie gleich in demselben Gebäude einem Facharzt des entsprechenden Gebietes vorgestellt werden. Natürlich sind auch Laboratorien für die notwendigen Untersuchungen des Blutes, Stuhles und Urins usw. vorgesehen.

Besonders wichtig aber erschien, daß zur Untersuchung und Behandlung gesunder Kinder von der eigentlichen Poliklinik völlig getrennte Räume geschaffen wurden. Vorbeugen ist wichtiger als heilen. Damit darf aber keine Infektionsgefährdung verbunden sein. In diesen Räumen mit besonderem Eingang von der Kochstraße aus wird zunächst einmal die Mütterberatung stattfinden. Auch die Dauer-Impfstelle wird hier untergebracht werden. Gerade durch die vorbeugende Impfung nicht nur gegen Pocken, sondern besonders auch gegen Diphtherie, Tetanus, Keuchhusten und in Zukunft auch gegen Kinderlähmung, ist es möglich, unsere Kinder vor schweren Krankheiten, die früher viele Todesfälle verursachten, zu bewahren.

Muß nun ein Kind zur genauen Durchuntersuchung oder Behandlung aufgenommen werden, so kommt es im gleichen Hause auf die Aufnahme- bzw. auf die Isolierstation. Da nun bei der ersten Untersuchung in der Regel die verschiedenen Ursachen (Erreger) eines infektiösen Darm- oder Rachenkatarrhs nicht ermittelt werden können und erst das Ergebnis der bakteriologischen Untersuchung abgewartet werden muß, so ist auch auf Station für die ersten Tage eine weitgehende Isolierung notwendig. Infolgedessen muß auch die Aufnahmestation aus vielen Einzelräumen bestehen, in welchen nur ein oder höchstens zwei Kinder aufgenommen werden sollen.

Als dritte Station wird in diesem Hause eine moderne Frühgeborenen-Abteilung errichtet werden. Es ist nicht genügend bekannt, daß immerhin jedes 20. Kind ein Frühgeborenes ist. Diese kleinen Lebewesen sind noch sehr anfällig, besonders für infektiöse Darmkatarrhe und Erkrankungen der Atemwege. Eine nach modernen Gesichtspunkten eingerichtete Frühgeborenenstation muß deshalb pflegemäßig vom eigentlichen Kinderkrankenhaus völlig getrennt sein. Darum wird die Frühgeborenenstation nur durch einen besonderen Aufgang zu erreichen sein, und die Räume dürfen nur vom hier tätigen Pflegepersonal und behandelnden Arzt betreten werden. Auch werden die frühgeborenen Kinder ebenfalls in kleinen Einzelräumen untergebracht sein, um eine Weiterverbreitung doch bei einzelnen Kindern auftretender Infektionen zu vermeiden. Der für die meisten frühgeborenen Kinder benötigte Sauerstoff wird durch eine zentrale Leitung zugeführt. Auf diese Weise wird es möglich sein, viele dieser kleinen, stark gefährdeten Lebewesen zu erhalten.

Um aber alle diese Maßnahmen durchführen zu können, werden viele Mitarbeiter (Aerzte, Schwestern, med.-tech. Fachkräfte, Küchen- und Reinigungspersonal) benötigt, die bereit und willig sind, den anbefohlenen Pfleglingen nicht nur eine einwandfreie medizinische Behandlung, sondern auch größte Sauberkeit, eine gute Verpflegung und liebevolle mütterliche Pflege angedeihen zu lassen. Die moderne Heilkunde hat besonders unter dem Einfluß der Lehre Pawlows erkannt, daß zur Wiedergesundung unserer Kranken nicht nur wertvolle teure Medikamente vonnöten sind. Eine gute erzieherische Betreuung, die es versteht, bei den Kindern Freude zu erwecken und das Krankenhaus vergessen zu lassen, ist für den Heilerfolg gleich wichtig.

Selbstverständlich werden für die Durchführung dieser großen und schönen Aufgaben erhebliche finanzielle Mittel benötigt. Der Neubau unserer Poliklinik war deshalb nur durch die großzügige Unterstützung des Gesundheitsministeriums der Deutschen Demkratischen Republik möglich. Die laufenden Kosten der Jussuf-Ibrahim-Kinderklinik werden aber immer noch, soweit sie nicht durch die Beträge der Sozialversicherung gedeckt sind, von der Carl-Zeiß-Stiftung, d. h. von den Werktätigen der Erhalterbetriebe VEB Carl Zeiß, Schott und Jenapharm, getragen. Alle Mitarbeiter des Hauses sind sich in dem Gedanken einig, daß die Sorge für die Gesunderhaltung und glückliche Zukunft unserer Kinder eine der wichtigsten und vornehmsten Aufgaben der sozialistischen Gesellschaft ist. Mögen recht viele Mütter in den neuen Räumen das finden, was sie suchen: Eine liebevolle Betreuungs- und Behandlungsstätte ihrer erkrankten Lieblinge, die sie ihr ohne Sorge anvertrauen in dem Bewußtsein: Hier wird für mein Kind das denkbar Beste getan!

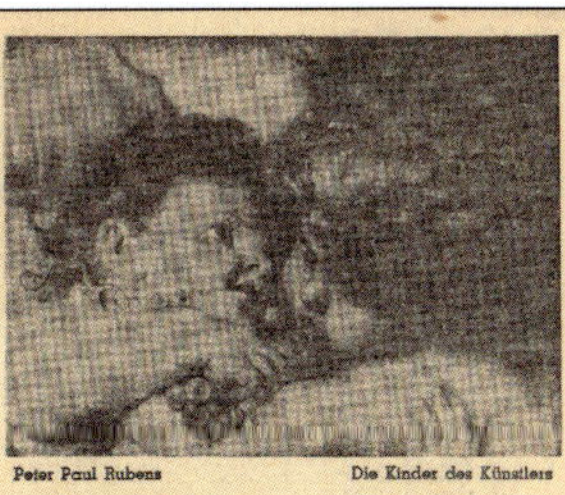

Peter Paul Rubens — Die Kinder des Künstlers

„Spielendes Kind" (Federzeichn.) von Vilma Vrbová Kotrbová

Die Prager Künstlerin wurde 1957 bei einem internationalen Wettbewerb um das beste Kinderbildnis, der in Australien stattfand, mit dem 1. Preis ausgezeichnet

In den Zeitraum November 1960 fiel auch die Vereinbarung zwischen der Carl-Zeiss-Stiftung und der Universität, die Umbenennung in „Universitäts-Kinderklinik und Poliklinik ‚Jussuf Ibrahim' (Carl-Zeiss-Stiftung)" vorzunehmen, da der bisher geführte Namen „Jussuf-Ibrahim-Kinderklinik" für Außenstehende nicht zum Ausdruck brachte, dass es sich um eine Universitäts-Kinderklinik handelte.

Aus diesem Grund schrieb Professor Häßler am 28. Januar 1960 einen Brief an den Rektor der Universität, Professor Schwarz, in dem er darauf verwies, dass die Klinik seit dem 27. Mai 1953 den Namen „Jussuf-Ibrahim-Kinderklinik" trage. Dieser Name würde aber für Außenstehende nicht zum Ausdruck bringen, dass es sich um eine Universitäts-Kinderklinik und um eine Poliklinik handelte. Gleichzeitig erschien ihm aber eine Namensgebung, die alle Träger berücksichtigen würde, als zu lang und damit unzweckmäßig: „Jussuf-Ibrahim-Kinderklinik" (Univ.-Kinderklinik und Poliklinik der Friedrich-Schiller-Universität (Kinderkrankenhaus der Carl-Zeiss-Stiftung)). Deshalb war sein Vorschlag:

> *„Magnifizenz,*
> *... Unsere Gesamteinrichtung soll in Zukunft nach meinem Vorschlag heißen:*
> *Universitäts-Kinderklinik und Poliklinik Jussuf Ibrahim (Carl-Zeiss-Stiftung)*
> *Ich darf um Ihre Stellungnahme und Bescheid baldmöglichst bitten, da unsere Eröffnung für den 23. 2. 1960 vorgesehen und die Bezeichnung an diesem Tage offiziell werden soll."*
> *Der Vorschlag zur Umbenennung wurde durch eine Vereinbarung zwischen der Carl-Zeiss-Stiftung und der Universität angenommen. Die Stadt Jena hatte jetzt eine Universitäts-Kinderklinik und Poliklinik Jussuf Ibrahim (Carl-Zeiss-Stiftung).*

Bereits Dr. Patzer hatte die Schaffung eines Isolierhauses, unter Umständen durch Benutzung des Therapeutikums der ehemaligen Kinder-Tuberkulose-Klinik, gefordert. Professor Häßler hatte dieses zunächst als Station in die Kinderklinik eingegliedert. Ebenfalls im Jahre 1960 begann die Umprofilierung des Therapeutikums zu einem Infektionshaus. Die Situation der immer kleiner werdenden Anzahl der Kinder, die an Tuberkulose erkrankten, hatte es ermöglicht, dass zwei Infektionsstationen eingerichtet werden konnten.

Alle Baumaßnahmen führten zu einer Erhöhung der Bettenzahl in der Kinderklinik auf rund 250 (im Vergleich: 1917 – 50 Betten, 1953 – 144 Betten).

Auch im Mädertal stand die Bautätigkeit im Vordergrund.

Der Bau ihres Hauses ging nur schleppend voran. Frau Haßler und die älteren Kinder arbeiteten mit, wo immer es möglich war. So hatte der älteste Sohn wohl mitgezählt, dass er über 1.000 Schubkarren Boden abgefahren hatte. Der jüngere Sohn Ortwin dagegen unterhielt sich gern mit den Bauarbeitern und klärte diese über seine Familienverhältnisse auf.

> *„Wir sind acht Geschwister und jeder von uns hat ein eigenes Bett. Nur Mutti und Vati schlafen zusammen in einem Bett."*

Private Baustelle im Mädertal

Erst Ende des Jahres 1955 wurde der Rohbau beendet, aber mit dem Innenausbau stand noch viel Arbeit bevor. Professor Häßler äußerte Jahre später einmal, wie sehr er anerkannt hatte, dass er durch seine Frau – gerade in seiner Anfangszeit in Jena – so viel Unterstützung erhielt. Es war für ihn eine anstrengende Zeit: einerseits der Bau ihres Hauses, andererseits die baulichen Veränderungen in und an der Kinderklinik, und natürlich der ärztliche Alltag.

Anlässlich des 78. Geburtstages von Professor Jussuf Ibrahim fand vom 26. bis 28. Mai 1955 in der Kinderklinik Jena ein gesamtdeutsches Treffen der „Ibrahim-Schwesternschaft" statt.

Jussuf Ibrahim hatte bereits in seiner Zeit als Assistent der Heidelberger Luisenheilanstalt der Ausbildung der Schwestern eine große Bedeutung beigemessen. Er erwartete von ihnen:

> *„die natürliche Veranlagung, persönlichen Kontakt, Liebe zu den kleinen Kindern, Verständnis und Geschick zur exakten Pflegearbeit und vor allem auf die Intelligenz, d. h. die Fähigkeit, sich Kenntnisse und Können zu erwerben".*

Dies drückte sich auch während seiner Zeit in Jena aus. Die Jenaer Kinderklinik war von Anfang an als Lehr- und Prüfungsanstalt für den Unterricht in der Säuglingspflege anerkannt. Unter Ibrahims Leitung wurden Säuglings- und Kleinkinderschwestern ausgebildet, die als Anerkennung nach Abschluss ihrer Ausbildung die „Ibrahim-Brosche" erhielten. Es war eine hauseigene Brosche, die von der Carl-Zeiss-Stiftung am 14. Januar 1921 genehmigt wurde:

> *„Vorschläge von Prof. Ibrahim wegen Anschaffung einer Brosche für die in dem Kinderkrankenhaus ausgebildeten Schwestern werden genehmigt."*

Es wurde der Begriff „Ibrahim-Schwestern“ geprägt und das führte dazu, dass die Schwestern aufgrund ihres fachlichen Könnens und ihrer ethischen Haltung in ganz Deutschland sehr anerkannt waren.

Organisiert wurde dieses Schwesterntreffen von Schwester Gabriele (Gabriele Bender). Sie hatte in den Jahren 1938 bis 1940 in Jena die Ausbildung zur Säuglings- und Kinderkrankenschwester absolviert und kam 1948 wieder in die Jenaer Kinderklinik. Unter Professor Häßler erfolgte ihr Einsatz in der Kinderklinik als Oberschwester.

Frau Ibrahim (mit Schal) neben Frau Oberin von Bock, im Kreis von Schwestern (1954)
Frau von Bock, langjährige Oberin bei Prof. Ibrahim, hatte schon vor dessen Tod die Klinik verlassen. Die Nachfolge übernahm Frau Gabriele Bender, die sich nur als Schwester Gabriele anreden ließ.

Zur Erinnerung an dieses einmalige Treffen, das sowohl der beruflichen Weiterbildung dienen sollte als auch bewusst mit einer Geburtstags-Gedächtnisfeier für den verehrten Lehrer verbunden war, ließ Professor Häßler die Vorträge und die Tagesabläufe zusammengefasst in einer Broschüre publizieren.

„Möge die Erinnerung an die Jenaer Tage dazu beitragen, das Band, das Ost und West unserer Heimat verbindet, enger zu knüpfen. Mögen diesem ersten Treffen weitere Tagungen in einem friedlich wiedergeeinten gemeinsamen Vaterland folgen.

Prof. Häßler
Direktor der Jussuf-Ibrahim-Klinik Jena"

Wichtig für alle Teilnehmer war der Brief der ehemaligen Oberin Luise (genannt Ise) von Bock und Polach aus Hannover, der an alle Schwestern gerichtet war, denen sie in herzlicher Verbundenheit und großer Dankbarkeit gedachte. Sie war bereits 1905 im Gisela-Kinderspital in München mit Jussuf Ibrahim zusammengetroffen und folgte ihm 1917 nach Jena, wo er ihr die Leitung der Schwestern und Schwesternschülerinnen übertrug. Bis zu ihrer Verhaftung 1949 in der sowjetischen Besatzungszone aufgrund eines Spionageverdachtes arbeitete sie über 30 Jahre mit ihm zusammen und kannte viele der ehemaligen Ibrahim-Schwestern persönlich. Nach ihrer Entlassung kehrte sie nicht an die Jenaer Kinderklinik, deren Leitung inzwischen Professor Häßler übernommen hatte, zurück, blieb aber den Ibrahim Schwestern ihr Leben lang verbunden.

Professor Häßler hielt zu diesem Treffen einen Vortrag zur „Infektionsgefahr und Infektionsverhütung in Krankenhäusern". Es ging ihm dabei nicht nur um die Pflege und Behandlung der erkrankten Kinder, sondern auch um die besonderen Gefahren, da diese Kinderkrankheiten in der Regel Infektionskrankheiten sind. Dies bedeutet, dass es leider nicht selten vorkommt, dass ein Kind, das wegen einer Krankheit aufgenommen wurde, im Laufe der Krankenhausbehandlung noch eine zweite oder sogar dritte Infektionskrankheit erwirbt. Für ihn und seine Mitarbeiter hieß das, dass alles zu tun sei, die Übertragung von Infektionskrankheiten im Krankenhaus auf ein Mindestmaß zu beschränken. Aber er sprach auch über die Gefährdung des Personals bei der Pflege von Säuglingen und

Kleinkindern. Entsprechend seinen Erfahrungen ging er speziell auf die Krankheiten Masern, Keuchhusten, Tuberkulose, Diphtherie und Scharlach, aber auch auf Erkrankungen von Säuglingen mit Lues connata und Gonorrhoe ein, auf die die pflegenden Schwestern besonders zu achten hätten.

Das Schwestern-Treffen endete mit einem Besuch am Grab von Professor Ibrahim und einem Besuch bei Frau Ibrahim. Es waren weitere Treffen geplant, doch es blieb bei diesem einmaligen Treffen im Jahre 1955.

Es waren nicht nur Worte, mit denen Professor Häßler zum Ausdruck brachte, dass er eine Zusammenarbeit auf wissenschaftlichen und medizinischen Gebieten zwischen Ost und West für dringend erforderlich hielt. Es war angefragt worden, ob er bereit wäre, dem Arbeitsausschuss „Deutsche Vereinigung für die Gesundheitsfürsorge des Kindesalters" beizutreten und der Rektor der Friedrich-Schiller-Universität Jena, Professor Schwarz, unterstützte diese Entscheidung.

Die Vereinbarung zwischen der Carl-Zeiss-Stiftung und der Friedrich-Schiller-Universität sah vor, dass die Kinderklinik von der Carl-Zeiss-Stiftung verwaltet und geleitet würde, für alle Fragen der Lehre und Forschung, der Ausbildung der Studenten und der ärztlichen Versorgung der Bevölkerung hingegen die Medizinische Fakultät der Universität verantwortlich wäre.

Professor Häßler kannte den Hörsaal für die Studenten, der sich 1953 im 1. Stock des Klinikgebäudes befand, noch aus seiner Leipziger Zeit, da hier in Jena einige Male unter dem Vorsitz von Professor Ibrahim Tagungen der Sächsisch-Thüringischen Kinderärzte Gesellschaft stattgefunden hatten. Für die nunmehrige Studentenzahl war dieser Hörsaal allerdings platzmäßig zu klein geworden.

Er beschloss, in Absprache mit seinem Verwaltungsbeamten Herrn Tilch, den im Garten befindlichen Gymnastikraum auszubauen und ihn als Hörsaal zu nutzen. Der Gymnastikraum wiederum wurde in den alten Hörsaal verlegt.

Nun bedeutete dies aber, die Zustimmung des Bevollmächtigten der Zeiss-Stiftung, Herrn Dr. Schrade, zu erhalten. Doch das Anliegen fand seine Unterstützung und ein diesbezügliches Dekret wurde unterschrieben. Die Umgestaltung begann und neues Gestühl wurde bestellt.

Jetzt aber intervenierte die Zeiss-Stiftung, da man auf die Gymnastikhalle besonders stolz war und außerdem – wenn die Universität einen Hörsaal brauche, so möge sie auch einen bauen. Allerdings galt das unterschriebene Dekret und ein weiterer Umbau konnte vonstattengehen.

Während der Bauarbeiten stand den Studenten kein Hörsaal zur Verfügung, aber hier half die Universität aus. Die Vorlesungen konnten im Hörsaal der Augenklinik, der am wenigsten ausgelastet war, stattfinden. Das bedeutete aber, alles Demonstrationsmaterial und die in der Vorlesung vorzustellenden kleinen Patienten mussten jedes Mal in die Augenklinik gebracht werden. Den Transport übernahm freundlicherweise und stets pünktlich das Rote Kreuz.

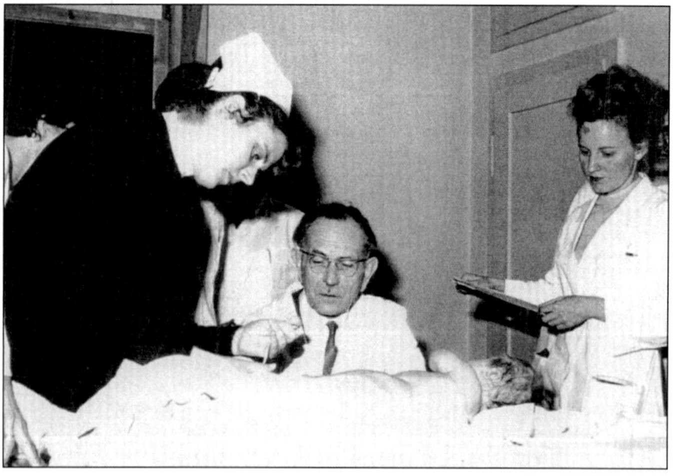

Hörsaalvisite

Für die Ausbildung der Studenten stand nach Abschluss der Bauarbeiten ein Hörsaal mit 160 Plätzen zur Verfügung. Die Vorlesungen konnten wieder im eigenen Klinikgebäude stattfinden.

Examenskurs 1960, Unter den Studenten – seine Tochter Reingard

Das Besondere an diesem neuen Hörsaal war der Baum: eine Linde.

Dem Naturfreund Erich Häßler widerstrebte es, einen Baum mit diesem Umfang für die Bauarbeiten fällen zu lassen. So wurde der Umbau in der Form durchgeführt, dass der Baum stehen blieb und der Vorraum zum Hörsaal entsprechend um den Baum herum gebaut wurde. Der Baum gedieh weiter und im zeitigen Frühjahr konnten sich die Studenten innerhalb des Gebäudes bereits über grüne Zweige freuen, während der obere Teil des Baumes noch kahl war.

Den Hörsaal gibt es heute nicht mehr – der Baum dagegen wächst und gedeiht

Gut unterstützt bei allen Bauarbeiten wurde Professor Häßler von seinem jungen Assistenten Dr. Köditz.

Horst Köditz hatte in Jena Medizin studiert und begann 1956 seine Pflichtassistentenzeit an der Kinderklinik. 1957 promovierte er bei Professor Häßler und begann eine Weiterbildung zum Facharzt für Kinderheilkunde. 1962 erfolgte seine Facharztanerkennung für Kinderheilkunde, er wurde zum Oberarzt ernannt. Nach der Emeritierung von Professor Häßler habilitierte er und wirkte ab 1968 als Dozent an der Universitätskinderklinik Jena. 1973 erfolgte seine Berufung zum ordentlichen Professor für Kinderheilkunde und er wurde zum Direktor der Klinik für Kinderheilkunde an der Medizinischen Akademie Magdeburg ernannt. Auch seine Schwerpunkte in der Forschung waren Infektionskrankheiten im Kindesalter sowie Aspekte der klinischen Immunologie.

Mit Professor Häßler blieb er bis zu dessen Tod freundschaftlich verbunden. Beide Professoren trafen sich weiterhin nach Häßlers Emeritierung auf Tagungen, aber auch privat. Im Dezember 2005 war es Professor Köditz, der auf der Beerdigung von Erich Häßler die Trauerrede hielt.

1987 – Symposium aus Anlass des 70-jährigen Bestehens der Kinderklinik Jena
Von links: Prof. Köditz, Prof. Plenert, Prof. Patzer, Prof. Häßler, Prof. Zwacka

Auch an dem 8. Internationalen Pädiaterkongress in Kopenhagen, der vom 22. bis 27. Juli 1956 stattfand, durfte Professor Häßler, wieder zusammen mit Dr. Hans Christoph Hempel, teilnehmen. Der Kongress war gut besucht – 921 offizielle Teilnehmer mit 526 Begleitpersonen (dazu zählten auch die beiden Ehefrauen von Häßler und Hempel) aus 61 Ländern waren nach Kopenhagen gekommen. Die Kongresssprache war Englisch.

Die feierliche Eröffnung des Kongresses erfolgte durch die Königin Ingrid von Dänemark und wurde dadurch zu einem Höhepunkt der Zeremonie.

Eröffnung des 8. Internationalen Pädiaterkongresses 1956 in Kopenhagen

Außer interessanten wissenschaftlichen Vorträgen hatten die Ärzte auch die Möglichkeit, mehrere Kliniken zu besuchen. Auf Professor Häßler persönlich fiel während des Kongressbesuches allerdings ein Schatten. Der Kinderarzt Professor Carl-Gottlieb Bennholdt-Thomsen (Direktor der Universitätsklinik Köln), mit dem er seit eines gleichzeitigen Aufenthaltes in einem Dozentenlager im Jahre 1935 befreundet war, hatte einen Verkehrsunfall und musste schwer verletzt in ein Krankenhaus gebracht werden.

Im folgenden Jahr 1957 fanden zwei Tagungen statt, an denen Professor Häßler teilnahm. Zum einen war es eine Kinderärztetagung in Warnemünde, zu der Professor Thoenes eingeladen hatte. Diese Warnemünder-Frühjahrstagungen waren nicht nur wegen ihres wissenschaftlichen Programms beliebt, sondern auch, weil sie in einer Jahreszeit stattfanden, in welcher der Ort der Tagung noch nicht überfüllt war.

Im Herbst des Jahres fand in Düsseldorf die 56. Jahrestagung der DGKJ (Deutsche Gesellschaft für Kinder- und Jugendmedizin e. V., die wissenschaftliche Fachgesellschaft der Kinder-

und Jugendmedizin in Deutschland) unter der wissenschaftlichen Leitung von Professor Dr. Karl Klinke statt.

Eine Anerkennung für Professor Häßler war es auch, dass der Springer-Verlag als ein international führender Wissenschaftsverlag, im Jahr 1957 ein Buch unter dem Titel

„PÄDIATRIE   Ein Lehrbuch für Studierende und Ärzte“

herausbrachte, das ein ganzes Kapitel von Professor Dr. E. Hässler, Jena, enthielt.

Im Vorwort zu diesem Buch heißt es:

> Die vorliegende Darstellung der Kinderheilkunde versucht, dem Studenten und dem Arzt zu dienen, also Lehrbuch *und* Nachschlagewerk zu sein. So wurden bewusst Gedankengänge, Begriffe und Krankheitsformen aufgenommen, die durchaus nicht Allgemeinbesitz jedes Arztes zu sein brauchen, die der Arzt aber doch zu spezieller Orientierung greifbar haben soll, da ihm wohl nur in Ausnahmefällen größere Spezialwerke zugängig zu sein pflegen.

Professor Häßler blieb mit seinem Kapitel „Erkrankungen der Bewegungsorgane“ seinem Generalthema (Das Skelett im Krankheitsgeschehen) treu.

Das Jahr 1958 beschreibt Erich Häßler als ein Jahr, das für ihn zwei Höhepunkte hatte.

Er bekam vom Ministerium für Gesundheit die Aufforderung, zusammen mit zwei Kollegen als Delegation der DDR zum Kongress der polnischen pädiatrischen Gesellschaft zu fahren. Dieser Kongress fand vom 6. bis 10. Juni 1958 in Wroclaw statt. Keiner der Delegierten beherrschte die polnische Sprache. So ist es nicht verwunderlich, dass der Kollege Professor Karl Nißler in seinem Reisebericht fast ausschließlich die Ausflüge beschrieb, die den Delegierten angeboten wurden. Sehr beeindruckt waren beide Herren von dem Besuch des in der Nähe von Krakau befindlichen Salzbergwerkes, in dem auch Kuraufenthalte für keuchhustenkranke Kinder durchgeführt wurden.

Das zweite große Ereignis des Jahres 1958 war die 400-Jahrfeier der Universität. Sie feierte dieses Ereignis vom 1. bis 5. September 1958. Alle Fakultäten trafen Vorbereitungen. Es sollte ein Festzug stattfinden und auch die Stadt stellte sich darauf ein – die Außenfronten der Häuser am Markt wurden renoviert. Allerdings hatte der Hauptverantwortliche der Universität für die Festveranstaltungen, Professor Josef Hämel, Dermatologe und Rektor der Universität, Ende August mit seiner Familie die DDR verlassen. Der vorherige Rektor, der Botaniker Professor Otto Schwarz, ersetzte ihn und tat dies mit aller Kraft seiner Persönlichkeit.

Es kamen Gäste von Universitäten, Akademien und Hochschulen aus allen fünf Erdteilen. Sie boten mit ihren repräsentativen Amtskleidungen und Insignien ein buntes und beeindruckendes Bild. Die Westdeutsche Rektorenkonferenz allerdings hatte ihren Rektoren und Dekanen nahegelegt, an diesen Feierlichkeiten, zu denen zahlreiche Einladungen ergangen waren, nicht teilzunehmen, weil sie zu einer Veranstaltung parteipolitischen Charakters degradiert sei.

Ein Festzug, beginnend am Universitätsgebäude, bewegte sich durch die Stadt. Die Professoren aller Fakultäten trugen ihre unterschiedlichen bunten Talare und zu beiden Seiten der Straßen bildeten sich große Zuschauermengen, alle in fröhlicher Stimmung.

Prof. Häßler im Talar als Teilnehmer des Festzuges

Außerdem gab es an diesen Tagen verschiedene Festveranstaltungen und von den einzelnen Fakultäten wurden Vorträge angeboten. In seinem Vortrag versuchte Professor Häßler Rückschau und Ausschau auf dem Gebiet des Gesundheitszustandes der Bevölkerung zu halten.

Die mittlere Lebenserwartung unserer Bevölkerung hat sich in den letzten 100 Jahren mehr als verdoppelt. Dies beruht vor allem auf einem Rückgang der Sterblichkeit bei den jüngeren Jahrgängen. Einmal ist die Säuglingssterblichkeit, die 1911 noch 25 % betrug, auf etwa 4 % abgesunken. Auch die Infektionskrankheiten insgesamt lassen einen erfreulichen Rückgang erkennen. In den letzten Jahren sank die Sterblichkeit aller Infektionskrankheiten außer Tuberkulose von 8,5 auf 10.000 auf 2 von 10.000 im Jahre 1955. ... Seitdem es eine amtliche Statistik gibt, ist erfreulicherweise auch hier [Anm.: Gemeint ist die Tuberkulose] ein steter Rückgang festzustellen, der nur durch die beiden Weltkriege jeweils einen erheblichen Rückschlag erfahren hat. Durch die systematische Bekämpfung gelang es aber, die Anzahl der Neuerkrankungen, die bei uns 1947 auf 10.000 Einwohner 57 betrug, auf weniger als die Hälfte zu reduzieren. Noch eindrucksvoller ist der Rückgang der Letalität, die 1947 17 auf 10.000 Einwohner betrug und unter 2 auf 10.000 Einwohner abgesunken ist.

Unter der polnischen Delegation befand sich auch ein Vertreter der Leopoldina-Universität in Wroclaw, Professor Nowakowski, ein Kinderarzt, mit ihm blieb die ganze Familie Häßler in Verbindung. Vielleicht war diese Freundschaft auch der Ausgangspunkt dafür, dass Frau Ruth Häßler beschloss, die polnische Sprache zu erlernen. Sie beherrschte diese auch in kurzer Zeit, das Land Polen wurde ihr bevorzugtes Reiseziel und im Laufe der Jahre entwickelten sich viele persönliche Freundschaften. Professor Häßler wurde mehrmals zu polnischen Kinderärztetagungen eingeladen. Dank der Unterstützung seiner Frau konnten seine Vorträge in polnischer Sprache verlesen werden.

„Mit 60 Jahren fangen die Geburtstage an, neben der familiären Seite auch eine offizielle Note zu bekommen, wenn man an einer solchen Stelle steht wie Sie.“

Diese Worte sprach Professor Patzer in seiner Festrede am Vorabend des 60. Geburtstages von Professor Häßler. Die Kinderklinik veranstaltete in ihrem Hörsaal eine für ihn sehr eindrucksvolle Feierstunde. Professor Patzer hielt die Festrede und die Feier wurde musikalisch unterstützt.

Am Geburtstag selbst war Professor Häßler für die Hauptvorlesung verantwortlich. Beim Betreten des Hörsaals standen alle Studenten auf und sangen begeistert

:/: Vivat academica, vivat professores :/:
vivat membrum quodlibet,
:/: vivat membra quaelibet,
:/: semper sint in flore :/.

Darauf überbrachte ein Student die Glückwünsche der Studentenschaft mit folgenden Worten:

> *„Hochverehrter Herr Professor Häßler,*
> *uns wurde die hohe Ehre zuteil, Ihnen, Herr Professor, die besten Grüße und Glückwünsche der Studentenschaft zum heutigen Geburtstage zu überbringen. Mögen sich alle Ihre eigenen Wünsche des heutigen Tages erfüllen und mögen Ihnen beste Gesundheit und Schaffenskraft zum Wohle Ihrer Familie und zum Wohle der Wissenschaft noch recht viele Jahre erhalten bleiben.“*

Ehemalige Kollegen, Dr. Hempel, Professor Weingärtner, Dr. Appelt, mit denen Professor Häßler weiterhin im Kontakt stand, hatten ihm wissenschaftliche Arbeiten gewidmet. Darunter war auch eine Arbeit von Dr. Werner Flechsig, einem ehemaligen Mitarbeiter aus Chemnitz und Mitglied seiner Chemnitzer Familie, die in der Zeitschrift Kinderärztliche Praxis unter dem Titel „Zur Antihistamin-Vergiftung“ erschienen war.

Viele Glückwünsche kamen und vor allem – viele Blumen.

Natürlich wurde auch zu Hause im Familienkreis gefeiert. Seine Frau hatte Verse geschrieben, die seine „Hasenkinder" zu Gehör brachten und ihm viel Freude bereiteten.

> *„Wir waren eine große Familie und verstanden uns untereinander gut. Pfarrer Tzschucke, der uns besuchte, meinte, wir wären eine Oase im Strome der Zeit. So konnte ich Gott von Herzen dankbar sein."*

Erich Häßler stand nun im Zenit seines Lebens.

Bereits zur Einweihung der Poliklinik erhielt Professor Häßler ein Glückwunschschreiben vom Minister für Gesundheitswesen der DDR, Max Sefrin. Am 27. September 1960 verlieh ihm der Minister die Hufeland-Medaille in Silber.

Die Hufeland-Medaille war in der DDR eine Auszeichnung, die seit 1958 für besondere Dienste im Gesundheits- und Sozialwesen verliehen wurde. Benannt ist die Medaille nach dem deutschen Arzt Christoph Wilhelm Hufeland (1762–1836). Er studierte u. a. in Jena und wirkte seit 1793 als Hochschullehrer auch wieder in Jena. Die Auszeichnung in seinem Namen bezieht sich auf sein Lebenswerk, das in folgenden Worten weiterlebt.

> Richte alle deine Handlungen so ein, daß dadurch der höchste Zweck deines Berufes, Erhaltung des Lebens, Wiederherstellung der Gesundheit und Milderung der Leiden anderer, aufs möglichste erreicht werde.

Die Verleihung der Medaille erfolgte jährlich immer am 11. Dezember, es war der Geburtstag Robert Kochs und in der DDR der Tag des Gesundheitswesens.

DER MINISTER FÜR GESUNDHEITSWESEN

VERLEIHT

HERRN PROFESSOR

DR. MED. ERICH HÄSSLER

IN ANERKENNUNG BESONDERER VERDIENSTE

UND VORBILDLICHER ARBEIT

FÜR DEN GESUNDHEITSSCHUTZ IN DER

DEUTSCHEN DEMOKRATISCHEN REPUBLIK

DIE

HUFELAND-MEDAILLE

BERLIN AM 27.9.1960

Urkunde Verleihung der Hufeland-Medaille

Im Jahr 1960 waren es noch zwei Tagungen, an denen Professor Häßler teilnahm. Vom 9. bis 11. Mai 1960 fand in Weimar die jährlich stattfindende und in diesem Jahr die 8. Therapietagung statt. Als Hauptthemen waren vorgesehen: Geschwülste des Zwischenhirns, Infektionskrankheiten, das Blutspendewesen sowie Herz- und Kreislauferkrankungen und einige ausgewählte Themen anderer Fachgebiete. Zu der Problematik Infektionskrankheiten sprach Professor Häßler über das Thema „Schutzimpfungen“.

Vom 26. bis 28. September des gleichen Jahres fand in Kassel die 59. Tagung der Deutschen Gesellschaft für Kinderheilkunde statt, an der er ebenfalls teilnahm. Wie zu fast allen Tagungen begleitete ihn seine Frau, zu diesem Zeitpunkt noch nicht wissend, dass es für lange Zeit ihre letzte gemeinsame Reise in die Bundesrepublik sein sollte.

Für den 11. bis 13. September 1961 hatte die Gesellschaft ihre 60. Tagung, die in Heidelberg stattfinden sollte, angekündigt. Aus der Kinderklinik Jena bekamen Häßler und Rogner die Genehmigung, daran teilzunehmen. Aber am 28. August erhielten die beiden Ärzte ein Schreiben aus Berlin, in dem ihnen mitgeteilt wurde, dass sämtliche Pässe für die BRD gesperrt seien, bis eine Neuregelung nach Abschluss eines Friedensvertrages erfolgt sein würde. Fahrten in das Ausland sollten aber in Ausnahmefällen genehmigt werden.

Das Jahr 1961 wurde politisch zu einem einschneidenden Jahr. Schon in der Zeit davor hatte die Abwanderung nach Westdeutschland in steigendem Maße zugenommen. Mehrere Mitarbeiter der Kinderklinik, Ärzte und Schwestern, kehrten aus einem Urlaub in der Bundesrepublik nicht zurück.

Auch Erich Häßler verbrachte bis Anfang August 1961 seinen Urlaub mit mehreren seiner Kinder an der Nordsee. Nur seine Frau Ruth musste krankheitshalber in Jena bleiben.

Dafür konnte das Ehepaar Häßler aber im darauffolgenden Jahr ihre erste Flugreise vermerken – gemeinsam flogen sie nach Bukarest. Professor Häßler nahm, zusammen mit mehreren Kinderärzten aus der DDR, an der Internationalen Tagung über pathologisch-infektiöse Erkrankungen teil. Er hielt einen Vortrag über die „Pockenschutzimpfung bei hautkranken Kindern“.

So wie es auf den Tagungen üblich war, wurden den Teilnehmern auch verschiedene Ausflüge angeboten und sie lernten auf diese Weise den sogenannten „Karpatenschreck" kennen, ein offener Lastwagen, mit dem sie eine Bergtour unternehmen konnten.

Privat kam Frau Häßler mit einer rumänischen Familie in Kontakt, mit der sie und später auch ihre Kinder sehr lange in Verbindung blieben. Deren Sohn entschloss sich, nach einem Besuch in Jena ebenfalls Kinderarzt zu werden.

Auf der Rückreise blieb etwas Zeit für einen Besuch in Budapest. Sie besuchten Dr. Simko, ein Kollege, mit dem Häßler in Leipzig zusammengearbeitet hatte. Einmal hatte dieser Blut für ein Kind gespendet und Professor Häßler instruierte die Schwester: *„Transfusion von 50 ccm edlen Ungarblutes."*

Nach der Rückkehr nach Jena mussten er und die Kinderklinik einen schweren Verlust hinnehmen. Sein Oberarzt Dr. Luboldt, zu dieser Zeit sein einziger Fach- und Oberarzt, war aus familiären Gründen heimlich in die Bundesrepublik übergesiedelt. Bei einem Treffen Jahre später versicherte er aber Professor Häßler, dass er es schweren Herzens getan habe.

Um die offene Stelle eines Oberarztes zu belegen, wandte sich Professor Häßler an Professor Peiper in Leipzig, der ihm seinen Mitarbeiter Dr. Klaus Dietel empfahl. Dieser kam gern dem Ruf nach Jena nach, da in Leipzig auch sein Bruder Dr. Volker Dietel wirkte und er selbst, trotz seiner stattlichen Größe, der kleine Dietel genannt wurde. Dr. Klaus Dietel wiederum überredete seinen Freund Dr. Gottfried Rogner in Dresden, mit ihm nach Jena zu gehen. Beide Ärzte konnten noch während der Dienstzeit Häßlers ihre Habilitation abschließen. Dr. sc. med. Klaus Dietel wurde später der dritte Nachfolger von Häßler in Karl-Marx-Stadt und Dr. sc. med. Rogner leitete bis zu seinem Tod die Kinderklinik in Dresden-Neustadt.

Eine Anekdote, bezogen auf zwei Studenten unterschiedlicher Größe, erzählte Erich Häßler gern immer wieder.

„Ein Privatdozent hatte in seiner Vorlesung ganze zwei Hörer, einen Großen und einen Kleinen. Wurde er gefragt, wie seine Vorlesung besucht war und es war nur der Große gekommen, antwortete er: Die größere Hälfte war da. War aber nur der Kleine gekommen, war seine Antwort: Die kleinere Hälfte war da, aber vollzählig."

Zum Beginn des Jahres 1963 zeichnete Professor Häßler mit der Medizinischen Schule Gera einen Dienstvertrag, in dem er beauftragt wurde, im Fach „Bakteriologie" zu unterrichten. Als Dozent verpflichtete er sich, den Unterricht nach den neuesten Erkenntnissen der Wissenschaft und Praxis zu erteilen, mündliche und schriftliche Leistungskontrollen durchzuführen, den Abschluss der Schüler zu benoten und in das Klassenbuch einzutragen.

Die Medizinische Schule Gera verpflichtete sich im Gegenzug, die Schüler zum regelmäßigen Unterrichtsbesuch und zu einer guten Studiendisziplin anzuhalten.

Auch in einer gut geführten Klinik können Ereignisse eintreten, die nicht eintreten sollten, aber trotzdem geschehen.

Am 22. März 1963 wurden aus einem Dauerheim zwei Kleinkinder mit dem Verdacht einer Ruhrerkrankung eingeliefert, Sylvia und Petra. Beide waren fast gleichaltrig. Schon bei ihrer Einlieferung ereignete sich eine verhängnisvolle Verwechslung, die auf einer falsch verstandenen Frage beruhte. Eine Schwester hatte gefragt: „Wie heißt die Kleine?", während eine andere Schwester verstanden hatte: „Wie heißt die Kleinere?"

Unglücklicherweise verstarb eines der beiden Kinder und der Totenschein wurde auf einen falschen Namen ausgestellt. Das andere Kind wurde von seinem angeblichen Vater abgeholt, der den Unterschied nicht bemerkte. Erst als das kleine Mädchen zurück in das Dauerheim kam, fiel der Leiterin die Verwechslung auf. Die Eltern mussten aufgeklärt werden und es fiel ihnen sehr schwer, dies zu akzeptieren. Vor allem die Reaktion der Mutter des lebenden Kindes konnte Professor Häßler nicht verstehen und akzeptieren. Sie forderte von der Kinderklinik das Geld zurück, das sie im Glauben, ihre Tochter sei gestorben, für einen Kranz ausgegeben hatte.

Und es gab auch tragikomische Ereignisse, bei denen die Vermittlung durch Professor Häßler notwendig wurde.

Auf seiner Privatstation lag ein Kleinkind aus der Familie eines höheren Parteigenossen. Wegen dieses Kindes kamen zwei Ärzte, beides Parteigenossen, zu ihm, um ihn auf Veranlassung des Vaters um eine Klärung zu bitten. Die „Anklage" war, dass während einer Nachtwache dem Kind eine Platte vorgespielt worden sei, auf welcher Konrad Adenauer [Anm.: Er war zu dieser Zeit Bundeskanzler der BRD] gesprochen habe, und es sei auch das Deutschlandlied gespielt worden.

Die Schwester der Nachtwache wusste sofort Bescheid und schilderte die Situation folgendermaßen: Der kleine Junge habe öfters nachts Angst gehabt und geschrien, dass Adenauer kommen und ihn mit Bomben beschmeißen würde. Da sie sich gerade eine neue Schallplatte gekauft hatte, legte sie diese auf und beruhigte das Kind, der da singe, sei Adenauer, der doch gar nicht so böse sei. Es war die Oper Aida.

Auch 1963 fand die jährliche Kinderärzte-Tagung in Warnemünde statt. Außerdem hielt Professor Häßler vor den Ärzten des Bezirkes Suhl einen Vortrag zum Thema „Therapie und Prophylaxe mit Gammaglobulinen".

Aber das besondere Ereignis dieses Jahres war in der Familie die Hochzeit der Tochter Reingard. Sie feierten zu Hause im Mädertal und die ganze Hochzeitsgesellschaft wanderte am nächsten Tag durch den Zeitzgrund zur Bockmühle. Und hier gab es zum Erstaunen aller zum ersten Mal Broiler – einen halben Broiler pro Person [Anm.: in der DDR übliche Bezeichnung für Brathähnchen bzw. gegrilltes Hähnchen].

Anlässlich des Tages des Gesundheitswesens (er wurde jährlich am 11. Dezember, dem Geburtstag Robert Kochs, begangen) wurden in der DDR herausragende Mediziner, Pharmazeuten und Mitarbeiter im Gesundheitswesen ausgezeichnet.

Für das Jahr 1963 lagen drei Vorschläge für die Verleihung dieser Auszeichnung vor.

» Prof. Dr. med. habil. Häßler, Erich
Dir. der Univ.-Kinderklinik Jena u. Prof. mit Lehrstuhl

» Dr. med. Euchler, Ursula
Leiter des Ambulatoriums Uhlstadt

» Sanitätsrat Dr. med. Waurick, Ernst-Otto
Ärztlicher Referatsleiter für Mutter und Kind beim Rat des Bezirkes Gera

Aufgrund der Begründungen im Antrag der BGL der Universitäts-Kinderklinik Jena entschied sich die Kommission für Professor Häßler und er erhielt ein Telegramm, in dem ihm mitgeteilt wurde, dass er in diesem Jahr für die Auszeichnung „Verdienter Arzt des Volkes" vorgesehen war.

„ES IST MIR EINE BESONDERE FREUDE IHNEN MITTEILEN ZU KÖNNEN, DASS IHRE HERVORRAGENDEN LEISTUNGEN AUF DEM GEBIET DES GESUNDHEITS- UND SOZIALWESENS DURCH DIE VERLEIHUNG DES EHRENTITELS ‚VERDIENTER ARZT DES VOLKES' GEWÜRDIGT WERDEN STOP DER FESTAKT FINDET AM 8. DEZEMBER 10.30 UHR IM HAUSE DES MINISTERRATES BERLIN C2 JUEDENSTRASSE STATT STOP SIE UND EINER IHRER ANGEHOERIGEN SIND ZUM FESTAKT EINGELADEN STOP

ERBITTE TEILNAHME UNTER RUFNUMMER 22963303 BESTAETIGEN STOP

PROF DR FRIEDEBERGER STELLV. D. MINISTERS"

Verleihung der Auszeichnung „Verdienter Arzt des Volkes"

In einer Feierstunde verlieh ihm Max Sefrin, stellvertretender Vorsitzender des Ministerrates und Minister für Gesundheit der DDR, die Auszeichnung „Verdienter Arzt des Volkes“.

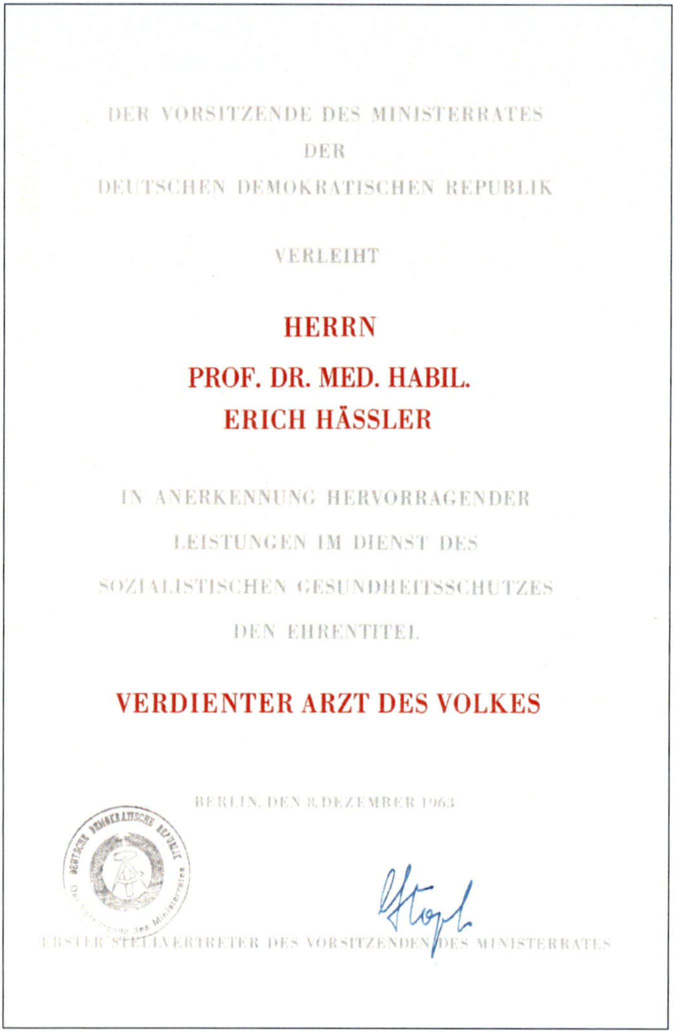

DER VORSITZENDE DES MINISTERRATES
DER
DEUTSCHEN DEMOKRATISCHEN REPUBLIK

VERLEIHT

HERRN
PROF. DR. MED. HABIL.
ERICH HÄSSLER

IN ANERKENNUNG HERVORRAGENDER
LEISTUNGEN IM DIENST DES
SOZIALISTISCHEN GESUNDHEITSSCHUTZES
DEN EHRENTITEL

VERDIENTER ARZT DES VOLKES

BERLIN, DEN 8. DEZEMBER 1963

ERSTER STELLVERTRETER DES VORSITZENDEN DES MINISTERRATES

Urkunde „Verdienter Arzt des Volkes“

Das Jahr 1964 brachte eine große Wende im Leben von Erich Häßler. Er wurde 65 Jahre alt.

Dies bedeutete nach den Bestimmungen des Emeritierungsgesetzes, dass er zum Ende des Studienjahres als Hochschullehrer und Klinikdirektor ausscheiden würde. Seine Gefühle hinsichtlich dieser Situation waren zwiespältig.

Zunächst stand die frohe Situation im Vordergrund – die Feier seines 65. Geburtstages.

Im Hörsaal der Kinderklinik fand eine Feierstunde statt. Zahlreiche Gäste und Delegationen erschienen und überbrachten ihre Glückwünsche, Glückwunschschreiben offizieller Stellen wurden verlesen. Und er erhielt viele Blumen – in seiner Erinnerung herrliche Blumen.

Arbeitszimmer von Prof. Häßler
Hinter seinem Schreibtisch die Porträts seiner acht Kinder

Besonders freute er sich darüber, dass ihm 16 wissenschaftliche Arbeiten gewidmet waren.

Eine Reihe von Stationskindern hatte, unter der Leitung von Dr. Bescherer, kleine Verse einstudiert, die sie jetzt aufsagten.

„Guten Morgen sollt' ich sagen und ein schönes Kompliment,
und die Mutter ließ' auch fragen, wie der Pate sich befänd'.
Und der Strauß wär' aus dem Garten, wenn ihr etwa danach fragt.
An der Tür dann sollt' ich warten, ob ihr mir auch etwas sagt.

Und hübsch grüßen sollt' ich jeden und ganz still sein, wenn man spricht;
Und recht deutlich sollt' ich reden, aber schreien sollt' ich nicht.
Doch ich sollt' mich auch nicht schämen, denn ich wär ja brav und fromm;
Und das Mützel vom Kopfe nehmen, wenn ich in die Stube komm'.

Wenn die Tante mir was geben wollte, sollt' ich sagen: Danke schön!
Nach der Torte aber sollte ich nicht unaufhörlich sehn.
Und hübsch langsam sollt' ich essen, stopfen wär' hier gar nicht Brauch;
Und bald hätt' ich's ganz vergessen: Gratulieren sollt' ich auch!!!"

Den Sommerurlaub verbrachte die Familie Häßler in Moskau und Leningrad und sie besuchten ihre älteste Tochter, die dort eine Aspirantur (wissenschaftlicher Ausbildungsgang nach Abschluss des Diploms zur Erlangung des Doktorgrades) begonnen hatte.

Gratulation 65. Geburtstag

Mit dem Ende des Studienjahres erfolgte dann die Emeritierung. Aber seine Studenten baten ihn, doch noch im Wintersemester die Vorlesungen zu halten, da sie gern von ihm geprüft werden wollten. Er hatte somit die Gelegenheit, sich selbst zu „vertreten".

Am 18. Dezember wollten sie für ihn einen Abschlussabend mit einem Fackelzug von der Klinik ins Mädertal und weiter bis zum Schottplatz veranstalten. Dort hatte Professor Häßler die Gastwirtschaft für alle gemietet.

Es wurde wirklich ein eindrucksvoller Abend.

Professor Häßler musste an diesem Tag dienstlich nach Gera und auf der Rückfahrt hatte sein Auto eine Panne, die sich nicht so schnell beheben ließ. Ein freundlicher Lastwagenfahrer schleppte das Auto in eine Werkstatt und fuhr den Professor auch noch ins Mädertal. Aber sie kamen zu spät.

Seine Kinder hatten die Studenten mit ihren Fackeln schon weiter zum Schottplatz geschickt. Aber der Wirt wollte ihnen nichts geben, da ja der „Herr, der bezahlen wollte“, nicht dabei war. Also drehten sie wieder um und im Mädertal trafen sie Professor Häßler. Der Weg zum Schottplatz wurde noch einmal genommen und bei Bier und Würstchen erlebten sie schöne Stunden. Als der Abschied kam, sangen sie vor seinem Haus „Kein schöner Land in dieser Zeit“.

Der 28. Februar 1965, am Ende des Wintersemesters, war der Tag, an dem Professor Häßler sich endgültig von der Kinderklinik verabschiedete.

Die Medizinische Fakultät hatte eine Vorschlagsliste für seinen Nachfolger erstellt: Es waren Hans Christoph Hempel aus Karl-Marx-Stadt, Wolfgang Kiehl aus Halle und Wolfgang Plenert aus Rostock.

Hans Christoph Hempel war Professor Häßler gut bekannt. Sie hatten bereits in Leipzig und in Chemnitz/Karl-Marx-Stadt zusammengearbeitet. Wolfgang Kiehl war Kinderarzt und wurde an der der Martin-Luther-Universität Halle-Wittenberg zum Professor für Kinderheilkunde ernannt. Da er als Nachfolger nicht ausgewählt wurde, blieb er als Direktor der Klinik bis zu seiner Emeritierung in Halle.

Die Medizinische Fakultät entschied sich für Wolfgang Plenert.

Er kam von der Universitäts-Kinderklinik Rostock, an der er als Dozent für Kinderheilkunde und als stellvertretender Klinikdirektor tätig war. 1960 habilitierte er mit seiner Arbeit „Die Feinstruktur der kindlichen Haut. Entwicklung von Epidermis und Corium“.

Als Nachfolger von Professor Häßler blieb er bis 1986 als Professor mit Lehrstuhl für Kinderheilkunde an der Universität Jena.

DIE ZEIT NACH DER EMERITIERUNG (1965–2005)

Die Verabschiedung von der Kinderklinik bedeutete jedoch nicht, dass Professor Häßler jetzt ein Leben als Emeritus, d. h. ohne berufliche Verpflichtungen, führen wollte.

So übernahm er fast unmittelbar danach in Gera die Funktion des Bezirkspädiaters. Im Mai 1965 hielt er im Rahmen der Geraer Ärztetagung vor den Ärzten des Bezirkes einen Vortrag über die Beziehung des Scharlachs zum akuten Rheumatismus.

Am 22. Oktober 1970 verlieh ihm der Bezirksarzt des Bezirkes Gera, Obermedizinalrat Dr. Müller, eine Urkunde, mit der Professor Häßler in Würdigung seiner vorbildlichen und langjährigen Mitarbeit auf dem Gebiet des Mutter- und Kinderschutzes ein besonderer Dank und Anerkennung ausgesprochen wurde.

Die DDR hatte Professor Häßler als DDR-Pädiater zu einem Pädiaterkongress in Nancy angemeldet; er sollte einen Vortrag über den Einfluss der Schlaflagen beim Säugling halten. Um seine Kenntnisse der französischen Sprache aufzufrischen, nahm er zur Vorbereitung an einem Lehrgang der Volkshochschule teil. Umso größer war die Enttäuschung, dass die französische Regierung den Travelbord Pass verlangte, den ein DDR-Bürger nur in Westberlin erhalten konnte, ihm aber die Reise nach Westberlin verweigert wurde [Anm.: DDR-Bürger, die in Staaten, die die DDR völkerrechtlich nicht anerkannten und damit auch deren Reisepässe nicht, reisen wollten, benötigten bis 1970 die Genehmigung eines „Alliierten Reiseamtes", das sich in Westberlin befand. Es stellte befristete Reisedokumente, ein sogenanntes „Temporary Travel Document" (TTD) aus].

Den ersten Sommer als „Rentner“ verbrachte Erich Häßler so entspannt, wie es seine Familie noch nie erlebt hatte

Bereits seit 1962 gehörte als neuntes Kind ein kleines Mädchen zur Familie. Frau Ruth Häßler war die Patentante des Babys und als dieses mit wenigen Monaten in ein Heim gegeben werden sollte, entschied die Familie Häßler, sie zu sich ins Mädertal zu holen. Sie wurde adoptiert und damit war Gundula zur kleinen Schwester aller acht anderen Kinder geworden.

In die Jahre 1966 und 1967 fielen zwei offizielle Jubiläen – die 75-Jahrfeier der Leipziger Kinderklinik und die 50-Jahrfeier der Jenaer Universitäts-Kinderklinik.

Die Kinderklinik Leipzig war am 6. Dezember 1891 in der Oststraße eröffnet worden, ihr erster Direktor war Otto Heubner. Er war Internist und Kinderarzt und gilt als einer der Väter der Kinderheilkunde.

Mit der Leipziger Kinderklinik verband Erich Häßler viele Erinnerungen; fast 20 Jahre war er hier tätig gewesen – erst als Famulus und Doktorand, dann als Medizinalpraktikant, Volontärarzt, Assistenzarzt und schließlich als Oberarzt und Dozent.

Seit 1961 war Professor Siegfried Liebe ärztlicher Direktor der Kinderklinik Leipzig. Er lud Professor Häßler zur Feierstunde im Rahmen des Jubiläums ein. Beide Professoren kannten sich aus ihrer gemeinsamen Zeit in den 30er-Jahren in Leipzig. Sie trafen sich in Chemnitz wieder, als Dr. Liebe 1949 die Leitung der Städtischen Säuglingsklinik Chemnitz übernommen und Professor Häßler im gleichen Jahr seine Stelle an der Kinderklinik am Zeisigwald angetreten hatte.

Auch wenn Professor Häßler nun emeritiert, d. h. in keinerlei Beschäftigungsverhältnis mehr war, galt er dem Ministerium für Staatssicherheit als wichtige Person des öffentlichen Lebens. Dies bedeutete, dass seine Reisen und nicht nur seine Reisen zu Tagungen und Kongressen, sondern auch seine privaten Reisen beobachtet wurden. Erst nach der politischen Wende erfuhr er beispielsweise von einem Brief, in dem 1966 seine Urlaubsreise nach Rumänien kontrolliert wurde.

> *„Folgende für Ihre Diensteinheit erfaßte Person [Anm.: gemeint Erich Häßler] fährt als Tourist über das Reisebüro der DDR nach Rumänien. ... Sollte die dringende Notwendigkeit bestehen, die vorgenannte Person während des Aufenthaltes im Ausland unter operative Kontrolle nehmen zu lassen, ist umgehend hier ein entsprechendes Schreiben unter Angabe eines kurzen Sachverhaltes und der zu treffenden Maßnahmen zu senden.*
> *... Macht es sich erforderlich, diese Reise abzulehnen, muß sofort schriftliche Mitteilung ... erfolgen. Dabei ist gleich festzulegen, ob die Person für weitere Auslandsreisen abzulehnen ist."*

Wie vermutlich in vielen bisher erfolgten Überprüfungen ergaben sich für Erich Häßler und auch für seine Frau keine gesellschaftlichen und politischen Gründe, ihre Reisen abzulehnen. Noch viele Jahre nahm er an wissenschaftlichen Veranstaltungen teil, und auch privat reisten er und seine Frau sehr gern.

Allerdings zeigte sich, dass auch seine beruflichen Entscheidungen sehr genau beobachtet und protokolliert worden sind. So fiel die Einschätzung eines Praktikanten, der als IM (inoffizieller Mitarbeiter der Staatssicherheit) tätig war, über die Angestellten der Kinderklinik Jena folgendermaßen aus:

> *„Soweit ich dort feststellen konnte, bleibt man von Seiten der Ärzte und auch zum großen Teil der Schwestern mit der eigenen politischen Meinung sehr zurückhaltend. Die Einstellung zur Arbeit ist von Seiten der Schwestern sehr gut. Die Ärzte haben nicht viel zu tun. Auch ist kein Arbeitskräftemangel vorhanden, wenn dies auch manchmal behauptet wird. Prof. Häßler hat keinen guten autoritativen Stand in der Klinik. Seine Chefvisiten führt er sehr unregelmässig und in großen Abständen durch. Konferenzen werden von ihm gut vorbereitet und durchgeführt."*

Andererseits wurden durch diese Berichte auch Diskussionspunkte übermittelt, die auf anderen Wegen eventuell nicht zu Lösungen geführt hätten.

Aus Anlass des 50-jährigen Bestehens der Universitäts-Kinderklinik Jena veranstaltete Professor Plenert mit Unterstützung der Zeiss-Stiftung am 26. und 27. Mai 1967 eine Feier mit einem wissenschaftlichen Symposium unter dem Thema „Pädiatrie der Zukunft".

Bereits am Anfang des Jahres 1967, am 3. Januar 1967, war Professor Häßler zum stellvertretenden Vorsitzenden der Haupt-Problemkommission Pädiatrie ernannt worden. Diese Ernennung erfolgte entsprechend § 11 Ziffer 2 des Statuts des Rates für Planung und Koordinierung der medizinischen Wissenschaft beim Ministerium für Gesundheitswesen. Gewürdigt wurden damit seine großen Leistungen für die Entwicklung der medizinischen Wissenschaft und des sozialistischen Gesundheitsschutzes in der Deutschen Demokratischen Republik.

Unterzeichnet war die Urkunde von Prof. Dr. Helmut Kraatz. Helmut Kraatz war Gynäkologe und Geburtshelfer. Seit 1962 amtierte er als Präsident des Rats für Planung und Koordinierung des medizinischen Wissens beim Ministerium für Gesundheitswesen der DDR.

1. Das Trockenmilchpräparat "Babysan" ist bei uns ehr schlecht verpackt. Warum gibt es keine Blechbüchsen? Da in den Pappbehältern die Trockenmilch Wasser anzieht.

2. Die Transportbehälter für Frühgeburten müßten an eine Autobatterie angeschließbar sein, wegen der bequemen Heizung.

3. Man sollte, um die Frauenmilchversorgung besser organisieren zu könne, zentrale Sammelstellen einrichten.

4. Kann beobachtet werden, daß viele Frauen die Muttermilch verkaufen und ihre Kinder künstlich ernähren, um mehr Geld zu bekommen.

5. Wurde festgestellt, daß unsere Industrie zu wenig elastisch sei, dass bestimmte medizinische Geräte und Medikamente gar nicht in Produktion genommen werden, weil der Ausstoß nur ein geringer zu sein brauchte und ...... "die Industrie dabei keine Milliarden verdienen" .. würde. Wo bleibe da die Sorge um den Menschen

6. Sollten die Rote-Kreuz-Wagen mit UKW Funk ausgerüstet werden.

7. Mansollte bessere Wäremapparate für Frühgeburten bauen.

8. Wegen der Unerfahrenheit vieler Mütter in der Säuglingspflege, sollte man dazu übergehen, daß Geburtengeld erst auszuzahlen, wenn die Mütter einen "Mütterschulkursus" absoviert haben.

9. Wurde die Art und Weise der letzten Poli-Immunisierung kritisiert. Sie sei zu schlecht organisiert, sie sei zu kompliziert in der Durchführung.

10. Während der ganzen Konferenz konnte man bis auf Kleinigkeiten feststellen, daß die Bereitschaft der dort anwesenden Ärzte zur Mitarbeit vorhanden ist, daß aber ihr Vertrauen zum Staat durch vielerlei ökonomische Schwächen noch untergraben wird.

Ausführung eines IM, 1961

Im Oktober des Jahres 1967 ernannte die Gesellschaft für Kinderheilkunde der DDR Professor Häßler aufgrund seiner Verdienste auf dem Gebiet der Kinderheilkunde zum Ehrenmitglied ihrer Gesellschaft.

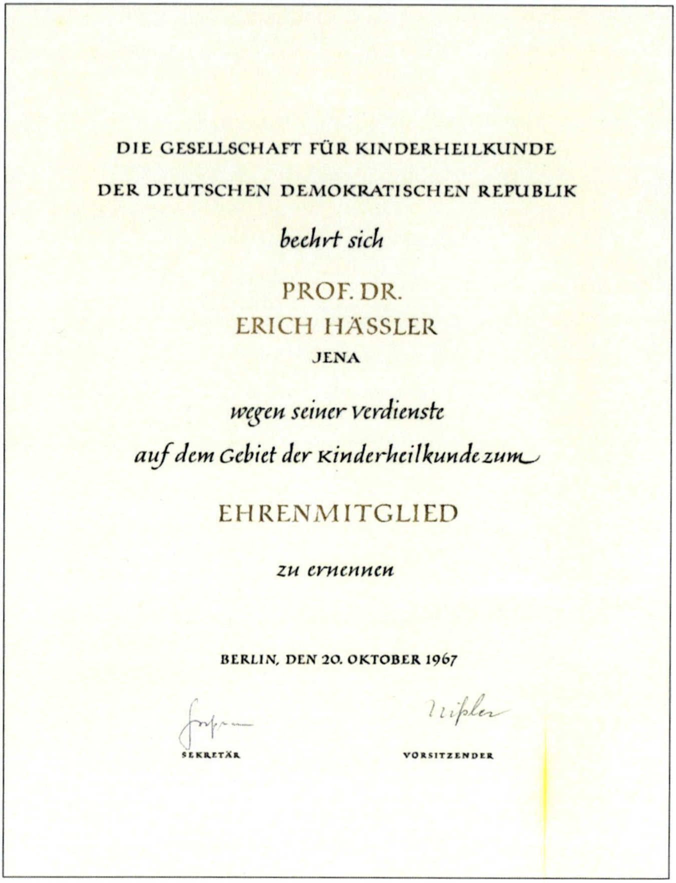

DIE GESELLSCHAFT FÜR KINDERHEILKUNDE

DER DEUTSCHEN DEMOKRATISCHEN REPUBLIK

beehrt sich

PROF. DR.
ERICH HÄSSLER
JENA

wegen seiner Verdienste

auf dem Gebiet der Kinderheilkunde zum

EHRENMITGLIED

zu ernennen

BERLIN, DEN 20. OKTOBER 1967

SEKRETÄR VORSITZENDER

Urkunde der Gesellschaft für Kinderheilkunde

Das persönliche Leben von Erich Häßler und seiner Familie spielte sich in den nächsten Jahren auf zwei Ebenen ab: einerseits eine weitere wissenschaftliche Tätigkeit durch Publikationen, Vorträge und die Teilnahme an Tagungen, andererseits das private Leben durch Reisen mit seiner Frau und Teilnahme an den Ereignissen seiner großen Familie, d.h. Geburtstage, Hochzeiten, Taufen, Schulanfänge, Konfirmationen. Und auch die Feiern seiner eigenen Geburtstage teilten sich in einen privaten und in einen gesellschaftlichen Teil.

So beschlossen seine Kinder, den Eltern anlässlich seines 70. Geburtstages einen Fernseher zu schenken. Der Jubilar kommentierte zu einem späteren Zeitpunkt dieses Geschenk mit den Worten:

> *„Er hat uns trotz anfänglichen Widerstrebens doch oft unterhaltsame Stunden vermittelt."*

Und wie Professor Patzer schon in seiner Festrede zum 60. Geburtstag vorausgesagt hatte, dass von nun an alle Geburtstage neben der familiären Seite auch eine offizielle Note bekommen würden, so folgte doch Professor Häßler zehn Jahre später gern der Einladung von Professor Plenert zu einem kleinen Empfang in der Bibliothek der Kinderklinik. Die ehemaligen Mitarbeiter überreichten zahlreiche Glückwünsche und Blumen und am Abend feierten sie zusammen in der „Rose". [Anm.: In einem Raum der Gaststätte „Zur Rosen" befand sich eine Gaststätte für Professoren, genannt Professorenmensa. Während seiner Zeit in der Kinderklinik ging Professor Häßler hier täglich zum Mittagessen.]

Sein früherer Oberarzt Dr. Dietel schwärmte noch lange von dieser Feier, vor allem von dem gemeinsam gesungenen Lied der 100 Semester „Als ich schlummernd lag heut Nacht, lockten süße Träume ..." (Gaudeamus Igitur), nicht ganz melodiös gesungen, aber dafür sehr kräftig und laut.

Es waren auch die Geburtstage ehemaliger Kollegen, zu denen er eingeladen wurde. Wie zu seinen eigenen Jubiläen wurde 1973 auch der 70. Geburtstag von Professor Harnapp mit einem wissenschaftlichen Symposium begangen. Professor Häßler gratulierte mit einem Vortrag über Mucopolysaccharidose, eine lysosomale Speicherkrankheit, von der vor allem auch das Gewebe des Skelettsystems betroffen ist. Georg Oskar Harnapp war seit 1955 Professor mit Lehrstuhl für Kinderheilkunde an der Medizinischen Akademie Carl Gustav Carus Dresden und ab 1956 Rektor der dortigen Kinderklinik. Er starb 1980.

Am 11. Dezember dieses Jahres 1973 verlieh der Ministerrat der Deutschen Demokratischen Republik Herrn Professor Häßler in Anerkennung 30-jähriger ständiger Einsatzbereitschaft und Leistungen im Dienste der Gesundheit und des Lebens der Bürger die Medaille für treue Dienste im Gesundheits- und Sozialwesen in Gold. Die Ehrenurkunde war unterzeichnet von Prof. Dr. sc. med. Mecklinger, Minister für Gesundheitswesen der DDR.

Es waren seine ehemaligen Oberärzte Dr. Rogner, Prof. Patzer, Prof. Köditz, Dr. Luboldt u. a., die ihm wissenschaftliche Arbeiten widmeten, als Professor Häßler seinen 75. Geburtstag feierte. Die Kinderklinik mit Professor Plenert und die Zeiss-Stiftung unter Professor Schrade hatten, wieder im Hörsaal der Kinderklinik, ein wissenschaftliches Symposium veranstaltet.

Einen Monat später wurde ihm die Ehrenplakette der Gesellschaft für Pädiatrie der DDR überreicht.

Dass es auch weniger wissenschaftliche Erlebnisse geben kann, zeigte ein Treffen deutscher und polnischer Ärzte in Sciegny, ein Ort am Fuße der Schneekoppe, das Professor Nowakowski organisiert hatte. Professor Häßler sprach zum Abschluss im Namen der DDR-Teilnehmer seinen Dank aus und erwähnte dabei auch sein Problem mit der polnischen WC-Spülung. Er hatte keine Spülkette finden können und erst ein polnischer Kollege erklärte ihm, dass er das Abfallrohr vom Spülkasten anheben müsse.

Zu den polnischen Ärzten blieb immer eine enge Verbindung. 1976 fand in Wroclaw ein internationaler Pädiaterkongress statt, zu dem er von Professor Nowakowski wieder eingeladen wurde. Er hielt einen Vortrag, den seine Frau Ruth simultan ins Polnische übersetzte.

Ein fast gleichwertiges Erlebnis bedeutete ihm, dass er im Alter von 77 Jahren noch einmal die Schneekoppe besteigen konnte.

Im gleichen Jahr überreichte ihm Professor Nowakowski feierlich die Urkunde zu einer Ernennung als Ehrenmitglied der polnischen Gesellschaft für Pädiatrie.

P · S · P

A · 1908 · C

POLONORUM SOCIETAS PAEDIATRICA

PROFESSOREM, SCIENT. MED. DOCTOREM

ERICH HÄSSLER

UT VIRUM DE LITTERARUM FINIBUS PROPAGANDIS ET PUERORUM SANITATE TUENDA OPTIME MERITUM HONORIS CAUSA SOCIUM SIBI COOPTAVIT

SECRETARIUS

PRAESES

VARSOVIAE · ANNO · 1976 · MENSE · SEPTEMBRE

Ehrenmitglied der polnischen Gesellschaft für Kinderheilkunde

Verliehen wurde ihm diese Urkunde während der Veranstaltung der Kinderklinik Jena anlässlich des 60-jährigen Bestehens der Kinderklinik und des 100. Geburtstages von Professor Jussuf Ibrahim, die vom 17. bis 18. Mai 1977 stattfand. Es wurde ein umfangreiches Symposium, gewidmet der Ernährung des Kindes, mit internationaler Beteiligung organisiert. Auf Betreiben von Professor Plenert wurde Englisch als Kongresssprache vorgegeben. Für die etwa 150 Teilnehmer gab es viele fachliche Anregungen, vor allem konnten viele Fragen in persönlichen Gesprächen diskutiert werden.

60 Jahre Kinderklinik

Am 27. Mai 1977, dem 100. Geburtstag von Jussuf Ibrahim, des ersten Direktors der Kinderklinik, dessen Namen sie trägt, wurde im Garten der Klinik feierlich eine Bronzebüste Ibrahims enthüllt. Die Festrede zur Enthüllung dieser Büste hielt Herr Prof. Dr. Helmut Bräunlich, Prorektor für Medizin der Friedrich-Schiller-Universität.

Enthüllung der Büste Ibrahims

Bereits im Jahr 1968 hatte der Springer Verlag Berlin Heidelberg New York das Fachbuch,

HANDBUCH DER MEDIZINISCHEN RADIOLOGIE

ENCYCLOPEDIA OF MEDICAL RADIOLOGY

HERAUSGEGEBEN VON EDITED BY L. DIETHELM
O. OLSSON F. STRNAD MAINZ LUND FRANKFURT/
MAIN H. VIETEN A. ZUPPINGER DÜSSELDORF BERN

BAND/VOLUME V TEIL/PART 3 SPRINGER VERLAG
BERLIN HEIDELBERG NEW YORK 1968

herausgegeben. Im Teil 3 des Handbuches behandeln 18 Autoren die Röntgendiagnostik der Skeletterkrankungen. Einer der Autoren ist Erich Häßler. Das Kapitel „Störungen des Kerasinstoffwechsel" umfasst 84 Seiten und 35 Seiten Literaturangaben, in denen er sich auch auf Artikel bezieht, die er bereits während seiner Leipziger Zeit in der Deutsche Zeitschrift für Verdauungs- und Stoffwechselkrankheiten 4, S. 124–139 (1940) und Monatsschrift Kinderheilkunde 86, 96–110 (1941) publiziert hatte.

XIV. Speicherkrankheiten

Von
E. Häßler
Mit 31 Abbildungen

Erich Häßler geht es in dieser Arbeit vor allem um Speicherkrankheiten, die als Stoffwechselentgleisungen angesehen werden müssen, meist sind es Erbkrankheiten. Eine dieser seltenen Speicherkrankheiten ist die Letterer-Christiansche Erkrankung, eine spezielle Knochenkrankheit. Er behandelte ein eineiiges Zwillingspaar, Mädchen, die im Alter von wenigen Monaten gleichzeitig und mit den gleichen Symptomen schwer erkrankt in die Jenaer Kinderklinik verlegt worden waren. Er diagnostizierte einen Morbus Abt-Letterer-Siwe, eine Krankheit, die ursprünglich als unbedingt letal galt. Basierend auf den vielfältigen Symptomen ging man in früheren Publikationen davon aus, dass es sich um unterschiedliche Erkrankungsprozesse handeln müsse. Häßler kam zu der Auffassung, dass es sich um eine einheitliche Erkrankung handele, die in verschiedenen Stufen verlaufe, und sich somit im Krankheitsverlauf Unterschiede ergeben. Die akute Verlaufsform verläuft meist schon in den ersten Lebensjahren tödlich – eine der Zwillingsmädchen verstarb im Alter von 7 Monaten. Die chronische Verlaufsform kann behandelt werden – das zweite Zwillingsmädchen starb erst 6 Jahre später, allerdings mit den klinischen Symptomen eines Morbus ALS und unter laufender Therapie mit Glucocorticoiden. Die Diagnose und die Behandlung der Zwillingsmädchen gingen auch in die Inaugural-Dissertation der Ärztin Christel Oetzel mit dem Titel „Klinischer Beitrag zum Morbus Letterer-Christian“ ein, die ihm nicht nur für das Thema ihrer Arbeit dankte, sondern besonders für die vielen Anregungen und Hinweise sowie die Überlassung von Klinikbefunden.

Es war auch Häßlers Verdienst, viele Gespräche mit den Eltern über diese Krankheit geführt zu haben, die seiner Meinung nach ganz selten familiär auftritt. Jahre später wurde der Familie ein gesunder Sohn geboren. Da die Mutter während der langen Krankenhausaufenthalte ihrer Mädchen als Gast bei Familie Häßler wohnte, wurde Frau Ruth Häßler seine Patin. Noch ein gesunder Sohn wurde geboren, Häßlers Sohn Wieland wurde sein Pate. Beide Söhne haben inzwischen selber Kinder – gesunde Jungen.

Auf der vom 14. bis 16. November 1978 stattfindenden Tagung der Osteologen in Neubrandenburg hielt er den Eröffnungsvortrag mit dem Thema „Die Bedeutung der Osteologie für die Pädiatrie".

In das darauffolgende Jahr 1979 fiel der 80. Geburtstag von Professor Häßler. Wieder hatte die Kinderklinik zusammen mit der Zeiss-Stiftung zu einem wissenschaftlichen Symposium eingeladen. Zu den Referenten gehörte auch seine Tochter Dr. Almute Häßler mit dem Vortrag:

> A Hässler, K. John und O. Metz
> „Vorläufiger Therapieerfolg bei malignem Ependymom".

Aufgrund seiner Verdienste auf dem Gebiet der Knochenerkrankungen bei Kindern überreichte Frau Professor Großmann im Namen des Vorstandes der Gesellschaft für Osteologie während dieser Veranstaltung Professor Häßler die Ernennungsurkunde zum Ehrenmitglied der Gesellschaft.

Als einen Höhepunkt dieses Jahres sah Professor Häßler die Einladung des Vorstandes der Gesellschaft der Ärzte des Bezirkes Gera zu einer Tagung an, welche im Rahmen des internationalen Tages des Kindes unter dem Thema „Das kranke Kind" stand und ihn bat, den Festvortrag zu übernehmen. Er erinnerte sich, dass dieser Vortrag zwar einige Arbeit erfordert, ihm aber auch echte Freude bereitet hatte.

Das Ende des Jahres brachte für Professor Häßler einen privaten und einen weiteren wissenschaftlichen Höhepunkt. Auf der Tagung der Gesellschaft für Pädiatrie in Rostock überreichte Professor Großmann ihm und auch anderen Teilnehmern die Professor-Ibrahim-Medaille der Dachgesellschaft der Medizinischen Gesellschaften der DDR.

Ruth und Erich Häßler waren sehr fromme Menschen. Das beschränkte sich bei ihnen nicht nur auf die christlichen Feiertage.

Jeden Sonntag besuchten sie die Gottesdienste im Melanchthonhaus und vor allem mit Pfarrer Zollmann und seiner Familie blieben sie bis zum Lebensende freundschaftlich verbunden. Nach jedem Gottesdienst ging Prof. Häßler in die Kinderklinik, um die Visite durchzuführen. Auch angeregt durch das Vorbild von Professor Ibrahim hatten viele seiner Schwestern aus der Kinderklinik an den Gottesdiensten im Melanchthonhaus teilgenommen und unter Professor Häßler als seinem Nachfolger blieben sie Mitglieder der Gemeinde. Sie alle lernten ihn als einen bescheidenen Mann mit einer christlichen Gesinnung kennen, der diese allerdings nicht vor sich hergetragen, sondern einfach gelebt hat. Noch in den 60er-Jahren gab es Menschen, die materielle Sorgen hatten. Mit ihrem Pfarrer konnten sie darüber reden. Und über diesen erfuhr Familie Häßler davon. Sie halfen mit Geld und mit Sachspenden – geredet wurde darüber nie. Erst als Erich Häßler im hohen Alter den Weg zum Gemeindehaus nicht mehr zu Fuß bewältigen konnte, gewöhnten er und seine Frau sich an die Gottesdienste, die im Fernsehen übertragen wurden.

Zum Leben der Familie Häßler gehörten ganz selbstverständlich die täglichen Tischgebete vor jeder Mahlzeit, auch wenn diese zu Feierlichkeiten in einer Gaststätte eingenommen wurden.

Seit 1948 gab es in der DDR die Evangelische Forschungsakademie als eine Arbeitsgemeinschaft von Wissenschaftlern christlichen Glaubens zur Neubesinnung für das menschliche Leben, um auf diese Weise auch die wissenschaftliche Arbeit zu fördern. Zweimal im Jahr werden nicht-öffentliche Tagungen organisiert, zu denen die Mitglieder und Gäste eingeladen werden. Die Tagungen im Januar sind speziellen Themen gewidmet, während zur Pfingsttagung, die in Buckow stattfindet, die Akademiemitglieder aus ihrer Arbeit berichten.

Familie Häßler wurde Mitglied und fuhr fast regelmäßig zu den Pfingsttagungen nach Buckow. Natürlich beteiligte sich Professor Häßler auch aktiv mit Vorträgen, die sich mit Gesundheitsproblemen befassten. In einem seiner Vorträge ging es um virusbedingte Infektionskrankheiten, in einem anderen Vortrag sprach er über den Wandel des Krankheitsbildes in den letzten 100 Jahren, dargestellt am Beispiel der Rachitis.

> *„Nur wer die Vergangenheit kennt, kann notwendige Maßnahmen der Gegenwart verstehen.*
> *Nur wer weiß, welche große Bedeutung die Rachitis als wahre Volkskrankheit früher besaß, kann erkennen, daß die Vigantol-Prophylaxe unserer Säuglinge immer erforderlich sein wird. Nur wer die verheerende Wirkung der Infektionskrankheiten, einschließlich der Tuberkulose, erlebt hat, kann die Notwendigkeit aktiver Impfungen begreifen.“*

Die Kinder der Familie Häßler wurden langsam erwachsen. Die jüngste Tochter beendete ihre Schulzeit, die Eltern besuchten zum letzten Mal einen Abiturball. Sie hörten den Vers, den ihre Mitschüler über sie gedichtet hatten.

> *„Und sie schmiert sich mit FLORENA – und so wird sie immer scheener.“*

Zu einem größeren Familienfest fanden sich alle zusammen, als die Enkel Tobias und Michael ihre Konfirmation feierten.

Familienfeier anlässlich der Konfirmation zweier Enkel

Auch die wissenschaftlichen Tagungen, zu denen Professor Häßler immer wieder eingeladen wurde, splitteten sich in seiner Erinnerung in einen offiziellen und einen privaten Teil.

Für die Tage vom 11. bis 13. Juni 1980 hatten die Kinderärzte der ČSSR zu einem PAEDIATRICUM SYMPOSIUM DDR – ČSSR in Svidnik eingeladen. Zusammen mit ihren Ehefrauen, Frau Häßler, Frau Patzer, Frau Plenert, wurden die Kinderärzte sehr herzlich begrüßt und in einem Ledigenheim für Schwesternschüler untergebracht. Die Schwesternschülerinnen kümmerten sich auch beim Frühstück sehr nett um sie. Mehrere fragten nach ihren Wünschen, schrieben sich diese auf, aber schließlich mussten alle ohne Frühstück zu den Veranstaltungen gehen.

Da die „ältere Generation" der Kinderärzte nach wie vor gern zu wissenschaftlichen Symposien eingeladen wurde, konnten sich ehemalige Kollegen immer wieder treffen. So hielt der Kontakt zu Lothar Weingärtner, Siegfried Liebe, Oskar Harnapp, die sich noch aus ihrer gemeinsamen Zeit in Leipzig kannten, und zu Horst Köditz. Es waren zum einen runde Geburtstage und auch Jubiläumsveranstaltungen der von ihnen geleiteten Kliniken, die meist mit wissenschaftlichen Symposien begangen wurden.

Eine weitere Auszeichnung erhielt Professor Häßler am 30. März 1982. Aus Anlass des 100. Jahrestages der Entdeckung des Tuberkulose-Erregers wurde ihm die Robert-Koch-Medaille überreicht. Schon in den 1950er-Jahren hatte ihm Dr. Kallabis, der nach dem Zweiten Weltkrieg in Sachsen die Tuberkulose-Bekämpfung aufbaute und organisierte, welche in der DDR zu einem Vorbild für die erfolgreiche Bekämpfung dieser Krankheit wurde, für die gute Zusammenarbeit gedankt und in seiner Jenaer Zeit hatte er durch Vorträge erreicht, dass die damals noch freiwillige Beteiligung an der BCG-Impfung sich auf 90 % aller Neugeborenen steigerte.

Und wieder kommt ein Enkelkind in die Schule. Dorothea, die im gleichen Haus im Mädertal lebte, zeigt ihrem Opi die beim Zuckertütenfest des Kindergartens erhaltenen Süßigkeiten.

Schulanfang einer Enkelin

1987 feierte der finnische Kinderarzt Prof. Arvo Henrik Ylppö seinen 100. Geburtstag. Er war nicht nur der älteste Kinderarzt Finnlands und Europas, in der Medizin galt er als Gründer der Neonatologie, der Lehre vom Neugeborenen. Zusammen mit Professor Braun, Leipzig, und Professor Schickedanz, Jena, besuchte Professor Häßler ihn zu diesem Anlass in Helsinki.

1992 starb Arvo Henrik Ylppö im hohen Alter von 104 Jahren und war zu diesem Zeitpunkt der älteste Kinderarzt Europas. Später wurde Erich Häßler dieses Privileg zuteil.

Es sind vor allem die runden Geburtstage von Persönlichkeiten des öffentlichen Lebens, die sich anbieten, wissenschaftliche Veranstaltungen zu organisieren, die allen – ehemaligen Kollegen, Schülern, Freunden – die Möglichkeit eröffnen, sich zu treffen, auszutauschen und, je weiter das Alter fortgeschritten ist, auch über Erinnerungen zu reden. So wurde auch der 90. Geburtstag von Prof. Häßler ein Anlass, dieses Jubiläum mit einer wissenschaftlichen Tagung zu verbinden.

Die Gesellschaft für Klinische Medizin der DDR und die Regionalgesellschaft Süd der Gesellschaft für Pädiatrie der DDR luden gemeinsam mit der Universitäts-Kinderklinik Jena zu ihrer 28. Tagung in die Aula der Universität Jena ein. Diese gemeinsame Veranstaltung fand aus Anlass und zu Ehren des 90. Geburtstages von Professor Häßler am 26. April 1989 statt.

Bereits für den Vortag der Tagung hatten der Prorektor der Universität, Prof. Dr. sc. med. Kühne und Prof. Dr. sc. med. Zwacka, Direktor der Kinderklinik, zu einem Empfang in das Hotel „Schwarzer Bär" eingeladen, um Professor Häßler die Glückwünsche zu überbringen.

Und es kamen viele Gäste. Natürlich die offiziellen Persönlichkeiten der Universität, der Carl-Zeiss-Stiftung, des Bezirkes Gera, der Gesellschaft für Pädiatrie der DDR, Ärzte und Schwestern der Kinderklinik. Besonders freute sich Professor Häßler über die Besuche ehemaliger Schüler und Mitarbeiter aus früheren Zeiten, Professor Siegfried Liebe, Professor Lothar Weingärtner und Professor Johannes Oehme aus der gemeinsamen Leipziger Zeit. Der Gratulant Professor Oehme, Wolfenbüttel, erinnerte an die Zeit der Abfassung seiner Dissertation mit dem Thema „Die katamnestischen Untersuchungen bei Myotonia congenita (*Oppenheim)*" und die Unterstützung durch Professor Häßler.

> *„Mehrere Kinder zeigten dabei eine völlig normale Entwicklung. Bei der Deutung dieser überraschenden Befunde trösteten Sie den Doktoranden mit der lapidaren Feststellung: Dann stimmen eben die Befunde nicht."*

Mit dieser Arbeit konnte Oehme nachweisen, dass es dieses Krankheitsbild gar nicht gibt, sondern es sich entweder um Kinder mit Muskelatrophie Werdnig-Hoffmann oder um solche mit einer verzögerten statischen Entwicklung handelt.

90. Geburtstag

Ein ehemaliger Mitarbeiter, Dr. Hans Kirmse, der von 1958 bis 1965 an der Kinderklinik in Jena arbeitete und bei ihm mit dem Thema „Der BCG-Test und die Tuberkulinproben im Vergleich" promovierte, widmete ihm eine Publikation „Studie über die stenosierende Laryngitis akuta (Pseudokrupp) in den Jahren 1985 bis 1987". Sie sollte pünktlich in der Zeitschrift für Klinische Medizin erscheinen, aber in einem sehr persönlichen Glückwunschschreiben wies er auch auf die Wartezeiten hin und überreichte einen Vordruck.

Es war Professor Helmut Patzer, langjähriger Mitarbeiter von Erich Häßler aus seinen Anfangsjahren in Jena, der die Festrede hielt.

Sehr geehrter, lieber Herr Professoren Häßler,
meine Damen und Herren!

Wir haben heute etwas sehr Schönes, aber auch nicht ganz Leichtes vor.

Sie, lieber Herr Häßler, sollen sich aus Anlaß Ihres 90. Geburtstages feiern lassen – wir, d. h. Ihre Kollegen, ehemalige Mitarbeiter, Schüler und Freunde, wollen Sie feiern in einer Weise, die Ihnen gemäß ist und die uns von Herzen kommt.

Aber wer besitzt schon größere Erfahrung und Übung darin, wie man einen 90. Geburtstag richtig feiert – einen 90. Geburtstag, der so viel Vergangenheit enthält, der aber auch Gegenwart ist und auf Zukünftiges verweist.

Vergessen wir unseren Mangel an Erfahrung in dieser Hinsicht, gehen wir unser Vorgehen unbekümmert und zuversichtlich an, und lassen wir uns ganz leiten von der inneren Verbundenheit mit Ihnen und von der Freude, Sie in so guter Kondition unter uns zu haben.

Aber es war nicht nur er, der einen Bogen schlug von Ereignissen des Jahres 1899 bis zur Gegenwart, sondern auch sein ehemaliger Mitarbeiter und jetziges Mitglied seiner Chemnitzer Familie, Dr. Eike Hofmann, der über die astronomische Betrachtung von neunzig Jahren sprach.

In alter Tradition hatte seine Oberin Erika Elendt ihm ein Gedicht gewidmet, das in fünf Strophen sein Wirken in Jena umfasste und mit folgendem Vers begann:

„Unsre Oma und der Opa war'n als Kinder krank gar sehr,
hatten Scharlach, Polio, Typhus und noch vieles andere mehr.
Doch die Doktors fanden Impfstoff und auch andre Medizin
und so können heut die Kinder fröhlich durch das Leben zieh'n.

Prof. Häßler lebe hoch,
ihm, auch ihm verdanken wir das alles doch."

Das Jahr 1989 war auch das Jahr der politischen Veränderungen. Das betraf in der DDR alle Bereiche des Lebens, auch Bereiche der Vergangenheit.

Anfang der 90er-Jahre hatten Historiker und investigative Journalisten begonnen, sich mit der Rolle verschiedener in der DDR lebender Berufsgruppen in der Zeit des Nationalsozialismus zu beschäftigen. Dies betraf natürlich auch die Mediziner.

Der Investigativjournalist Ernst Klee (Frankfurt/Main) hatte sich bereits mit der Biografie des früheren Direktors der Leipziger Universitäts-Kinderklinik, Prof. Catel, und seiner Rolle während der Zeit des Nationalsozialismus befasst. Dessen Oberärzte in dieser Zeit waren Erich Häßler, Hans-Joachim Hartenstein, Hans Christoph Hempel und Hartmut Dost. Nur basierend auf dieser Tatsache zog Klee den Schluss, dass sie Mitwisser/Mittäter gewesen sein mussten und aus diesem Grund in sein geplantes „Personenlexikon zum Dritten Reich – Wer war was vor und nach 1945" gehörten. Allerdings gibt er weder bei Häßler noch bei Hartenstein noch bei Dost Angaben zu den Quellen an, wie dies bei den meisten anderen Personen (ca. 4.300 Artikel) im Buch korrekt gehandhabt wird. Die Zusammenfassungen der Biografie der Personen geben nur kurz stichwortartig Informationen über Lebensdaten einschließlich Berufsweg und Funktionen in nationalsozialistischen Organisationen. Ohne Quellenangaben sind sie (nicht nur) im Fall Häßlers nicht belegbar, nicht nachvollziehbar und subjektiv aus ihrem historischen Zusammenhang gerissen.

Es bleibt die Möglichkeit, dass durch die unkommentierte Angabe von Zitaten Personen, an diese Stelle gemeint Erich Häßler, als Nazis/Mittäter dargestellt wurden, zumal auch auf nach 1945 erstelltes Entlastungsmaterial nicht hingewiesen wird. Das bedeutet, dass für in der NS-Zeit aktive Menschen ohne Betrachtung der Umstände für Schuldzuweisungen ein Schuldspruch gefällt wurde. In diesem Sinn sollte die Quelle „Personenlexikon" vorsichtig betrachtet werden.

Der Journalist Ernst Klee war selbst, allerdings aus einem anderen Anlass, 1998 zu einer Lesung in Jena, vermied es aber, mit Häßler selbst zu reden, obwohl dieser es ihm angeboten hatte. Erst 2003 veröffentlichte er erstmals sein Personenlexikon, in dem er auch auf Häßlers medizinische Tätigkeit in der NS-Zeit verwies.

Bereits bei der Berufung auf den Lehrstuhl für Kinderheilkunde an der Friedrich-Schiller-Universität wusste Professor Häßler, dass er in Jena zwei ihm bekannte Arionen treffen würde, und er erfuhr von gelegentlichen Treffen einiger Pauliner AH. Da er als Arione sich von seinem Heimatbund weit getrennt und damit im korporativen Sinn etwas vereinsamt fühlte, nahm er gern an diesen Zusammenkünften teil und bald verband ihn eine Freundschaft mit weiteren Alten Herren und auch er selber wurde im Laufe der Zeit zu einem AH (Alter Herr). Sie alle waren an dem Fortbestand des Paulus interessiert, es gab auch eine Adressenliste, aber die Möglichkeiten, sich zu treffen, waren in der DDR, bedingt durch die Vorschrift der polizeilichen Meldung von größeren Veranstaltungen, nicht sehr groß. So traf man sich, gemeinsam mit den Ehefrauen und natürlich ohne Couleurabzeichen, zu gelegentlichen Kaffeestündchen und auch zu gemeinsamen Wanderungen.

Prof. Dr. Erich Häßler als AH mit Band und Mütze

Erst nach der politischen Wende erfolgte die Reaktivierung der Sängerschaft in Jena und es konnten wieder gemeinsame Veranstaltungen durchgeführt werden, bei denen auch Band und Mütze getragen wurden. Schon am 3. Juni 1990 wurde Herr Erich Häßler als erster Alter Herr zum Mitglied der Sängerschaft ernannt. Er stellte sich mit den Worten vor:

Guten Tag, ich heiße Erich, der Paulus in Jena hat mich adoptiert.

In Jenenser Tradition verlieh man ihm das Paulinerband in den Farben h'blau – weiß – d'blau, das er jetzt neben seinem Arionenband trug.

Er fehlte bei keiner Zusammenkunft und den jungen Paulinern, den Füxen, oblag es, ihn mit einem Auto aus dem Mädertal abzuholen. Dazu erinnerte sich ein AH und erzählte gern die folgende Episode.

„Wir hatten damals einige Füxe, welche Medizin studierten und die anfangs recht begeistert waren, ihn abzuholen. Nach einigen Fahrten wurden sie jedoch immer verlegen, wenn die Sprache auf das Mädertal kam. Der Grund: Immer wenn sie mit Erich im Auto saßen, begann dieser in seiner lebhaften Art zu fragen: ‚Was studiert ihr? Ah, Medizin! Da könnt ihr mir doch gleich sagen, wie …‘ Vor derartigen Sonderexamen hatten schließlich alle Medizinstudenten Respekt.“

Im Jahr 1995 wurde von dem Kinderarzt Prof. Dr. med. Hans-Rudolf Wiedemann, emeritierter Direktor der Universitäts-Kinderklinik Kiel, ein Buch veröffentlicht, das den Titel trägt „Langlebigkeit und geistige Vitalität“. Er untersucht in diesem die Handschriften von mehreren Persönlichkeiten, die ein Alter von über 90 bis weit über 100 Jahren erreicht und die sich durch höchste geistige Altersvitalität ausgezeichnet haben.

Bemerkenswert ist seine Aussage:

„Allen war oder ist ihr sogenannter ‚Ruhestand‘ ein Aktivstand mit individueller Selbständigkeit und laufenden Anforderungen an sich selbst (nach Vermögen auch in körperlicher Hinsicht), einschließlich der Erhaltung und Neuaufnahme von Kontakten und Freundschaften.
… Alle pflegten oder pflegen auch nach dem Ende einer offiziellen Berufszeit weiterhin sinngebende und erfüllende geistige Tätigkeiten oder haben solche immer wieder neuaufgenommen. Sie bieten somit eine positive, bejahende Einstellung zum Leben.“

Zu diesen Persönlichkeiten zählt auch Professor Erich Häßler. Über ihn heißt es:

„An seinem 95. Geburtstag gab er beinahe jünglingshaft – mehr als eine Stunde lang im Stehen frei und fließendsprechend – einen faszinierenden Rückblick auf sein berufliches Leben. Ein halbes Jahr später hat der Herausgeber Erich Häßler auf einer wissenschaftlichen Tagung frei, klar und entschieden zu einem aktuellen Thema diskutieren gehört.“

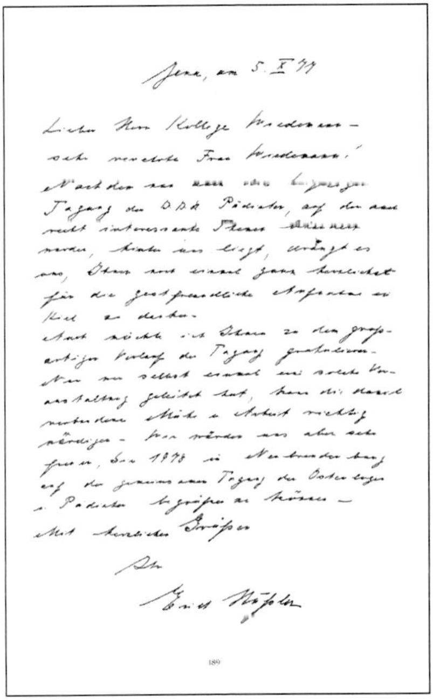

Jena, am 5. X 77

189

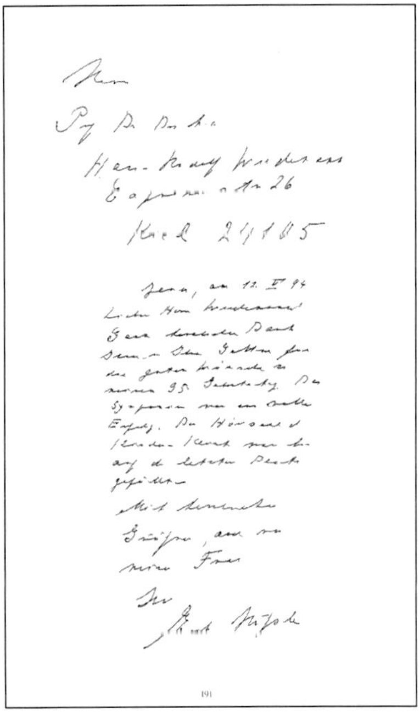

Kiel 24105

Jena, am 12. V 94

191

Brief vom 5. 10. 1977 *Brief vom 12. 5. 1994*

Quelle: Langlebigkeit und geistige Vitalität, Hans-Rudolf Wiedemann (Autor), Verlag Dräger Druck GmbH, Lübeck, 1995
Seite 189: Brief vom 5. 10. 1977
Seite 191: Brief vom 12. 5. 1994

Diese beiden Briefe aus den Jahren 1977 und 1994 zeigen eine kaum veränderte Handschrift.

Anhand dieses Vergleiches stuft der Graphologe Wolfgang Heberlein in einem schriftpsychologischen Kommentar Häßler in eine Gruppe ein, die sich durch eine ausgeprägte Tendenz zur Selbstschutzhaltung und Kräfteökonomie auszeichnet.

Als Kriterien hierfür benennt er

» ausgewogenes Temperament,
» disziplinierte Haltung und Selbstkontrolle,
» sorgfältige Steuerung,
» Tendenz zur Vorsicht, Risikovermeidung, zum sparsamen Kräftehaushalt.

Das Kinderkrankenhaus der Carl-Zeiss-Stiftung Jena, das zugleich Universitäts-Kinderklinik und Poliklinik ist, existiert seit dem Jahr 1917. Es gab Umbenennungen des Namens und vor allem gab es komplexe Rekonstruktionen, die immer weiter dazu führten, neuere medizinische Funktionseinheiten und eine bessere Patientenfreundlichkeit, alles zum Wohl der kleinen Patienten, zu etablieren. Im Jahr 1997 bot es sich deshalb an, mit einem Festsymposium „80 Jahre Kinderheilkunde in Jena“ diesen medizinischen Fortschritt zu dokumentieren. Es sollte gleichzeitig der Tradition Jussuf Ibrahims, des ersten Direktors und Inhaber des damals neu geschaffenen Lehrstuhls für Kinderheilkunde, gewidmet sein.

Im Rahmen der festlichen Eröffnung dieses Symposiums unter dem Thema „Das chronisch kranke Kind“ sprach auch der em. Professor Häßler, Nachfolger von Jussuf Ibrahim, und gab einen persönlichen Rückblick auf die Universitäts-Kinderklinik Jena.

Vielleicht war dieser Vortrag der Auslöser für Erich Häßler, seine Erfahrungen aus 80 Jahren Kinderheilkunde, in denen er viele Jahre lang die Entwicklung mitgetragen hatte, aufzuschreiben. Er wusste, es geht schnell, die Anfänge zu vergessen, wenn die gegenwärtige Situation klare Einschätzungen erlaubt und Mittel zur Behandlung und zur Heilung vorhanden sind. Diese Chronik wurde in dem Magazin für Mitarbeiter, Patienten, Studenten, Besucher und Freunde des Klinikums der Friedrich-Schiller-Universität Jena „Klinik Magazin" in den Heften 14, 15 und 16/1997 veröffentlicht. Die Gliederung entspricht seinem eigenen medizinischen Lebensweg, berücksichtigt nur eigene Arbeiten, und die Artikel sind größtenteils aus dem Gedächtnis niedergeschrieben.

Die Hauptursache der Zunahme der Durchfallserkrankungen in den heißen Sommermonaten war verdorbene Nahrung. Es gab in den Familien kaum die damals durch Eisblöcke gekühlten Eisschränke, und die Mütter stellten oft die Säuglingsnahrung für den ganzen Tag her. So fanden sich in den Flaschennahrungen, welche die Mütter mit in die Poliklinik brachten, bei bakterieller Untersuchung massenhaft lebende

Prof. Dr. Erich Häßler war von 1953 bis zu seiner Emeritierung 1965 Ordinarius für Kinderheilkunde und Direktor der Jenaer Universitäts kinderklinik *Foto: Grau*

Colibakterien. Aber auch pathogene Bakterien spielten keine unbedeutende Rolle. So konnten bei dyspeptischen Stühlen der Säuglinge, die Beimengungen von blutigem Schleim enthielten, nicht selten auch Ruhrbakterien nachgewiesen werden.

Symposium 80 Jahre Kinderheilkunde in Jena

KLIN[...] Magazin

Notfallmedizin a[...]

... ermöglicht das Nothilfezentrum des Klini[...]
22. Dezember 1997 seiner Bestimmung über[...]
Räumen zur Erstversorgung und 12 zusätzli[...]
notfallmedizinischen Versorgung Schwerverlet[...]
bzw. notfallmedizinischen Bereiche der Klinik
Mit dem Neubau, der auch über einen Hubsch[...]
in Not geratenen Patienten im Einzugsbereich
zu helfen.
KLINIKMAGAZIN widmet sich in dieser
zin einschließlich der psychologischen und s[...]
tionen. Lesen Sie hierzu unsere Beiträge auf

Fahrbereitschaft[...]
Jährlich fast 1[...]

Der Leiter der Fahrbereitschaft am Klinikum, Mayk [...]

Die Fahrzeuge des Klinikums der FSU gehö[...]
Vom Krankenwagen über den Kleinbus bis[...]
Mitarbeiter und Material zu transportieren. In[...]
jährlich zu bewältigen. Angesichts überlaste[...]
passierbarer Straßen ist dies kein einfaches [...]
Straßen unterwegs ist, kann einschätzen, w[...]
Koordination der Einsätze zuständigen Disp[...]
KLINIKMAGAZIN berichtet in dieser Ausgab[...]
Bemühen der Verantwortlichen, durch den
Schadstoffemissionen beizutragen.

KLINIK Magazin Heft 14 4/1997

Magazin für Mitarbeiter, Patienten, Studenten, Besucher und Freunde des Klinikums der Friedrich-Schiller-Universität Jena

Seit 80 Jahren für das Wohl der Kinder

Blick in ein Krankenzimmer der Jenaer Kinderklinik im Jahre 1920 *Foto: Archiv Klinik für Kinder- und Jugendmedizin*

Die Klinik für Kinder- und Jugendmedizin feierte im Juni ihr 80jähriges Bestehen. Auch zahlreiche ehemalige Mitarbeiter ließen es sich nicht nehmen, ihre alte Arbeitsstätte nach langer Zeit wieder einmal zu besuchen. Mit dem Abstand der Jahre sahen sie besonders deutlich, was sich seither alles verändert hat. Noch deutlicher werden diese Veränderungen, wenn man in die Zeit der Gründung der Klinik zurückblickt; und dies betrifft nicht nur das äußere Erscheinungsbild. Moderne Medizintechnik, diagnostische und therapeutische Möglichkeiten sowie Medikamente, von denen die Gründer der Jenaer Kinderklinik kaum zu träumen wagten, gehören heute längst zum Alltag. Viele Krankheiten, denen die Medizin des beginnenden 20. Jahrhunderts noch ratlos gegenüberstand, wurden zurückgedrängt oder haben ihren Schrecken verloren. Andere geben auch der modernen Medizin noch immer Rätsel auf. Eines ist in all den Jahren freilich erhalten geblieben: das Engagement der Ärzte und des Pflegepersonals für die kleinen Patienten.
KLINIKMAGAZIN widmet sich in dieser Ausgabe ausführlich der Entwicklung der Jenaer Kinderklinik und der Kinderheilkunde. Lesen Sie hierzu die Seiten 3 bis 5 und 30 bis 33.

Publikationen 80 Jahre Kinderheilkunde

Es waren die Infektionskrankheiten (Tuberkulose, Poliomyelitis, Diphtherie, Masern und Keuchhusten) und die Erkrankungen des Knochensystems (rheumatische Erkrankungen, Erbkrankheiten, Skeletterkrankungen), denen er sich vom rein medizinischen Standpunkt aus besonders widmete. Aber er wollte auch an die Arbeitsbedingungen erinnern, unter denen er und die anderen Ärzte seiner Zeit in den Polikliniken gearbeitet hatten.

In der Zeit um 1923/24 führten alle Stationsärzte der Leipziger Kinderklinik in der Regel zweimal wöchentlich poliklinische Sprechstunden durch. Die Karteikarten der Patienten hatten verschiedene Farben, so daß diese bei wiederholter Vorstellung immer dem gleichen Arzt zugeführt wurden. Da aber die Poliklinik über keine eigenen Räume verfügte, fanden die Sprechstunden im Hörsaal und in dem nebenan befindlichen Vorbereitungsraum statt. Deshalb mußten die Zeiten der Sprechstunden mit den Vorlesungszeiten koordiniert werden. Die poliklinische Schwester teilte die neuen Patienten dem Arzt zu, der gerade die wenigsten Patienten hatte.

Kinderärzte werden sehr alt.

Aus Anlass des 100. Geburtstages von Professor Häßler im Jahre 1999 – ein außergewöhnliches Ereignis – lud die Kinderklinik Jena zu einer Festveranstaltung ein.

> Am 22. April 1999 begeht Herr Prof. Dr. Erich Häßler seinen 100. Geburtstag. Anläßlich dieses Ereignisses erlauben wir uns, alle ehemaligen Mitarbeiter der Universitäts-Kinderklinik, alle Freunde und Bekannten und alle, die sich dem Jubilar verbunden fühlen, zu einer Festveranstaltung
>
> am 24. April 1999
>
> in die Aula der Friedrich-Schiller-Universität einzuladen.
>
> Herr Professor Häßler und seine Gattin würden sich sehr freuen, wenn Sie an diesem Tag ein paar Stunden mit ihm verleben würden.
>
> Prof. Dr. Felix Zintl

Die Laudatio wurde von Häßlers ehemaligem Mitarbeiter und Freund Professor Horst Köditz gehalten.

> *„... Sein hervorragendes Gedächtnis überrascht bei allen Begegnungen immer wieder. Dies resultiert offenbar aus der besonderen Wachheit seiner Sinne und der Kraft, das Gesehene, Gehörte und Empfundene lange bewußt zu halten.*
> *... Erich Häßler kann auf eine ‚Vita maxima' im klassischen Sinne des Wortes zurückblicken, die persönliche Schicksalsschläge ebenso kannte wie berufliche Höhepunkte, die letztlich aber reich und beglückend war. Und so grüßen den liebenswerten, noch immer von innerem Schwung beseelten Jubilar alle Kinderärzte, die sich ihm verbunden fühlen."*

Nach den offiziellen Gratulationen wandte sich Professor Häßler persönlich an die Gäste, er sprach über die Erinnerungen eines Hundertjährigen.

O LO JE2 Montag, 26. April 1999

Der 100jährige Jubilar ließ sein Leben Revue passieren

Symposium zu Ehren von Prof. Dr. Erich Häßler

Jena (OTZ/L. P.). Stehende Ovationen für einen 100jährigen in der bis auf den allerletzten Platz besetzten Aula der Friedrich-Schiller-Universität. Zur Festveranstaltung am Sonnabend vormittag zu Ehren von Prof. Dr. Erich Häßler waren ehemalige Mitarbeiter, Kollegen Freunde und Studenten aus ganz Deutschland gekommen, um den beliebten Kinderarzt und ehemaligen Direktor der Jenaer Kinderklinik anläßlich seines 100. Geburtstages, den er am Donnerstag bei guter Gesundheit gefeiert hatte, zu beglückwünschen. Zu den offiziellen Gratulanten gehörten u. a. Wissenschaftsminister Dr. Gerd Schuchardt, Magnifizenz Prof. Dr. Georg Machnik, Rektor der FSU, OB Dr. Peter Röhlinger und Prof. Dr. Pelz, Präsident der Deutschen Gesellschaft für Kinderheilkunde.

Höhepunkt der Festveranstaltung waren die Erinnerungen des Jubilars. Über eine halbe Stunde lang ließ der 100jährige mit viel Humor die Stationen seines Lebens Revue passieren. Dabei redete er völlig frei und ohne jedes Anzeichen von Anstrengung. Sein größter Wunsch: Er möchte noch den Jahrtausendwechsel erleben. Dann hätte er in drei Jahrhunderten und zwei Jahrtausenden gelebt.

In einem Lehnstuhl auf der Bühne sitzend, plauderte Prof. Häßler mit viel Humor aus seinem Leben. (Foto: OTZ/Prager)

Ostthüringer Tageszeitung (OTZ) vom 26. April 1999

Dass ein Hundertjähriger, vor allem ein solcher, der in vier verschiedenen Gesellschaftssystemen gelebt und gearbeitet hat, reichlich Erinnerungen und Erfahrungen und viel zu erzählen hat, war jedem der Gäste bewusst. Und Professor Häßler erzählte gern. Aus diesem Grund blieb vielen eine Episode in Erinnerung.

Nach einer gewissen Redezeit ging sein Sohn, Dr. Wieland Häßler, zum Podium und sagte seinem Vater etwas ins Ohr – Professor Häßler redete weiter. Wieder nach einiger Zeit ging sein Sohn erneut zum Podium, um seinem Vater etwas zu sagen – Professor Häßler redete weiter. Zum dritten Mal versuchte es sein Sohn – Professor Häßler fand einen harmonischen, seinen Vortrag abrundenden Abschluss und beendete ihn. Natürlich wollten viele von seinem Sohn wissen, was er denn gesagt hätte, und seine Antwort war einfach: *„Vati, die Suppe im Bären wird kalt.“* [Anm.: Mit Bären war das Hotel Schwarzer Bär gemeint, in dem der anschließende Empfang stattfinden sollte.]

Prof. Häßler trägt sich in das Ehrenbuch der Friedrich-Schiller-Universität ein. Neben ihm sein Sohn Dr. Wieland Häßler

Im Rahmen seiner Forschungen zu den kindlichen Knochenerkrankungen publizierte Häßler gemeinsam mit dem Pathologen Schallock bereits 1940 die Arbeit „Chondrodystrophia calcificans“, erschienen in der Monatsschrift für Kinderheilkunde. Sie beschrieben eine seltene Form des Morbus Hurler, die früher als reine Skelett-Erkrankung angesehen wurde, aber später als der rezessive rhyzomale Typ des Syndroms klassifiziert wurde.

Anlässlich des 100. Geburtstages von Professor Häßler veröffentlichten die Autoren Seidel, Vogt, Kirchner, Mentzel, Kauf, Zintl in der Monatsschrift Kinderheilkunde 1999, 147, S. 1123–1129 eine Publikation „Klinik, Radiologie, Genetik und Therapie hereditärer Skeletterkrankungen – Ein historischer Überblick anlässlich des 100. Geburtstages von Professor Erich Häßler". Sie widmeten ihm diese Arbeit, da er sich auch in der Zeit von 1953 bis 1965 als Direktor der Jenaer Kinderklinik wissenschaftlich mit verschiedenen Knochenerkrankungen im kindlichen Alter, u. a. der Chondrodysplasia punctata und der Mucopolysaccaridose I-H (Hurler Syndrom), beschäftigt hatte.

> *„Mit Ihrem Einverständnis haben wir die 1940 von Ihnen ... beschriebenen Fälle rekapituliert und anhand des heutigen Wissenstandes diskutiert, um Ihren wertvollen Beitrag in der Aufklärung von Erkrankungen des kindlichen Skeletts zu würdigen."*

Im Juli 2000 kontaktierte Dr. Jörg Seidel, Oberarzt an der Universitätsklinik für Kinder- und Jugendmedizin Jena, Professor Häßler noch einmal mit dem Wunsch, seine Publikation aus dem Jahre 1940, speziell die beiden Falldemonstrationen einschließlich Kopien der Originalfotos, für einen Artikel für Pediatric Radiology nutzen zu können. Sein Ziel war es, das heutige Wissen auf dem Gebiet der Diagnostik und Ätiologie der Chondrodysplasia punctata am Beispiel seiner damaligen Falldemonstrationen darzustellen.

Die Publikation wurde, mit Dr. Seidel als Korrespondenzautor, veröffentlicht in Pediatrics and Related Topics, 2002, Vol. 41, No. 4, pp. 343–353 und eingeführt mit den Worten:

> Six decades ago, Professor Erich Häßler, one of the oldest still living European pediatricians who celebrated his 103th birthday in April 2002, described two patients with chondrodysplasia punctata. He performed profound clinical, radiological and histological studies of a female neonate with severe X-chromosomal dominant chondrodysplasia punctata type Conradi-Hünermann and investigated an 8-year-old male with a probably X-linked recessive form of chondrodysplasia punctata. He compared these patients with 7 previously described cases also accompanied by stippled epiphyses.
>
> To honor the personality of Professor Häßler, both cases were repeated again with his consent. These case reports are connected with the recent knowledge about the molecular background of chondrodysplasia punctata. The X-linked types of chondrodysplasia have been distinguished from other diseases also characterized by stippled epiphyses.

Auch das Ärzteblatt Thüringen, das offizielle Mitteilungsblatt der Landesärztekammer Thüringen und der Kassenärztlichen Vereinigung Thüringen, gratulierte Professor Häßler zum 100. Geburtstag und widmete ihm die Ausgabe 4/1999 als Themenheft: Pädiatrie-, Knochen- und Speicherkrankheiten. Neben dem Fachvortrag „Professor Häßlers Beitrag zur Erforschung der Erkrankungen des kindlichen Skeletts, Weiterführung unter Berücksichtigung molekulargenetischer Erkenntnisse" von J. Seidel, E. Kauf, F. Zintl, H.-J. Mentzel, S. Vogt und V. Beensen waren es zwei Vorträge seiner Kinder Dr. Almute Häßler und Dr. Wieland Häßler, die sie ihrem Vater gewidmet hatten.

Almute Häßler
„Zur Klinik der Carbohydrate-Deficient-Glykoprotein-Syndrome" (CDG-Syndrome)

Wieland Häßler und F.-P. Taubert
„Stand der Schrittmachertherapie in der Thüringen-Klinik ‚Georg Agricola' gGmbH Saalfeld"

Auf seine persönliche Einstellung zum Leben angesprochen, sagte Erich Häßler:

„Ich habe in meinem Leben drei Dinge erleben dürfen, die für mich prägend waren und die mich über Gottes Welt staunen ließen. Ich habe das Meeresleuchten erlebt, ich habe das Bergglühen erlebt und ich habe erlebt, dass die Studenten mir sagten: ‚Sie haben uns die Liebe zu den Kindern gegeben.'"

Natürlich hatte auch Erich Häßler einen Wunsch für die Zukunft – er möchte den Jahrtausendwechsel miterleben.

Er erlebte den Jahrtausendwechsel.

Es wurde ruhiger um ihn, aber nach wie vor gab es Besucher im Mädertal und kleine Reisen. Gegenseitige Besuche fanden statt mit der Familie seines alten Freundes aus dem Chemnitzer Kreis, Dr. Hofmann. Diesem blieb eine Erinnerung an eine gemeinsame Fahrt auf der Talsperre Kriebstein.

> *„Beim Betreten des Schiffes verblüffte Prof. Häßler den Schiffsführer mit der Frage ‚Raten Sie mal, wie alt ich bin', danach ‚1 Jahr' und nach kurzer Pause ‚plus 100'.*
> *Wir fuhren mit dem Schiff von Lauenhain bis Kriebstein und zurück. Prof. Häßler erzählte mir auf der ganzen Strecke sächsische Witze, immer auf gut Sächsisch eingeleitet durch ‚Kenn' Se den?'. Glücklicherweise konnte ich mich revanchieren, denn ich hatte kurz zuvor ein Buch mit Anekdoten von Sachsens letztem König gelesen."*

2002 – Dr. Hofmann zu Besuch im Mädertal

Im Jahr 2000 erscheint ein Buch von Harald Wenzel-Orf (Fotograf) mit dem Titel „Mit hundert war ich noch jung. Die ältesten Deutschen". In diesem, mittlerweile vergriffenen, Buch stellt der Schriftsteller Günter Kunert in einem Essay sich und den Lesern die Frage „Wie wird man wirklich hundert Jahre alt?"

Titelseite Buch „Mit 100 war ich noch jung“

Diese Frage an Menschen zu stellen, die noch dem Kaiser zugejubelt haben, die den Ersten Weltkrieg erlebt haben, die Weimarer Republik, den Nationalsozialismus und den Zweiten Weltkrieg, die Zeit des Arbeiter-und-Bauern-Staates und die Zeit des wiedervereinten Deutschlands, bedeutet sicher, viele Antworten zu erhalten. „Gesund leben“ wird fast jeder behaupten. Im Fall von Erich Häßler bedeutete dies aber auch, jeden Tag eine Zigarre zu rauchen. Aber viel wichtiger war für ihn, die geistige Vitalität zu erhalten. Er sagte dazu

„Bis zum vorigen Jahr [Anm.: 1999] *nahm ich an den Kongressen und Tagungen teil, jetzt wird mir das Reisen zu anstrengend. Aber ich lese die* ‚Fachzeitschrift für Kinderheilkunde‘, *bestimmte Artikel aus dem* ‚Deutschen Ärzteblatt‘, *der* ‚Osteologie‘ *und der* ‚Sozialpädiatrie‘.“

2003 – seine Enkeltochter Tabea liest ihrem Opi einen Fachartikel vor

Seinen 106. Geburtstag beging Erich Häßler ruhig im Kreise seiner Familie. Natürlich gab es wieder viele Glückwünsche und Blumen, über die er sich sehr freute. In einer ruhigen Minute sagte er: *„Der liebe Gott hat mich vergessen."*

April 2005, Familie Häßler an seinem 106. Geburtstag in ihrem Garten im Mädertal

Aber der liebe Gott hatte ihn nicht vergessen.

Es war ein geläufiges Zitat von Erich Häßler „*Mors certa, hora incerta*“ (Der Tod ist gewiss, die Stunde ungewiss). Nun wurde die Stunde für ihn gewiss.

Erich Häßler starb am 2. Dezember 2005 in seinem Haus im Mädertal.

Die Familie Häßler hat ein Familiengrab auf dem Friedhof Schönefeld in Leipzig. Erich Häßler fand dort neben seinen Eltern und seiner ersten Ehefrau Elisabeth seine letzte Ruhe. Zehn Jahre später folgte ihm seine Frau Ruth.

Die Besonderheit dieses Familiengrabes ist ein Fliederbusch. Als der Vater im Jahr 1907 starb und der von Erich geliebte Schrebergarten aufgegeben werden musste, grub er dort einen Fliederbusch aus und pflanze ihn in eine Ecke des Grabfeldes. Bedingt durch Bauarbeiten in den Jahren nach 2015 musste dieser gefällt werden, aber er hatte sich bereits selbst ausgesät und noch heute wächst der Flieder, nun auch über dem Grab von Erich und Ruth Häßler.

Fliederbusch am Grab

Die Trauerfeier fand am 10. Dezember 2005 in der Kapelle auf dem Nordfriedhof in Jena statt.

Es waren Mitglieder der Sängerschaften Arion und der Jenaer Sängerschaft zu St. Pauli, die am Sarg von Erich Häßler die Totenwache hielten

Die Trauerrede hielt sein ehemaliger Mitarbeiter und Freund, Professor Horst Köditz.

Die Gemeinde verabschiedete sich von ihm mit dem Lied „Bis hierher hat mich Gott gebracht“:

Bis hierher hat mich Gott gebracht durch seine große Güte,
bis hierher hat er Tag und Nacht bewahrt Herz und Gemüte,
bis hierher hat er mich geleit',
bis hierher hat er mich erfreut, bis hierher mir geholfen.

Fürchte dich nicht, denn ich habe dich erlöst,
ich habe dich bei deinem Namen gerufen, du bist mein!
Jesaya43,1

Es hat dem Herrn über Leben und Tod gefallen, meinen lieben Mann, unseren guten Vater, Großvater und Urgroßvater

Prof. Dr.

Erich Häßler

* 22. 04. 1899 † 02. 12. 2005

in die Ewigkeit heimzurufen.

In Liebe und Dankbarkeit nehmen Abschied

seine Ehefrau Ruth Häßler
und seine Kinder mit Familien
Dr. Gudrun Kunert
Dr. Reingard Kaufmann †
Dr. Wieland Häßler
Dr. Almute Häßler
Hildegund Stibenz
Cornelia Osburg
Dr. Ortwin Häßler
Wingolf Häßler
Gundula Huber

Die Trauerfeier findet am Sonnabend, den 10. 12. 2005, um 11.00 Uhr auf dem Nordfriedhof in Jena statt. Anstelle von Blumen erbitten wir eine Spende für "Die Schwestern Maria" Hilfe für Kinder aus dem Elendsviertel e. V., Kto. Nr. 4444444 BLZ 66020500.

Traueranzeige Prof. Häßler

In der Monatsschrift Kinderheilkunde 2006, 154/3 S. 283 verabschiedeten sich Prof. Dr. Felix Zintl und Dr. Dietlinde Fuchs (Kinderklinik Jena) in ihrem Nachruf mit den Worten:

Professor Häßler verstarb am 2. 12. 2006 im gesegneten Alter von 106 Jahren. Ihm war das seltene Glück zuteil geworden, in 3 Jahrhunderten gelebt zu haben. Er war bis zu seinem Tod lebhaft an der Entwicklung der Pädiatrie im allgemeinen, aber vor allem der Klinik für Kinder- und Jugendmedizin der Friedrich-Schiller-Universität im besonderen interessiert.

Seine ehemaligen Patienten und Mitarbeiterinnen und Mitarbeiter unserer Klinik werden Professor Häßler ... ein ehrendes Andenken bewahren.

NACHWORT

Ein Leben in drei Jahrhunderten und zwei Jahrtausenden haben nur sehr Hochbetagte hinter sich. Die dafür notwendigen Jahrhundert-Übergänge absolvierte Fritz Otto Erich Häßler zunächst 1899/1900 als knapp acht Monate alter Säugling, den zweiten als hochbetagter und hochgeehrter emeritierter Kinderarzt im Alter von 101 Jahren.

Zwei Jahrhundert-Übergänge in ein neues Jahrtausend zu durchleben, bedeutete für ihn gleichzeitig auch, in mehreren äußerst problematischen politischen Konstellationen und Gesellschaftssystemen gelebt zu haben: Das elfte Regierungsjahr Wilhelm II. seit dem unglücklichen „Dreikaiserjahr" ging unbemerkt am achtmonatigen Säugling Erich Häßler vorüber. Auch die Formierung der „Entente" 1904 und 1907 gegen den imperialistischen „Dreibund" von Deutschland, Österreich-Ungarn und Italien dürfte noch keinen Eindruck auf Erich verübt haben. Das ändert sich sicherlich 1909 mit dem Freitod seines Vaters und dem Besuch des Monarchen in Leipzig kurz vor Beginn des Ersten Weltkrieges. Als Schüler und Soldat durchlebt er das Ende des ersten großen Irrsinns des 20. Jahrhunderts an der Front in Frankreich und gleichzeitig mit der Novemberrevolution 1918 die Entstehung der Weimarer Republik. In den fünfzehn Jahren bis zur Machtübernahme Hitlers im Jahre 1933 studierte er Medizin, wurde approbierter Kinderarzt und promovierte zum Dr. med. In den Jahren des Nationalsozialismus verteidigte er seine Habilitation, erhielt seine Dozentur und Lehrberechtigung und wurde vom Reichsminister für Wissenschaft, Erziehung und Volksbildung zum außerplanmäßigen Professor ernannt. Den Zusammenbruch des Nationalsozialismus und das Ende dieses zweiten Irrsinns des zwanzigsten Jahrhunderts mit der Befreiung Deutschlands durch die Alliierten 1945 durchlebte Erich Häßler als Leiter der aus dem zerbombten Leipzig ausgelagerten Kinderklinik unter schwierigsten materiellen Bedingungen und unter dem entsetzlichen Eindruck des Unfalltods seiner Frau und Mutter seiner fünf Kinder. In der jungen DDR der vierziger und fünfziger Jahre war er Leiter der Kinderklinik in Chemnitz/Karl-Marx-Stadt und wurde 1953 nach Jena berufen, um dort bis zu seiner Emeritierung als Professor mit Lehrstuhl für das Fach Kinderheilkunde und Direktor der Kinderklinik an der Medizinischen Fakultät der Friedrich-Schiller-Universität Jena tätig zu sein. Als Emeritus erlebte er ab 1965 die Entwicklung und den Niedergang der DDR. In dieser Zeit und bis zu seinem Tod im Jahre 2005 nimmt er als Kinderarzt weiterhin sehr regen Anteil an der medizinischen Entwicklung der Kinderheilkunde.

Als einer Persönlichkeit in der Kinderheilkunde, als ein Mensch, der vier Gesellschaftssysteme nicht nur erlebt, sondern teilweise mitgestaltet hat, wird Erich Häßler natürlich auch ein Eintrag auf der Webseite Wikipedia gewidmet.

> *„Fritz Otto Erich Häßler (* 22. April 1899 in Leipzig; † 2. Dezember 2005 in Jena) war ein deutscher Kindermediziner, der während der NS-Zeit an der Kinder-Euthanasie beteiligt war."*

Dieser Satz fasst ein ganzes Leben zusammen und reduziert es ausschließlich auf die zwölf bzw. nur sechs Jahre (vermutlicher Beginn der Kindereuthanasie) des Nationalsozialismus.

Warum?

Diese Aussagen werden in der Zeit nach der politischen Wende in der DDR von dem Journalisten Ernst Klee und von Historikern gemacht, die sich erst zu diesem Zeitpunkt intensiv mit Dokumenten, welche in den Archiven der DDR vorhanden waren, beschäftigen konnten.

Es sind Veröffentlichungen aus den 90er-Jahren und Publikationen aus den Jahren 2000 bis 2009. Darin werden Vorwürfe geäußert, die sich darauf beziehen, dass Häßler in der Zeit des Nationalsozialismus Oberarzt in der von Catel geleiteten Kinderklinik Leipzig, die ein Zentrum der Kindereuthanasie war, wurde. Quellenangaben, die Häßlers Beteiligung an der Euthanasie belegen, wurden von keinem der Autoren gegeben. In verschiedenen Archiven Deutschlands (Leipzig, Berlin, Freiburg, Jena) sind seine Personalakten hinterlegt, die auch seine Lebensläufe enthalten. Sie stammen aus der Zeit des Nationalsozialismus und aus der DDR-Zeit. Zum Teil sind sie von ihm selbst geschrieben – das belegen seine Unterschriften, und zum Teil sind es Beurteilungen, die über ihn geschrieben wurden. Bedauerlicherweise wird auch immer wieder auf seine Mitarbeit an Catels Lehrbuch „Die Pflege des gesunden und kranken Kindes“ und auf eine Schlussfolgerung des Rassenhygienikers Claussen verwiesen, die als falsche Zitierung Häßlers Kapiteln in diesem Buch zugeordnet wurde. Ebenso sind es die sogenannten „Sonderzuwendungen“, die Häßler als Auszeichnung für seine Beteiligung an der Euthanasie erhalten haben soll. Diese wurden jeweils zum Jahresabschluss der Jahre 1941 bis 1944 an auf Vorschlag von Catel ausgewählte Mitarbeiter gezahlt. Genehmigt wurden sie vom Reichsausschuss zur wissenschaftlichen Erfassung von erb- und anlagebedingten schweren Leiden. Sie lagen in der Größenordnung von 30,- bis 200,- RM. Diese einmaligen Sonderzuwendungen bekamen einige Ärzte für ihre

„ärztlichen Aufgaben auf der Kinderstation des Reichsausschusses" und vor allem Stationsschwestern *„in deren Hand ... die Durchführung der Euthanasie liegt"*.

In keinem dieser Belege, die dem Landgericht Hannover vorlagen [Anm.: Anfang der 60er Jahre lief hier gegen Catel wegen seiner Leipziger Gutachter-Tätigkeit eine gerichtliche Voruntersuchung] und von dem Journalisten Ernst Klee in seine eigenen Unterlagen aufgenommen wurden, wird der Name des Oberarztes Häßler genannt.

Bemerkenswert ist bei Publikationen anderer Historiker immer wieder der Bezug zum Eintrag Häßlers in diesem Personenlexikon von Ernst Klee, das mit seinen 4.300 Kurzbiografien als Standardwerk gilt. Aber nicht nur Erich Häßler als Oberarzt Catels, auch dessen andere Mitarbeiter, die Kinderärzte Hans Christoph Hempel, Hans-Joachim Hartenstein, Hartmut Dost, werden in der Ausgabe von 2005 benannt. Die Betrachtungsweise der Tätigkeiten und Aktivitäten der Ärzte während der Zeit des Nationalsozialismus änderte sich mit der Zeit. Hartmut Dost – er war Oberarzt an der Leipziger Universitäts-Kinderklinik mit dem Euthanasie-Protagonisten Werner Catel als Klinikdirektor und Mitglied der NSDAP, der SA und des NSDÄB. 1951 übernahm er zunächst kommissarisch, später als Direktor die Leitung der Kinderklinik der Charité in Berlin und wurde zum Professor für Kinderheilkunde ernannt. 1960 ging er an die Universität in Gießen und übernahm als Direktor die Kinderklinik. U. a. sein Verdienst zur Pharmakokinetik ist aus der Arzneimittelentwicklung nicht mehr wegzudenken.

Etwa 20 Jahre nach der Erarbeitung dieser Einträge in Klees Personenlexikon haben sich nicht die Tatsachen, aber ihre Einschätzung geändert. Es steht nicht mehr im Vordergrund, dass die genannten Kinderärzte Mitarbeiter Catels in der Leipziger Kinderklinik waren, sondern eine detailliertere Betrachtung, inwieweit sie wirklich an der Euthanasie beteiligt oder auch nur, wie Erich Häßler, Mitwisser waren. In der 5. Auflage des Personenlexikons von Ernst Klee (2015) ist Hartmut Dost nicht mehr aufgeführt.

Aus seinen Mitgliedschaften in der NSDAP, der SA, dem NS-Ärztebund hat Erich Häßler nie ein Geheimnis gemacht. Er nennt sie in seinem Fragebogen zur Entnazifizierung (17. September 1945) und die Daten erscheinen auch in verschiedenen Lebensläufen in der Zeit der DDR.

Das Lebenswerk Erich Häßlers wird dagegen bei Wikipedia nur in zwei Sätzen erwähnt.

[Anm.: Wikipedia – Die freie Enzyklopädie (Abgerufen 1. August 2019)]

> *„Im Rahmen seiner Forschungstätigkeit setzte Häßler sich mit Infektionskrankheiten, der Entwicklung sowie den Erkrankungen (Rheuma) des kindlichen Skeletts und dem präventiven Gesundheitsschutz (Schutzimpfungen) auseinander. Auf ihn geht die systematische Behandlung des Scharlachs mit Penicillin in der Kinderklinik zurück, die er 1949/1950 erstmals anwandte.“*

Erich Häßler war ein Mensch, dessen ganzes Leben das eines zutiefst humanistischen Kinderarztes war. Schon als Jugendlicher wusste er, dass er Arzt werden wollte. Und bereits während des frühen Studiums stand für ihn fest, dass er Kinderarzt werden würde. Zeitig kam er mit den Infektionskrankheiten in Verbindung. Die schwerwiegenden Folgen der Diphtherie hatte er als Schulkind selbst erlebt. Die Ruhr, den Keuchhusten und die Tuberkulose, die tödlichste Infektionskrankheit, lernte er bereits während des Studiums und seiner Praktikantenzeiten kennen. Er musste erleben, dass vor allem bei Säuglingen eine Infektion mit Ruhrbakterien oftmals zu Todesfällen führte. Er lernte die grausamen Auswirkungen der Kinderlähmung kennen und musste erkennen, dass es in den damaligen 1920er-Jahren keine Möglichkeiten einer Heilung, sondern nur diejenige gab, den erkrankten Kindern Linderung zu verschaffen. Auch sein berühmter Kollege Ferdinand Sauerbruch verlor im Herbst 1908 seine Tochter nur wenige Monate nach ihrer Geburt, als zu dieser Zeit sich in Hessen die Kinderlähmung ausbreitete. Es war das Jahr, in dem die Mediziner Karl

Landsteiner und Erwin Popper den infektiösen Charakter der Kinderlähmung und als Erreger das Poliovirus entdeckten. Es war gleichzeitig der Beginn der Entwicklung eines Impfstoffes.

Auch an der Kinderklinik Leipzig beschäftigten sich die Ärzte mit dem Thema Impfung.

Unter der Leitung Georg Bessaus interessierte sich Erich Häßler bereits als Student für dieses Thema und näherte sich diesem. So war es kein Zufall, dass sich sowohl sein Promotions- als auch sein Habilitationsthema mit der Entwicklung von Impfstoffen und deren Einsatz zur Bekämpfung von Infektionskrankheiten beschäftigten.

Doch nicht für alle Krankheiten ist es möglich, diesen durch eine Impfung vorzubeugen. Noch während des Zweiten Weltkrieges kam mit dem Penicillin ein Wirkstoff zur Anwendung, mit dem bakteriell verursachte Krankheiten behandelt werden konnten. In dieser Zeit stand es hauptsächlich den Verwundeten in den Lazaretten zur Verfügung. Erst nach 1945 gelang in Jena die Herstellung des Antibiotikums Penicillin im großtechnischen Maßstab. Beauftragt dazu wurde das Institut für Mikrobiologie von der SMAD.

Es war Häßlers großes Verdienst – aufgrund seiner wissenschaftlichen Überzeugung und seines persönlichen Einsatzes gelang ihm mit der Penicillin-Behandlung die Ende der 40er-Jahre auftretende Scharlach-Epidemie in Chemnitz einzudämmen, die Mortalität und die Komplikationsrate bei Kindern zu senken und ihre Verweildauer im Krankenhaus drastisch zu senken.

Die Landesregierung Sachsen würdigte in diesem Zusammenhang seine Verdienste mit Leistungsprämien, die *„Aus den laut Befehl des Obersten Chefs der SMAD zur Verfügung gestellten besonderen Mittel“* stammten.

Ein weiteres Verdienst Häßlers, ebenfalls basierend auf seinem persönlichen Engagement, ist die Erhöhung der Impfbereitschaft zur Eindämmung der Tuberkulose während seiner Zeit als Direktor der Jenaer Kinderklinik. Ein Thema, das heute genauso aktuell wie zu allen anderen Zeiten ist. Vielleicht sogar aktueller, denn gegenwärtig sprechen wir nicht „nur" von einer Epidemie, sondern von einer Corona-Pandemie. Händedesinfektion und das Tragen eines Mund-Nasen-Schutzes sind für die meisten Menschen selbstverständlich geworden. Aber diese und auch weitere Maßnahmen sind nicht ausreichend, eine Pandemie einzudämmen, die Menschen ausreichend vor einer Ansteckung und Erkrankung zu schützen.

Im Jahr 1874 unterzeichnete der deutsche Reichskanzler Otto von Bismarck das Reichsimpfgesetz, das unter Androhung von Strafen für Impfgegner (drei Tagen Gefängnis oder bis zu 50 Mark Geldstrafe) eine Impfung gegen Pocken für Kinder vorsah. Heute gelten die Pocken als ausgerottet. Mit dem Beginn des 20. Jahrhunderts begann eine rasante Entwicklung der Impfstoffe. Schon in den ersten 10 Jahren wurde ein Impfstoff gegen den Keuchhusten entwickelt – die große Erkenntnis war, dass eine Impfung nicht erst nach, sondern bereits vor dem Ausbruch der Krankheit schützt. 1921 wurde die Tuberkulose-Impfung entwickelt. 1936 wurde in Deutschland der erste Diphtherieimpfstoff zugelassen – die Krankheit verlor ihren Schrecken als „Würgeengel der Kinder". Die erste Zulassung eines Polioimpfstoffes erfolgte 1954 in den USA, ab den 60er-Jahren wurden die Kinder in Deutschland geimpft.

Aber gegen die Entwicklung der Impfstoffe und die dadurch ermöglichte Eindämmung von lebensgefährdenden Krankheiten gab es von Anfang an auch Widerstand. Die Argumente sind über die Zeiten hinweg ähnlich geblieben – Impfungen seien nicht wirksam, früher hätten die Kinder auch die Krankheiten überstanden; Impfungen seien lebensgefährlich. Noch im 19. Jahrhundert verbreitete sich die Meinung, durch die Pockenimpfung könnten sich die Kinder in Kühe verwandeln. Zeitgemäß heißt es heute, durch die Corona-Impfung werden wir genmanipuliert. Und so ist es immer wieder die gleiche Frage –

impfen oder nicht impfen? Nur die Ärzte können darauf eine Antwort geben. Nur sie wissen, welche Leiden, oftmals sogar lebenslange Leiden, den Kindern und ihren Eltern und Familien durch eine Impfung erspart werden können.

In einem seiner letzten Vorträge sprach Erich Häßler über den Wandel des Krankheitsbildes in den letzten 100 Jahren. Immer wieder hatte er sich im Laufe seines Lebens für Impfungen eingesetzt.

> *„Nur wer die Vergangenheit kennt, kann notwendige Maßnahmen der Gegenwart verstehen. Nur wer die verheerende Wirkung der Infektionskrankheiten, einschließlich der Tuberkulose, erlebt hat, kann die Notwendigkeit aktiver Impfungen begreifen."*

Aber es müssen nicht nur Impfungen sein, die vorbeugend helfen können.

> *„Nur wer weiß, welche große Bedeutung die Rachitis als wahre Volkskrankheit früher besaß, kann erkennen, daß die Vigantol-Prophylaxe unserer Säuglinge immer erforderlich sein wird."*
> [Anm.: zur Vorbeugung gegen Rachitis, eine Verkalkungsstörung des Skeletts im Wachstumsalter]

Das Forschen nach Möglichkeiten, Krankheiten zu erkennen und Mittel und Wege zu finden, sie zu bekämpfen, war und ist ein Privileg der Ärzte und Wissenschaftler, das jeder anerkennen sollte. Und Erich Häßler war eine Persönlichkeit, die über eine Periode von mehr als 100 Jahren die Kinderheilkunde teilweise mitgestaltet und immer interessierten Anteil an deren Entwicklung genommen hat. Er sprach von den Chancen einer Heilung und davon, dass es immer wieder neue Erkenntnisse geben wird, die wertgeschätzt werden sollten, da nur durch sie die Gesundheit unserer Kinder, die unsere Zukunft sind, bewahrt werden kann.

DANKSAGUNG

Ich möchte mich bedanken für die vielen persönlichen Geschichten und Anekdoten, für die Dokumente und privaten Fotos von Professor Häßler, die ich von seinen Söhnen Dr. Wieland Häßler, Dr. Ortwin Häßler, von seiner Tochter Gundula Huber und seiner Enkeltochter Constanze Osburg erhalten habe.

Mein Dank geht auch an Familie Dr. Eike und Antje Hofmann, Frau Inge Flechsig und Frau Käthe Kohlmann vom Chemnitzer Kreis, Herrn Prof. Stefan Liebe, Sohn von Prof. Siegfried Liebe, Frau Renate Kirchstein/Pomßen und Frau R. Lässig, Herrn Dr. Gunter Kurze und Herrn Horst Findeisen/Hochweitzschen, die mich mit ihren persönlichen Informationen unterstützt haben. Ebenfalls bedanken möchte ich mich bei Prof. Manfred Kröger, Mitglied und langjähriges Vorstandsmitglied der Sängerschaft Arion-Leipzig und regelmäßiger Gast der Jenaer Sängerschaft zu St. Pauli, und bei Frau Barbara Donadt, Tochter von Frau Ibrahim, die mir, basierend auf den Erinnerungen ihrer Mutter, über deren Bekanntschaft mit der Familie Häßler berichtet hat, und bei Benjamin Zollmann, Sohn von Pfarrer Gottfried Zollmann Jena.

Die meisten meiner Recherchen wurden in einer Zeit gemacht, in der coronabedingt die Lesesäle der Bibliotheken und Archive geschlossen waren. Aus diesem Grund möchte ich mich besonders bei den Mitarbeiterinnen und Mitarbeitern in diesen Instituten bedanken, die mich durch ihre Hilfsbereitschaft unterstützt haben. Immer waren sie interessiert an diesem Thema und haben mich auch durch ihre eigenen Recherchen mit Literatur versorgt. Dazu zählen besonders Herr Dr. med. Reiner Gottschall, Medizinhistorische Sammlung am Universitätsklinikum der Friedrich-Schiller-Universität Jena, Frau Dr. Dr. Dagmar Quant, Universitätsbibliothek Leipzig, und

Frau Chris Berthold, Bundesarchiv Berlin. Herr Christoph Buhl, der mir ein mitgeschnittenes Interview mit Prof. Häßler, das Teil seiner Diplomarbeit war, überlassen hat. Frau Dr. Abel, Gedenkstätte Hadamar, die mir die Einsicht in das von Ernst Klee übergebene Material ermöglicht hat.

Auch bei Herrn Prof. Götz Aly möchte ich mich bedanken, der meine Anfrage in einem Ordner für „Interessante unbeantwortete Post" abgelegt und mich mehrmals mit Hinweisen und Dokumenten unterstützt hat.

ANMERKUNGEN UND ERKLÄRUNGEN

Im Text wird der Name „Häßler“ teils als „Hässler“ und teils als „Häßler“ geschrieben. Die Schreibweise entspricht der zeitlich üblichen Rechtschreibung [Anm.: Die früheren Schreibmaschinen hatten keine Tastatur für das „ß“].
Heute schreibt die Familie ihren Namen als „Häßler“.

Die Rechtschreibung in den *kursiv* gekennzeichneten Texten entspricht der zur Zeit der Veröffentlichungen üblichen Rechtschreibung.

Manche Begriffe sind bereits im Text erklärt. Sofern dies nicht erfolgt ist, werden die Erklärungen nachfolgend gelistet.

Agglutinationstiter	Methode der Labordiagnostik zum Nachweis von Erregern durch vorliegende Antikörper
Anorexia nervosa	Magersucht – eine Essstörung
a. o. Prof.	außerordentlicher Professor, ohne eigenen Lehrstuhl
asphyktischer Neugeborener	Asphyxie: ohne Puls (pulslos), bei Neugeborenen ein Zustand bei Atemdepression bis Atemstillstand, der mit Sauerstoffmangel einhergeht
Ätiologie	med. Lehre von den Ursachen der Krankheiten
BGL	Betriebsgewerkschaftsleitung

cavernöse Lungentuberkulose	pathologische Veränderung des Lungengewebes mit Hohlraumbildung (Cavernen), die im Rahmen einer Tuberkulose auftreten kann
Chorda dorsalis	„Rückensaite“; von lateinisch chorda (Saite) und dorsum (Rücken)
Chorea minor	neurologische Immunerkrankung
Coma diabeticum	diabetisches Koma
Chondrodystrophie	mangelndes Knorpelwachstum, wodurch die Wachstumsfuge zu schnell verknöchert und es zum Zwergwuchs kommt
Conjunctivitis phlyctaenulosa	bakteriell-allergische Bindehaut- und Lidentzündung(Conjunctivitis phlyctaenulosa et scrofulosa)
cocainisiert	örtliche Betäubung mit Cocainderivaten
Corium	Lederhaut
Couleurabzeichen	eine Kombination bestimmter Farben, die als Zeichen einer farbentragenden oder farbenführenden Studentenverbindung gilt
Dysostosis enchondralis	Störungen der Knochen der Knochenbildung aus den knorpligen vorgebildeten Knochenvorstufen
Dysostosis multiplex	Knochenbildungsstörung im Rahmen von Mukopolysaccharid-Speicherkrankheiten wie dem Hurler-Pfaundler-Syndrom
Dystrophie	durch Mangel- oder Fehlernährung bedingte Störungen und Veränderungen des ganzen Organismus

Erysipelartige Hautveränderung	bakterielle Infektion und Entzündung der oberen Hautschichten und Lymphwege
epigastrisch	auf den Oberbauch (das Epigastrium) bezogen
Famulieren/Famulatur	ein durch die Approbationsordnungen für werdende Ärzte und Apotheker vorgeschriebenes Praktikum
Finkelstein'sche Eiweißmilch	eine mit Casein angereicherte Buttermilch
Gibbus	Buckel
Hirudin	gerinnungshemmendes Arzneimittel, das aus dem Blutegel gewonnen wird
Hypothyreose	Schilddrüsenunterfunktion
Iliopsoas	Muskel, der zur inneren Hüftmuskulatur gehört
Impfung, aktiv	der gesunde Körper wird gezielt mit einem Krankheitserreger in Kontakt gebracht, um Antikörper gegen diesen zu produzieren
Impfung, passiv	dem Körper werden bereits fertige Antikörper gegen einen Krankheitserreger gespritzt; sie bietet einen sofortigen Schutz, allerdings nur kurzzeitig
Inaugural Dissertation	wissenschaftliche Arbeit zur Erlangung der Doktorwürde
Intracraniale Blutungen	Hirnblutung
Intracutan	in die Haut injiziert
Iridosyklitis	Entzündung des Auges, der Iris und des Ziliarkörpers

Keratitis parenchymatosa	Entzündung der Hornhaut des Auges
Koplik'sche Flecke	Ausschlag bei Erkrankung mit Masern im Bereich der Mundschleimhaut
Leopoldina	Die Nationale Akademie der Wissenschaften Leopoldina berät Politik und Gesellschaft unabhängig zu wichtigen Zukunftsthemen
Lysosomen	von einer Membran umschlossene Zellorganellen (kugelförmige Bläschen) in Eukaryonten
Maniacus	Tobsüchtiger, manisch Erregter
Moribund	ein Patient, im Sterben liegend
o. Prof.	ordentlicher Professor, Inhaber eines Lehrstuhles an Universitäten
PD	Privatdozent
Phthisis	die Schrumpfung bzw. das Schwinden eines Organs oder Gewebes. Der Begriff wurde medizinhistorisch auch zur Bezeichnung der Tuberkulose („Schwindsucht") verwendet
Pylorusstenose	auch Pförtnerverengung, eine Verengung im Bereich des Magenausganges
Rachitis	eine Knochenerkrankung bei Kindern und Jugendlichen, verursacht durch Vitamin-D- oder Kalziummangel
rheumatische Endocarditis	Entzundung der Herzinnenhaut

Strophantin	Herzglykosid, das früher zur Behandlung von Herzkrankheiten eingesetzt wurde
SMAD	Sowjetische Militäradministration in Deutschland d. h. oberste Besatzungsbehörde in der Sowjetischen Besatzungszone Deutschlands vom 9. Juni 1945 bis zur Gründung der DDR am 7. Oktober 1949
Wassermann'sche Reaktion	serologische Untersuchungsmethode zum Nachweis von Syphilis-Antikörpern im Blut und Liquor
Tracheotomie	operative Eröffnung der Luftröhre am Hals, die die Zufuhr der Luft gewährleistet und damit die Atmung sicherstellt
tuberkulöse Meningitis	bakterielle Entzündung der Hirnhäute, die im Sekundärstadium der Tuberkulose auftreten kann
Zöliakie	entzündliche Darmerkrankung durch Glutenunverträglichkeit

BILDNACHWEIS

Bei den Abbildungen handelt es sich um Beiträge aus den Sammlungen nachfolgender Archive und Privatpersonen, denen hiermit herzlich gedankt wird.

Dieter Zöllner	Umschlagmotiv vorn
UAL_R_0416_Bd_01	S. 145
UAL_PA_0156_Haessler_Personalakte	S. 36, 99
Universitätsarchiv der Humboldt-Universität zu Berlin (Dokument des Bestandes der DGKJ – Deutsche Gesellschaft für Kinderheilkunde bis 2005, 0660)	S. 127–130
Große Kreisstadt Döbeln, Stadtarchiv	S. 140
Prof. Stefan Liebe	S. 148, 154, 156
Universitätsarchiv Jena, Bestand Z Nr. 10	S. 168
BArch, MfS 11496_20Z	S. 227
Dr. Eike und Antje Hofmann	S. 256
National Museum Boerhaave, Leiden	S. 62

Medizinhistorische Sammlung am Universitätsklinikum der Friedrich-Schiller-Universität Jena	S. 200, 202, 219, 221, 232, 252, 253
Privates Bildmaterial, zur Verfügung gestellt von der Familie Häßler	S. 11–30, 49, 56, 94, 96, 102, 113–123, 134, 142, 149, 176, 177, 179–197, 201, 202–204, 207–218, 224, 228, 231, 237–241, 247–249, 258 oben, 260, 261
Dr. Alexander Schluttig	S. 109, 136, 138, 151, 155, 163, 250, 257, 259
Dorothea Schluttig	S. 258 unten, kleines Bild Nachwort
Fotograf und Datum der Aufnahme unbekannt	S. 178
Deutsche Sängerschaft IV/2020, S. 6	S. 245

QUELLEN- UND LITERATURVERZEICHNIS

Die Quellennachweise sind alphabetisch geordnet. Übergeordnet ist der Hinweis auf Dokumente, Bilder und medizinische und private Informationen, die mir freundlicherweise von der Familie Häßler zur Verfügung gestellt wurden.

Publikationen, die im Text bereits ausgewiesen wurden, sind an dieser Stelle nicht noch einmal gelistet.

» AH Fritz Fiedler,
Paulinerbriefe Jena, Nr. 37 (März 2006)

» Aly, Götz, Jena und seine Vorbilder
Berliner Zeitung, 28. Juli 2003

» Aly, Götz, Karl Friedrich Masuhr, Maria Lehmann, Karl Heinz Roth, Ulrich Schultz,
Reform und Gewissen. „Euthanasie" im Dienst des Fortschritts, Rotbuch Verlag Berlin 1989

» Benzenhöfer, Udo,
Der Fall Leipzig (alias Fall „Kind Knauer") und die Planung der NS-„Kindereuthanasie",
Verlag Klemm & Oelschläger, Münster 2008

» Buhl, Christoph, Von der Eugenik zur Euthanasie.
Eine Spurensuche in Leipzig. Diplomarbeit (2001), Fachbereich Sozialwesen der Hochschule für Technik, Wirtschaft und Kultur Leipzig

» Bundesarchiv
Referat BE 5 (Bereitstellung DDR), Berlin

» Bundesarchiv, Abt. Militärarchiv
Referat MA 5, Freiburg (Breisgau)

» Bundesarchiv Berlin-Lichterfelde

» Catel, Werner, Die Pflege des gesunden und des kranken Kindes,
Georg Thieme Verlag 1. Auflage (1939) und 7. Auflage (1961)

» Der Bundesbeauftragte für die Unterlagen des Staatssicherheitsdienstes der ehemaligen DDR, 10178 Berlin (P)
» Elendt, Erika, Das kranke Kind und seine Pflegerin. Zur Geschichte der Kinderkrankenpflege in Jena 1917–1987 Universitätsverlag Jena GmbH, 1992
» Elix, Heidrun, Die Entwicklung der Pädiatrie in Chemnitz/Karl-Marx-Stadt von den Anfängen bis 1989 Inauguraldissertation der Medizinischen Fakultät Carl Gustav Carus der Technischen Universität Dresden, 1994
» Friedrich-Schiller-Universität Jena, Universitätsarchiv (P)
» Gedenkstätte Hadamar/Hadamar Sammlungsmanagement / Gedenkstättendokumentation Sammlung, E. Klee
» Große Kreisstadt Döbeln, SG Kultur / Stadtarchiv, Döbeln
» Humboldt-Universität zu Berlin Universitätsbibliothek, Universitätsarchiv, Berlin
» Institut für Geschichte der Medizin und Ethik in der Medizin Zentrum für Human- und Gesundheitswissenschaften (CC1), Charité – Universitätsmedizin Berlin
» Interview mit Frau Renate Kirchstein, Pomßen
» Interview mit dem „Chemnitzer Kreis“ Familie Dr. Eike und Antje Hofmann, Frau Inge Flechsig, Frau Käthe Kohlmann
» Interview mit Frau R. Lässig, Geschäftsführerin Brücke V&C GmbH & Co. KG, Hochweitzschen und mit Herrn Dr. Gunter Kurze und Herrn Horst Findeisen
» Kästner, Ingrid, Jena – Leipzig – Theresienstadt – Leipzig. Prof. Dr. med. Otto Skutsch (1861–1951) – Zeitzeuge und Förderer der Frauenheilkunde Jenaer Medizinhistorische Abhandlungen 11 Mitteilungen des Jenaer Arbeitskreises Medizingeschichte 2018/2019, S. 42–63
» Kappelt, Olaf, Braunbuch DDR – Nazis in der DDR Berlin Historica, Berlin 2009
» Kaßler, Martin, Die Verdrängung eugenischer Verbrechen: der Fall Jussuf Ibrahim Deutschland Archiv 33/4, 2000

» Klee, Ernst, Das Personenlexikon zum Dritten Reich. Wer war was vor und nach 1945
Fischer Verlag GmbH, Frankfurt/Main, 1 Auflage (2003) und 5. Auflage (2015)
» Klee, Ernst, Deutsche Medizin im Dritten Reich
Verlag S. Fischer, 2001
» Kley, Uta, Die Geschichte der Universitäts-Kinderklinik Jena von 1917 bis 1967
Dissertation der Medizinischen Fakultät der Friedrich-Schiller-Universität Jena (1967)
» Klinikum Chemnitz gGmbH
Medizinhistorische Sammlung
» Korrespondenz mit Prof. Dr. med. habil. Stefan Liebe, Lambrechtshagen
» Landratsamt Mittelsachsen
Kreisarchiv Mittelsachsen, Freiberg/Sachsen
» Lehle, Rudolf Wilhelm, Die Geschichte des Krankenhauses Hochweitzschen in Mittelsachsen
Großweitzschen, 2002
» Leide, Henry, NS-Verbrecher und Staatssicherheit
Vandenhoeck & Ruprecht, Analysen und Dokumente, Band 28
» Medizinhistorische Sammlung am Universitätsklinikum der Friedrich-Schiller-Universität Jena
» Oehme, Wilhelm Johannes, Die Universitätskinderklinik Leipzig
Der Kinderarzt 14/3 (1983), S. 355–369
» Oehme, Wilhelm Johannes, Fünf Epochen und ein Medizinerleben
Frieling, 1999
» Oetzel, Christel, Klinischer Beitrag zum Morbus Letterer-Christian
Inaugural-Dissertation der Friedrich-Schiller-Universität Jena, 1964
» Pädiatrie. Ein Lehrbuch für Studierende und Ärzte
Springer Verlag Berlin Göttingen Heidelberg, 1957

» Pädiatrie nach 1945 in der Bundesrepublik Deutschland und der DDR
Monatsschrift Kinderheilkunde. Supplement 1 (2016)
» Peiper, Albrecht, Chronik der Kinderheilkunde
Georg Thieme Leipzig GmbH, 1992
» Prof. Dr. med. Erich Häßler (Ar, PJ), Wie ich Alter Herr beim Paulus Jenensis wurde (nach einer Niederschrift von Frau Häßler, diktiert von Vbr Häßler)
Deutsche Sängerschaft IV/2020 S. 6
» Roick, Christiane, Heilen, Verwahren, Vernichten.
Die Geschichte der sächsischen Landesanstalt Leipzig-Dösen im Dritten Reich
Therapeutische Konzepte am Anfang des 20. Jahrhunderts
Dissertation der Medizinischen Fakultät der Universität Leipzig, 1997
» Sächsisches Staatsarchiv,
Staatsarchiv Leipzig, Leipzig (P)
» Stadtverwaltung Chemnitz, Stadtarchiv
» Topp, Sascha, Geschichte als Argument in der Nachkriegsmedizin
Historische Hintergründe: zur Beteiligung der Medizin an NS-Euthanasie-Verbrechen
Überar. und erw. Fassung der Diss. Univ. Gießen, 2001
» Universitätsstadt Freiberg,
SG Stadtarchiv, Freiberg/Sachsen
» Universitätsarchiv Leipzig
» Universitätsbibliothek Leipzig
» Welsh, Helga A., Die Entnazifizierung der Universität Leipzig
Vierteljahreshefte für Zeitgeschichte 33/2 (1985)
S. 339–372
» Wenzel-Orf, Harald, Mit hundert war ich noch jung.
Die ältesten Deutschen
Econ Verlag, München, 2000
» Wiedemann, Hans-Rudolf, Langlebigkeit und geistige Vitalität
Verlag Dräger, Lübeck, 1995

Die Autorin

Gabriele Schluttig wurde 1950 in Senftenberg geboren. Nach dem Abitur studierte sie Chemie in Merseburg und Jena und promovierte in Technischer Mikrobiologie. Sie arbeitete danach in der Forschung eines pharmazeutischen Unternehmens und war nach der Wende Managerin für Arzneimittelzulassungen in Hamburg, Basel und Dreieich bei Frankfurt/Main. Bedingt durch ihre Tätigkeit in der Medizin und ihr persönliches Interesse begann sie vor circa 10 Jahren mit dem Schreiben. Daraus sind bereits mehrere Bücher hervorgegangen: zwei über Pflanzenmedizin und eins zu der Geschichte von Lauta(werk), dem Ort, wo sie heute lebt. Jenseits des Schreibens und des Interesses für Medizingeschichte nimmt sie sich aber noch Zeit für ihre Familie, die aus einem Mann, einem erwachsenen Kind und drei Hunden in einem Haus mit großem Garten besteht.